Schriften zum Kunst- und Kulturrecht

Herausgegeben von

Prof. Dr. Barbara Grunewald, Universität Köln
Prof. Dr. Burkhard Hess, Max Planck Institute Luxembourg
    for International, European and Regulatory
    Procedural Law
Prof. Dr. iur. Dr. phil. h.c. Peter Michael Lynen,
    Hochschule für Musik und Tanz Köln
Prof. Dr. Kerstin Odendahl, Universität Kiel
Prof. Dr. Janbernd Oebbecke, Universität Münster
Prof. Dr. Rainer J. Schweizer, Universität St. Gallen
Prof. Dr. Armin Stolz, Universität Graz

Band 17

unterstützt durch

KOMPETENZZENTRUM FÜR
KUNST- UND KULTURRECHT

Prof. Dr. Matthias Weller/Dr. Nicolai Kemle
Prof. Dr. Thomas Dreier (Hrsg.)

Raub – Beute – Diebstahl

Tagungsband des Sechsten Heidelberger Kunstrechtstags
am 28. und 29. September 2012

 Nomos  **DIKE**  facultas.wuv

Die Deutsche Nationalbibliothek verzeichnet diese Publikation in
der Deutschen Nationalbibliografie; detaillierte bibliografische
Daten sind im Internet über http://dnb.d-nb.de abrufbar.

ISBN 978-3-8487-0686-0   (Nomos Verlag, Baden-Baden)
ISBN 978-3-03751-564-8   (Dike Verlag, Zürich/St. Gallen)
ISBN 978-3-7089-1061-1   (facultas.wuv Verlag, Wien)

1. Auflage 2013

Vorwort

Der vorliegende Tagungsband enthält die Beiträge des Sechsten Heidelberger Kunstrechtstags, den das Institut für Kunst und Recht IFKUR e.V. in Kooperation mit dem Institut für Informations- und Wirtschaftsrecht des Zentrums für angewandte Rechtswissenschaft (ZAR) des Karlsruher Instituts für Technologie (KIT) am 28. und 29. September 2012 in der Heidelberger Akademie der Wissenschaften veranstaltet hat. Unter dem Generalthema „Raub – Beute – Diebstahl" kamen wieder Grundfragen und aktuelle Brennpunkte des Kunstrechts zur Sprache.

Im ersten Teil erläuterte Prof. Dr. Dr. h.c. mult. *Erik Jayme*, Institut für ausländisches und internationales Privat- und Wirtschaftsrecht der Universität Heidelberg sowie IFKUR-Beirat, den Vertrag von Tolentino in seiner Prägekraft für die Entwicklung des Kunstrechts. *Elisabeth Jacobi*, Landeskriminalamt Baden-Württemberg, schilderte ihre praktische Erfahrung im Kampf gegen den illegalen Handel mit Kulturgütern. RA Dr. *Marc Weber*, Lanter Rechtsanwälte, Zürich, analysierte die internationalen Aspekte des gutgläubigen Erwerbs gestohlener Kulturgüter. Dr. *Susanne Schoen*, Referentin beim Beauftragten der Bundesregierung für Kultur und Medien, Bonn, widmete sich Grundfragen und aktuellen Entwicklungen zur Beutekunst. Sodann erläuterte Prof. Dr. *Matthias Weller*, EBS Universität für Wirtschaft und Recht, Wiesbaden, sowie IFKUR-Vorstandsmitglied, Inhalt und Konsequenzen des Urteils des Bundesgerichtshofs im Fall Hans Sachs. Dr. *Veit Probst*, Direktor der Universitätsbibliothek Heidelberg, stellte die neue Quellenbasis der Universitätsbibliothek für die Provenienzforschung „German Sales 1930 – 1945" vor. Prof. Dr. *Norman Palmer*, CBE QC, Barrister, Lincoln's Inn, London, und Mitglied des englischen Spoliation Advisory Panel sowie IFKUR-Beirat erläuterte die Mission und die Methoden seines Panels und stellte verschiedene Empfehlungen des Panels zur Diskussion. Dr. *Nout van Woudenberg*, Außenministerium der Niederlande, Den Haag, hinterfragte die Immunität staatlicher Kunstleihgaben bei Diebstahl, Raub und Beute. Prof. Dr. *Matthias Leistner*, Universität Bonn, äußerte sich in einer urheberrechtlichen Analyse zuFotografien von Performances zwischen Bearbeitung und Umgestaltung. RA Dr. *Wolfgang Maaßen*, Düsseldorf, präsentierte Erscheinungsformen der urheberrechtlichen Leistungsübernahme in Fotografie und Kunst zwischen Plagiat, freier Benutzung und Kunstzitat.

Abschließend wurde die mit dem IFKUR-Preis 2012 prämierte Habilitationsschrift „Öffentliches Kulturrecht – Materielle und immaterielle Kulturwerke zwischen Schutz, Förderung und Wertschöpfung" von Prof. Dr. *Sophie-Charlotte Lenski*, Universität Konstanz, vorgestellt.

Die Realisierung des Sechsten Heidelberger Kunstrechtstags ist der großen und großzügigen Unterstützung zahlreicher Personen und Institutionen geschuldet: An erster Stelle stehen die exzellenten Vor- und Beiträge der Referentinnen und Referenten. Hinzu tritt die großzügige Förderung der Tagung durch die Artima-Kunstversicherung der Mannheimer Versicherungsgruppe sowie die Unterstützung durch den Nomos-Verlag. Der Nomos-Verlag ermöglichte überdies das Erscheinen des vorliegenden Tagungsbands. Viele IFKUR-Vereinsmitglieder wie auch ZAR-Studierende und Promovierende trugen zum Gelingen der Tagung bei. Ohne die umsichtige Korrektur der Beiträge durch Wiss. Mit. Rüdiger Pfaffendorf und Ref. iur. Carl Zimmer, beide Heidelberg, sowie Ref. iur. Jörg Wünschel, Karlsruhe, hätte der Tagungsband nicht die redaktionelle Qualität erreicht, in der er nun vorliegt. Die Herausgeber danken hierfür herzlich! Ebenso herzlich danken die Herausgeber Frau Petra Schröder, Wiesbaden, für die sorgfältige Betreuung der Drucklegung.

Die anhaltend hoch erfreuliche Resonanz auf den Heidelberger Kunstrechtstag ermutigt die Veranstalter zur nächsten Runde – den Siebten Heidelberger Kunstrechtstag am 22. und 23. November 2013 in der Heidelberger Akademie der Wissenschaften unter dem vorläufigen Generalthema „Neue Kunst – Neues Recht". Informationen finden sich alsbald wie gewohnt unter www.heidelberger-kunstrechtstag.de.

Matthias Weller, Wiesbaden
Nicolai Kemle, Heidelberg
Thomas Dreier, Karlsruhe

Inhaltsverzeichnis

Grußwort der Heidelberger Akademie der Wissenschaften   15
Erik Jayme

Der Vertrag von Tolentino (1797) und seine Auswirkungen auf das
Internationale Recht des Kunstraubs   17
Erik Jayme

I. Der Staatsvertrag als Legitimationsbasis für den Kunstraub   17
II. Tolentino   20
III. Pius VI. in Terracina   21
IV. Der Inhalt des Vertrages von Tolentino   24
V. Napoleon – Kunstwerke für die Welthauptstadt Paris   25
VI. Gesetzgebung des Kirchenstaates als Reaktion auf den Kunstraub 26
VII. Das „französische" Rom   27
VIII. Zusammenfassung   28
IX. Fotonachweise   32
Postskriptum   32

Der Raub von Kulturgütern der Antike aus kriminalpolizeilicher Sicht 35
Elisabeth Jakobi

I. Einleitung   35
II. Aufgabe der Polizei   36
III. Sondengänger und Raubgräber   36
1. Rechtliche Aspekte   37
2. Probleme bei der Strafverfolgung   38
IV. Besitz oder Verkauf illegal erlangter antiker Kulturgüter   40
1. Rechtliche Aspekte   40
2. Probleme bei der Strafverfolgung   41
V. Aktuelle Entwicklung   42
VI. Fazit   43

Internationale Aspekte des gutgläubigen Erwerbs gestohlener Kulturgüter 45
Marc Weber

I. Einleitung und Probleme   45

II. Guter Glaube   46
   1. Schweizer Recht   46
   2. Deutsches Recht   46
III. Guter Glaube im Kunsthandel   47
   1. Rechtsprechung   47
      a) Kriterien   47
      b) Entscheidung des Obergerichts des Kantons Zürich
         vom 5. April 2012   48
   2. Lehre   50
   3. Codes of Conduct   50
IV. Rechtsgeschäftlicher Eigentumserwerb   51
   1. Grundlagen   51
      a) Schweizer Recht   51
      b) Deutsches Recht   52
   2. Anvertraute Sache   52
      a) Schweizer Recht   52
      b) Deutsches Recht   53
   3. Abhanden gekommene Sache   54
      a) Schweizer Recht   54
      b) Deutsches Recht   55
      c) US-amerikanisches Recht   56
   4. Lösungsrecht   56
      a) Schweizer Recht   56
      b) Deutsches Recht   57
   5. Originärer Eigentumserwerb (Ersitzung)   57
      a) Schweizer Recht   57
      b) Deutsches Recht   58
         aa) Ersitzung im Inland   58
         bb) Nach Statutenwechsel   58
   6. Verjährung   59
      a) Schweizer Recht   59
      b) Deutsches Recht   59
   7. Verwirkung   59
      a) Schweizer Recht   59
      b) Deutsches Recht   60
V. Beispiele aus der Museumspraxis   60
   1. Drusus Minor und Apollo   60
   2. Tiepolos "Il miracolo di S. Antonio"   61
VI. Sorgfaltspflichten gemäss Schweizer Kulturgütertransfergesetz   62
   1. Kulturgütertransfergesetz   62
   2. Begriff „Kulturgut"   63
   3. Sorgfaltspflichten   63
      a) Vorbemerkungen   63
      b) Diebes- oder Schmuggelgut oder Fundunterschlagung?   64

c) Identifizierung des Verkäufers 65
d) Prüfung der Verfügungsberechtigung des Verkäufers 65
e) Auskunft über Exportvorschriften 65
f) Andere Sorgfaltspflichten 66
4. Folgen der Nichteinhaltung der Sorgfaltspflichten 66
a) Zivilrechtlich 66
b) Strafrechtlich 67
aa) Vergehen 67
bb) Übertretung 67
5. Handelsverbote und -beschränkungen 67
a) Erwerbs- und Ausstellungsverbot 67
b) Ausschluss eines gutgläubigen Erwerbs 68
c) Archäologische Fundobjekte 68
VII. Rückgabe gestohlener Kulturgüter 69
1. UNIDROIT Konvention 1995 69
2. Rückgabe gestohlener Kulturgüter, die auch geschmuggelt
sind 71
a) Schweizer Lösung 71
aa) Bilaterale Vereinbarungen 71
bb) Verjährung 72
cc) Entschädigung 73
dd) Verhältnis zu Staaten mit besonders gefährdetem
Kulturgut 73
ee) Verhältnis zu Drittstaaten 73
b) Innerhalb der Europäischen Union 74
VIII. Zusammenfassung 74

Beutekunst: Von der Kriegstrophäe zur Handelsware 77
Susanne Schoen

I. Einleitung 77
II. Gründe für den Kulturgutschutz im Kriege durch das
Völkerrecht 78
III. Die Haager Landkriegsordnung von 1907 79
IV. Kulturgutschutz im Zweiten Weltkrieg am Beispiel
Deutschland und Russland 79
V. Kulturgüterschutz im deutschen Zivilrecht 84
VI. Entwicklung des humanitären Völkerrechts nach dem
Zweiten Weltkrieg 86
VII. Kulturgutschutz nach dem Zweiten Weltkrieg am Beispiel des
Nationalmuseums in Kabul, Afghanistan 89
VIII. Ergebnis 90

Die Plakatsammlung Hans Sachs – Zur Ausschlusswirkung des alliierten
Rückerstattungsrechts heute   91
Matthias Weller

    I.   Einleitung   91
    II. Sachverhalt   93
    III. Die unverbindliche Empfehlung der Beratenden Kommission   94
    IV. Der Rechtsanspruch aus § 985 BGB   94
        1. Verjährung   95
        2. Verwirkung   96
        3. Wiedergutmachungsrechtlicher Vergleich   97
        4. Ausschlusswirkung des Wiedergutmachungsrechts   99
            a) Wortlaut   101
            b) Entstehungsgeschichte   101
            c) Systematik   102
            d) Normtelos   103
            e) Rechtsprechung   104
                (1) Court of Restitution Appeals 1951   104
                (2) BGH, Urt. v. 11.02.1953   105
                (3) BGH, Urt. v. 08.10.1953   106
                (4) BGH, Urt. v. 28.02.1955   109
                (5) BGH, Urt. v. 16.03.2012   110
    V. Schluss   112

German Sales 1930 – 1945: Auktionskataloge als neue Quellenbasis
für die Provenienzforschung   113
Veit Probst

The Spoliation Advisory Panel and Holocaust-related Cultural Objects   119
Norman Palmer

    I.   Introduction   119
    II. Advantages of proceeding before the Spoliation Advisory Panel   121
    III. Disadvantages of appearing before the Spoliation Advisory Panel   123
    IV. Some further questions   126
    V. What makes a solution fair and just: tenets for decision-making
        bodies   129
    ANNEX – Selected claims before the Spoliation Advisory Panel   130
        1. Tate   130
        2. Burrell   131
        3. British Library   131
        4. Ashmolean   133

5.   The Koenigs-Courtauld claim   134
6.   The Rothberger porcelain claims: British Museum and
     Fitzwilliam Museum   136
     a)   Identity of the British Museum item.   136
     b)   Identity of the Fitzwilliam item: 137
7.   The Gutmann-Courtauld claim   138
8.   The Koch claim against the British Museum   139

Immunity from seizure for illegally taken cultural objects on loan?   141
Nout van Woudenberg

I.   Introduction   141
II. Customary international law   142
III. Primary conclusion of my study   143
IV. Cultural objects which have been the subject of a serious breach
     of an obligation arising under a peremptory norm of general
     international law   144
V.   Cultural objects subject to return obligations under international
     or European law   146

Bilderraub – Raub des Abgebildeten: Fotografien als Vervielfältigung –
Bearbeitung oder Umgestaltung von Performances   149
Matthias Leistner

I.   Einleitung und Hintergrund   149
II. Schutzfähigkeit der Fluxus-Aktion   151
     1.   Ausgangspunkt   151
     2.   Schutzfähigkeit der Fluxus-Aktion als (prozesshaftes)
          dynamisches Gesamtwerk   152
          a)   Schutzfähigkeit, insbesondere Individualität
               (§ 2 Abs. 2 UrhG)   152
          b)   Konkret prägende individuelle Merkmale   155
     3.   Schöpferische (statische) Einzelelemente und deren
          Arrangement   156
          a)   Schutzfähigkeit einer Requisiten- und Materialien-
               kombination und ihres gesamten Arrangements   156
          b)   Schutzfähigkeit der individuell geschaffenen
               Gestaltungen   158
          c)   Zusammenhang mit dem Schutzumfang   159
III. Vorliegen eines Verletzungstatbestandes   160
     1.   Ausgangspunkt   160
     2.   Vervielfältigung und Bearbeitung   161

11

3. Übernahme schutzfähiger (statischer) Werkteile der Aktion „Das Schweigen von Marcel Duchamp wird überbewertet" durch die Fotoserie 162
4. Verletzungstatbestand bezüglich der Fluxus-Aktion in ihrem prozesshaft-dynamischen Verlauf 163
   a) Ausgangspunkt 163
   b) Vorliegen einer Bearbeitung oder sonstigen Umgestaltung bei Vorliegen einer Teilvervielfältigung durch Fotos 164
      aa) Stellungnahmen im Prozess 164
      bb) Kritik 165
      cc) Auszugsweise Dokumentation von Sprachwerken: Insbesondere das BGH-Urteil in Sachen *Perlentaucher* 168
      dd) Übertragbarkeit der *Perlentaucher*-Rechtsprechung und Entwicklung eines Kriteriums zur Beurteilung des Vorliegens einer Bearbeitung oder anderen Umgestaltung mit Blick auf Dokumentarfotografien künstlerischer Aktionen 170
      ee) Beurteilung der Gesamtheit einer Serie dokumentarischer Fotografien 172
      (1) Ausgangspunkt und ursprüngliches Urteil des Landgerichts 172
      (2) Erkennbarkeit der Grundzüge des Ablaufs der Aktion als dynamischer Arbeitsprozess 174
      (3) Freie Bearbeitung? 177
      (4) Zwischenergebnis 178
   c) Veröffentlichung oder Verwertung einer Bearbeitung oder anderen Umgestaltung i.S.d. § 23 Satz 1 UrhG 179
5. Ergebnis 180
IV. Wertende Überprüfung mit Blick auf notwendige urheberrechtliche Spielräume für die Dokumentarfotografie 181
1. Verallgemeinerungsfähigkeit des Urteils bezüglich des Umgestaltungscharakters dokumentarischer Fotografien von bewegten Abläufen 182
2. Allgemeine Einschränkung der Anfertigung oder Verbreitung dokumentarischer Fotografien? 185
   a) Besonderheiten des der Entscheidung zugrunde liegenden Sachverhalts 185
   b) Normalkonstellationen dokumentarischer Fotografie ... 185
   c) Systematische Bedeutung des Schrankensystems 186
   d) Entgegenstehendes Änderungsverbot nach § 62 UrhG? ... 188
3. Fazit 190

Plagiat, freie Benutzung oder Kunstzitat? Erscheinungsformen der
urheberrechtlichen Leistungsübernahme in Fotografie und Kunst 191
Wolfgang Maaßen

I. Einführung 191
II. Problemfälle 191
  1. Fotografien als Vorlage für bildende Kunst 192
  2. Bildende Kunst als Vorlage für Fotografien 193
  3. Fotografien als Vorlage für andere Fotografien 194
III. Geschützte und ungeschützte Vorlagen 195
  1. Persönliche geistige Schöpfungen 195
    a) „Schöpfung" 195
    b) „persönliche" Schöpfung 196
    c) „geistige" Schöpfung 197
  2. Lichtbilder 198
  3. Gemeinfreie Werke 200
  4. Methode, Technik, Stil 202
  5. Ideen und Konzepte 203
  6. Bildmotive 206
  7. Bildausschnitte 209
IV. Zulässige und unzulässige Übernahmen 210
  1. Vervielfältigung 211
  2. Bearbeitung und Umgestaltung 211
  3. Freie Benutzung 212
    a) „Modell-Hubschrauber" 214
    b) „Läufer im Anzug" 215
    c) „Troades" 216
    d) „WM-Fußballpokal" 217
    e) „Power of Blue" 218
    f) „Cowboy mit Baby" 219
    g) „New York City, 1974" 220
    h) „Klammerpose" 221
    i) „Ärmelhochkrempeln" 222
    j) „Rückenakt" 223
    k) „Club Allegro Fortissimo" 224
    l) „Rudolf der Eroberer" 225
    m) „Rote Couch" 226
    n) „TV-Man" 228
    o) „Freiburger Münster" 229
  4. Doppelschöpfung 230
  5. Parodie 232
  6. Zitat 235
V. Prüfschritte 238
  1. Schutzfähigkeit der Vorlage 238

13

2. Schöpferischer Gehalt der Vorlage 239
    a) Bildmotiv 239
    b) Art der Darstellung 241
3. Übernahme des schöpferischen Gehalts in das später
    entstandene Werk 242
4. Eigener schöpferischer Gehalt des später entstandenen
    Werkes 243
5. Vergleich des schöpferischen Gehalts der beiden Werke 244

Öffentliches Kulturrecht – Materielle und immaterielle Kulturwerke
zwischen Schutz, Förderung und Wertschöpfung 247
Sophie-Charlotte Lenski

Grußwort der Heidelberger Akademie der Wissenschaften

Erik Jayme [*]

Meine sehr verehrten Damen und Herren,

im Namen der Heidelberger Akademie der Wissenschaften möchte ich Sie in meiner Eigenschaft als Mitglied der philosophisch-historischen Klasse sehr herzlich begrüßen und Ihnen danken, dass Sie zu dieser Tagung gekommen sind. Es ist nunmehr das zweite Mal, dass der Heidelberger Kunstrechtstag hier im Akademiegebäude am Karlsplatz stattfindet.

Das Thema passt mit seinen vielfältigen historischen und aktuellen Bezügen sehr gut hierher.

Die Heidelberger Akademie der Wissenschaften ist heute die Landesakademie Baden-Württemberg. Sie wurde 1909 gegründet, knüpft aber an die Tradition der Kurpfälzischen Akademie der Wissenschaften in Mannheim an, der Theodoro-Palatina, welche der Kurfürst Carl Theodor von der Pfalz ins Leben gerufen hatte. Die Akademie verfügt heute über zwei Klassen, die mathematisch-naturwissenschaftliche Klasse und die philosophisch-historische Klasse. Hinzu tritt seit kurzem das Akademiekolleg, in dem junge Wissenschaftler an fächerübergreifenden Projekten arbeiten. An der Akademie sind viele Langzeitprojekte angesiedelt. Hierzu gehört auch das Deutsche Rechtswörterbuch. Hinzu treten Editionen, etwa eine solche zur Geschichte der Südwestdeutschen Hofmusik im 18. Jahrhundert.

Einige Worte zu dem Gebäude, in dem wir uns befinden. Es wurde 1717 – 1719 als Palais für den Geheimen Regierungsrat und Kameraloberamtmann Carl Philipp Freiherrn von Hundheim errichtet. Baumeister war ein berühmter Architekt, nämlich Remy de la Fosse, der Hofarchitekt der Landgrafen von Hessen-Darmstadt, für die er ein riesiges Residenz-Schloss französischer Prägung geplant hatte, das allerdings nur zum Teil errichtet wurde. Es handelt sich also weniger um einen Adelshof üblicher Prägung, wie man ihn etwa im nahen Ladenburg findet, dem weltlichen Sitz der Wormser Erzbischöfe, sondern um ein klei-

[*] Prof. Dr. Dr. h.c. mult Erik Jayme, Institut für ausländisches und internationales Privat- und Wirtschaftsrecht der Universität Heidelberg, IFKUR-Beirat; Mitglied der philosophisch-historischen Klasse der Heidelberger Akademie der Wissenschaften.

nes Schloss in französischer Bauweise, d.h. mit Nebengebäuden und einem Ehrenhof, der von einer Treppe in Art eines kleinen Belvedere abgeschlossen wird, die von Eckpavillons flankiert wird. Darüber liegt ein Terrassengarten, ein schlichtes Zitat unterhalb des Schlosses, in dem einst Elisabeth Stuart als Kurfürstin von der Pfalz den Hortus Palatinus angelegt hatte. Schon im 18. Jahrhundert wurde das Gebäude von dem Kurfürsten von der Pfalz übernommen, der, wenn er von Mannheim oder Schwetzingen aus nach Heidelberg kam, nicht mehr in dem verfallenen Schloss wohnen wollte. Im Jahre 1805 fällt das Gebäude an das Haus Baden; mit der Begründung des Großherzogtums durch den Rheinbund im Jahre 1806 wird es nach einer klassizistischen Umgestaltung Großherzogliches Palais. Hier wohnten die Großherzöge, die zugleich Rektoren der Universität waren, wenn sie in Heidelberg waren. Erst im 20. Jahrhundert zieht hier die Heidelberger Akademie der Wissenschaften ein.

Meine Damen und Herren: Nochmals Dank für Ihr Kommen – Der Tagung wünsche ich einen erfolg- und erkenntnisreichen Verlauf.

Der Vertrag von Tolentino (1797) und seine Auswirkungen auf das Internationale Recht des Kunstraubs

Erik Jayme [*]

I. Der Staatsvertrag als Legitimationsbasis für den Kunstraub

Der Raub von Kunstwerken der besiegten Völker gehörte noch in der Neuzeit zu den Rechten des Siegers.[1] Erst in der Haager Landkriegsordnung von 1907 findet sich in Art. 56 Abs. 2 eine Schutzbestimmung gegen den Kunstraub:

> „Jede Beschlagnahme, jede absichtliche Zerstörung oder Beschädigung… von geschichtlichen Denkmälern oder von Werken der Kunst und Wissenschaft ist untersagt und soll geahndet werden".[2]

Dieser Grundsatz wurde später in verschiedenen Staatsverträgen im Rahmen des humanitären Kriegsvölkerrechts fortgeführt. Zu nennen ist hier die Haager Konvention zum Schutz von Kulturgütern vom 14. Mai 1954 und Art. 53 des Zusatzprotokolls vom 12.12.1977 zu den Genfer Abkommen vom 19. August 1949 über den Schutz der Opfer internationaler bewaffneter Konflikte.[3] Hinzu treten

---

[*] Der Verfasser dankt seinem Assistenten, Herrn Referendar Carl Zimmer für die technische Betreuung des Manuskripts und der Abbildungen. Für vielfältige Anregungen bin ich Frau Gisela Gärtner B.A. sehr verbunden.

1 Zum Beuterecht des Siegers siehe Karl Doehring, War die Universität Heidelberg verpflichtet, die Bibliotheca Palatina dem Vatikan zurückzugeben?, Ruperto Carola Nr. 76, 39. Jahrg. (Juli 1987), S. 138 ff.; zur Entwicklung des Kulturgüterschutzes im 19. Jahrhundert siehe Walter Rudolf, Über den internationalen Schutz von Kulturgütern, Festschrift Doehring, 1989, S. 853 ff.

2 Die Haager Landkriegsordnung von 1907 ersetzte gemäß Art. 4 das entsprechende Übereinkommen vom 29.7.1899 betreffend die Gesetze und Gebräuche des Landkriegs, der eine ähnliche Bestimmung in Art. 27 enthielt. Dieser Staatsvertrag blieb aber in Kraft, soweit er Staaten band, die nicht dem neuen Übereinkommen beitraten. Zur Bedeutung dieser völkerrechtlichen Verträge im Bereich des Kunstschutzes im Kriege siehe Christian Fuhrmeister, Johannes Griebel, Stephan Klingen und Ralf Peters (Hrsg.), Kunsthistoriker im Krieg – Deutscher militärischer Kunstschutz in Italien 1943 – 1945, Köln, Weimar, Wien, Böhlau Verlag 2012, rezensiert von Julia Voss, Kunstsinn in der Propagandastaffel, Frankfurter Allgemeine Zeitung 9. August 2012, S. 34.

3 Siehe hierzu Wilfried Fiedler, Zur Entwicklung des Völkergewohnheitsrechts im Bereich des internationalen Kulturgüterschutzes, Festschrift Doehring, 1989, S. 199 ff.; Kerstin Odendahl, Der Schutz von Kulturgütern bei militärischen Konflikten auch aus privat-

im Bereich der Restitutionsfragen noch »narrative« Normen verschiedener Provenienz.[4]

Zwei historische Ereignisse können als Zwischenstufen zu einer Verankerung solcher Fragen im Internationalen Recht angesehen werden, zunächst der Vertrag von Tolentino aus dem Jahre 1797 zwischen Napoleon und Papst Pius VI., in dem die Wegnahme von 100 römischen Kunstwerken in einem Staatsvertrag vereinbart wurde, dann die Beschlüsse der Alliierten Siegermächte in der Pariser Konferenz vom Oktober 1815, denen zufolge die von Napoleon nach Frankreich verbrachten Kunstwerke in ihre Heimatländer und Ursprungsorte zurückkehren sollten.[5] Schlüsselfigur für diese Entwicklung ist der klassizistische Bildhauer Antonio Canova[6], und dies in einem mehrfachen Sinne. Sein Protest gegen die – wenn auch staatsvertraglich abgesicherte – Verbringung der römischen Statuen und Bilder nach Paris bestand zum einen darin, dass er selbst so etwas wie das »nationale Kunstwerk« schuf[7], nämlich die trauernde Italia am Grabe Alfieris in Santa Croce in Florenz.[8] Zum anderen war Canova der Gesandte des Kirchenstaates bei den Verhandlungen in Paris im Jahre 1815. Dort gelang es ihm, die alliierten Mächte dazu zu bewegen, die Rückführung der Kunstwerke anzuordnen, die Canova – soweit es ihm möglich war – eigenhändig durchführte, indem er die Bilder im Louvre verpackte und zum Transport nach Italien brachte.

rechtlicher Sicht, in: Zimmermann/Hobe/Odendahl/Kieninger/König/Marauhn/ Thorn/ Schmalenbach, Moderne Konfliktsformen – Humanitäres Völkerrecht und privatrechtliche Folgen, Heidelberg 2010, S. 113 ff.

4   Siehe hierzu Erik Jayme, Narrative Normen im Kunstrecht, Festschrift Manfred Rehbinder, München, Bern 2002, S. 539 ff.; siehe auch Sabine Rudolph, Die Restitution entzogener Kunstwerke – Eine rechtliche und moralische Verpflichtung, in: Raub und Restitution - Kulturgut aus jüdischem Besitz von 1933 bis heute, Göttingen 2008, S. 307 ff.; zu nennen sind hier vor allem die »non-binding« Washington principles, IPRax 1999, 284 f.

5   Sie hierzu Erik Jayme, Antonio Canova (1757 – 1822) als Künstler und Diplomat – Zur Rückkehr von Teilen der Bibliotheca Palatina nach Heidelberg in den Jahren 1815 und 1816, Heidelberg 1994, S. 18 ff.

6   Zu Canova als Künstler siehe z.B. Johannes Myssok, Antonio Canova. Die Erneuerung der klassischen Mythen der Kunst um 1800, Petersberg 2007; Christian M. Geyer, Der Sinn für die Kunst – die Skulpturen Antonio Canovas für München, Berlin 2000.

7   Siehe hierzu Erik Jayme, Antonio Canova: Die politische Dimension der Kunst, Frankfurter Stiftung für deutsch-italienische Studien, 2000, S. 8 ff.

8   Erik Jayme, Die Entstehung des „nationalen" Kunstwerks: Zu seiner Deutung anhand Antonio Canovas „Italia", Zeitschrift für neuere Rechtsgeschichte 26 (2004), 217 ff.; ders., La création de l'oeuvre d'art »nationale«: Considérations historiques et actuelles sur les lettres d'Antonio Canova au peintre François-Xavier Fabre et à la Comtesse d'Albany conservées à la Bibliothèque Municipale de Montpellier, in: ders., Internationales Privatrecht – Ideengeschichte von Mancini und Ehrenzweig zum Europäischen Kollisionsrecht, Heidelberg 2009, S. 428 ff.

Beide Vorgänge, der Einzug der römischen Kunstwerke in Paris in die neue Welthauptstadt der Kunst und die Rückkehr der geretteten Bildwerke nach Rom waren Staatsereignisse ersten Ranges und wurden in Stichen, Münzen und Medaillen festgehalten.

Abbildung 1

Begleitet wurde dieses Geschehen durch einen Propagandafeldzug verschiedener Schriftsteller, der einen Bewusstseinswechsel bewirkte. Höchst wirkungsvoll war es, dass es ein Franzose war, nämlich Quatremère de Quincy, der in seinen „Lettres au Général Miranda" (1796, wieder aufgelegt von Canova 1815), den Raub der Kunstwerke aus Rom als „tort irréparable"[9] geißelte. Liest man allerdings in den „Voyages en Italie" von Stendhal, so kann man sehen, dass der Bewunderer Canovas diesem einen Vertragsbruch vorwarf. Stendhal schreibt – offenbar aus der Erinnerung:

> « Nous avons passé la matinée dans l'atelier de Canova, au milieu des modèles de ses statues. Canova est venu trois fois à Paris, la dernière, comme *emballeur*. Il vint reprendre les statues que l'on nous avait cédées par le traité de Tolentino, sans lequel l'armée victorieuse à Arcole et à Rivoli eût occupé Rome. On nous a volé ce que nous avions gagné par un traité. Canova ne comprenait pas ce raisonnement. Élevé à Venise du temps de l'ancien gouvernement, il ne pouvait concevoir qu'un droit, celui de la force; les traités ne lui semblaient qu'une vaine formalité. »[10]

9   Quatremère de Quincy, Lettres au Général Miranda sur le préjudice qu'occasionnens aux arts et à la science le déplacement des monumens de l'art de l'Italie, Le démembrement de ses écoles, et la spoliation de ces collections, galeries, musées, etc., in: ders., Considérations morales sur la destination des ouvrages de l'art suivi de Lettres sur l'enlèvement des ouvrages de l'art antique à Athènes et à Rome, Paris, Fayard 1989, S. 189 ff., 205.
10   Stendhal, Voyages en Italie, Gallimard 1973, S. 1082.

„Wir verbrachten den Vormittag im Atelier von Canova inmitten der Modelle für seine Statuen. Canova kam dreimal nach Paris: beim letzten Mal als »Einpacker«. Er kam um die Statuen zurückzunehmen, die man uns durch den Vertrag von Tolentino überlassen hatte, ohne welchen die bei Arcole und Rivoli siegreiche Armee Rom besetzt hätte. Man hat uns das gestohlen, was wir durch einen Vertrag errungen hatten. Canova verstand diese Begründung nicht. Aufgewachsen in Venedig zur Zeit des Ancien Régime konnte er nur ein Recht begreifen, dasjenige der Stärke; die Verträge erschienen ihm nur als eine sinnlose Formalität."

Man sieht den Kunstraub hier also von zwei Seiten. In Frankreich erschien die Rückführung der Kunstwerke, deren Verbringung nach Frankreich auf dem Vertrag von Tolentino beruhte, ebenfalls als ein Diebstahl.

Es bedurfte zusätzlicher Rechtfertigungen, um den Formalakt eines solchen Vertrages zu entkräften. Ein Hauptargument Canovas ging später dahin, dass Kunstwerke eine Heimat haben, wohin sie zurückkehren sollten, um dort zu wirken, vor allem auch für die Ausbildung der Künstler.[11] Mit anderen Worten: hier wurde der Gedanke der lex originis geboren.[12]

II.   Tolentino

Damit sind wir wieder beim Vertrag von Tolentino angelangt, der nunmehr in den Vordergrund gerückt werden soll.

Tolentino ist eine kleine Stadt in Mittelitalien und zwar in den Marken, die einst zum Kirchenstaat gehörten. Begraben ist dort der Heilige Nicola, der in Tolentino im Jahre 1305 starb. Zu seinen Ehren wurde die Basilica San Nicola da Tolentino gebaut, deren spätmittelalterliche Fresken mit denen Giottos in Assisi wetteifern.[13]

Besucht man die Stadt heute, so kann man sehen, dass die Erinnerungen an das historische Ereignis noch völlig präsent sind. Der Raum im Palazzo Parisani Bezzi, in welchem der Vertrag am 19. Februar 1797 unterzeichnet wurde, ist geblieben, wie er war und kann besichtigt werden.[14] Auch das Prunkbett Napole-

---

11   Siehe das Zitat bei Erik Jayme, Kunstwerk und Nation: Zuordnungsprobleme im internationalen Kulturgüterschutz, in ders., Nationales Kunstwerk und Internationales Privatrecht, Heidelberg 1999, S. 54 ff., 64 Fußn. 52.
12   Zur lex originis siehe z.B. Florian Kienle/ Marc-Philippe Weller, Die Vindikation gestohlener Kulturgüter im IPR, IPRax 2004, 290 ff.
13   Siehe La Basilica di San Nicola a Tolentino – Guida all'arte e alla storia, Tolentino 1995, S. 82 ff.
14   Abbildung in Edmondo Casadidio, La famiglia Parisani: Saggio di genealogia e di demografia storica, in Quaderni del Bicentenario, Nr. 1 (1995), S. 43 ff., 47. Architekt des ursprünglichen, später veränderten Palazzo Parisani war Antonio da Sangallo der Jüngere (1540).

ons, in dem der Feldherr vom 16.-19. Februar 1797 nächtigte, ist unberührt.[15] Zum 200. Jahrestag des Vertrags hat die Stadt Tolentino nicht nur ein großangelegtes wissenschaftliches Symposium veranstaltet[16], sondern auch 8 Bände – „Quaderni del bicentenario" genannt – mit Betrachtungen und Zeugnissen über jenes Weltereignis der Geschichte herausgegeben. Hinzu traten unter der Überschrift „Tolentino Novantasette" noch Sonderausstellungen, von denen eine dem von Napoleon so geschätzten italienischen Maler Andrea Appiani galt.[17]

III.   Pius VI. in Terracina

Gegenüber standen sich im Februar 1797 zwei ungleiche Kriegsparteien. Von Napoleons Truppen lagerten 15000 Mann einsatzbereit in der Stadt, während die drei Vertreter des Kirchenstaates in Mönchszellen im Kloster des Heiligen Nicola untergebracht waren.[18]

Betrachten wir zunächst den Kirchenstaat und seinen Herrscher Papst Pius VI.[19]

Wenn man in der Salzburger Residenz das breite Stiegenhaus hinaufschreitet, gewahrt man plötzlich an einer Seitenwand ein riesiges Gemälde, das auf seinem Rahmen den deutschen Titel trägt: Papst Pius VI am 14. Mai 1795 in Terracina den Segen erteilend.

15   Casadidio, vorige Note, S. 49.
16   Ideologie e patrimonio storico-culturale nell'età rivoluzionaria e napoleonica – A proposito del trattato di Tolentino – Atti del convegno Tolentino, 18 – 21 settembre 1997, Roma 2000 (Pubblicazioni degli Archivi di Stato Saggi 55).
17   Siehe den Ausstellungskatalog I fasti di Napoleone – di Andrea Appiani – Castello della Rancia, Tolentino (24. April – 29. Juni 1997), Neri Pozza Editore, Vicenza 1997.
18   Siehe Giorgio Semoloni, Tolentino – Guida all'arte e alla storia, Tolentino 2000, S. 105-108; Ludwig Freiherr von Pastor, Geschichte der Päpste im Zeitalter des fürstlichen Absolutismus von der Wahl Benedikts XIV bis zum Tode Pius' VI. (1740 – 1799), Dritte Abteilung Pius VI., Freiburg im Breisgau 1933, S. 578 ff.
19   Siehe hierzu von Pastor, vorige Note; siehe auch die glänzend geschriebene Ehrenrettung des Papstes in der Dissertation von Jeffrey Laird Collins, Arsenals of Art: The Patronage of Pope Pius VI and the End of the Ancien Régime, Yale University, New Haven 1994, Microform Edition UMI Ann Arbor 1995.

Abbildung 2

Das Bild gehört nicht der Salzburger Residenzgalerie, sondern dem Kunsthistorischen Museum in Wien. Eine ursprüngliche Zuschreibung an den deutschen Maler Jakob Philipp Hackert hat man offenbar fallen gelassen. Auftraggeber, Herkunft und Sinn dieses monumentalen Staatsbildes ließen sich noch nicht ermitteln.[20]

Wir sehen: Der Kirchenstaat befindet sich in Bereitschaft und kann auf Erfolge zurückblicken. Die Garde und das kleine Heer sind aufmarschiert. Ort der großangelegten Szenerie ist Terracina, am Rande der Pontinischen Sümpfe, deren Trockenlegung zum Staatsprogramm des Kirchenstaates erhoben worden war[21], dessen technische und wirtschaftliche Errungenschaften Goethe in seiner „Italienischen Reise" hervorgehoben und gelobt hatte.[22] Auf dem Bild sieht man den „Abzugskanal, die Linea Pia genannt", der „die vom Gebirge kommenden Gewässer aufnehmen und bei Terracina dem Meere zuführen"[23] sollte.

In Goethes Worten:

> „Der ganzen Länge nach in gerader Linie ist die alte Via Appia wiederhergestellt, an der rechten Seite derselben (ist) der Hauptkanal gezogen, und das Wasser fließt darin gelind hinab, dadurch ist das Erdreich der rechten Seite nach dem Meere zu ausgetrocknet und dem Feldbau überanwortet; soweit das Auge sehen kann, ist es bebaut oder könnte es werden....."[24]

Hinzu trat also der Bau einer Straße von Velletri nach Terracina, welche die Verbindung nach Neapel herstellte.[25] Die Segnung von Volk, Fischern und Armee durch den Papst erfolgt von einer Prunktribüne des Palazzo Braschi, dem Familienpalast des Herrschers. Das Bild erinnert allerdings an die Worte, die Canova später in Paris vortrug: Italienisch überliefert[26]:

> „Certamento io dissi che il Papa non ha armi: Egli non ha che ragioni e preghiere. "

> „Sicher, so sagte ich – der Papst hat keine Waffen. Er hat nur [gute] Gründe und Gebete."

Kurze Zeit später wird Napoleon den Kirchenstaat überrennen und nach dem Waffenstillstand von Bologna von 1796 nur eine kurze Atempause gewähren, ehe er in Richtung Rom weitermarschiert und erst vor Tolentino einhält.

Danach beginnen die Agonien des Kirchenstaates, dessen Existenz durch den Vertrag von Tolentino nur kurze Zeit aufrechterhalten wurde. Die Einnahme

---

20 Nicht verfügbar war bisher der Ausstellungskatalog von Giovanni Rosario Rocci, Pio VI. Le Paludi Pontine, Terracina, Terracina 1995, in welchem das Bild unter Nr. 92 farbig reproduziert ist und näher gewürdigt wird.
21 Siehe hierzu von Pastor, oben Note 18, S. 29 ff.
22 Fondi, den 23. Februar 1787, zitiert nach Goethe, Italienische Reise – Herausgegeben und kommentiert von Herbert von Einem, München 1981, S. 179 f.
23 Von Pastor, oben Note 18, S. 28.
24 Vorige Note, S. 180.
25 Von Pastor, oben Note 18, S. 31.
26 Vittorio Malamani, Canova, Mailand 1911, S. 197.

Roms durch die Franzosen erfolgte 1798; es wurde die römische Republik ausgerufen, der Papst wurde nach Frankreich verschleppt, wo er 1799 starb. Allerdings mussten die Franzosen zeitweilig Rom aufgeben. Ein präzises Bild des unmittelbar folgenden Jahres findet sich in der Oper Tosca von Giacomo Puccini[27], z.B. wenn sich Angelotti, „Il Console della spenta repubblica romana"[28], in Sant'Andrea della Valle in der Kapelle der Familie Attavanti verbirgt und jetzt als entflohener „prigionier di Stato"[29] bezeichnet wird. Tosca singt im zweiten Akt auf einem festlichen Empfang, welchen die Königin von Neapel, Maria Carolina von Österreich, im Palazzo Farnese zu Ehren des siegreichen österreichischen Generals Freiherrn von Melas veranstaltete. Rom war nämlich 1799 von ihrem Gemahl, Ferdinand IV von Neapel, besetzt worden. Den Hintergrund der Oper bilden im Übrigen die gegensätzlichen Nachrichten von der Entscheidungsschlacht zwischen Österreichern und Franzosen bei Marengo.

Das Konklave für die Nachfolge Pius VI musste in damals österreichischem Venedig stattfinden, ehe Pius VII. im Jahre 1800 die politische Bühne betreten konnte, um dann einen neuen Vertrag zu schließen, nämlich das Konkordat mit Frankreich vom 10. Juni 1801[30].

IV.   Der Inhalt des Vertrages von Tolentino

Es handelt sich um einen Friedensvertrag.[31] Der Papst verzichtet zunächst auf seine französischen Besitzungen, vor allem Avignon (Art. 6). Die Territorien der Legationen Bologna, Ferrara und Romagna werden an die Republik Frankreich abgetreten.[32] Die französische Armee zieht sich dafür aus den Marken zurück; Zitadelle, Stadt und damit auch der Hafen von Ancona verbleiben den Franzosen bis zu dem Zeitpunkt eines Friedens auf dem Kontinent. Es folgen Bestimmungen zu umfänglichen Retributionen, darunter Pferde und Büffel für die französische Armee bis hin zu gewaltigen Geldsummen, die auch in Diamanten gezahlt werden dürfen. Der für die Kunstwerke entscheidende Art. XIII lautet:

27   Die Handlung spielt in Rom im Juni 1800.
28   Giacomo Puccini, Tosca, Libretto nach Victorien Sardou von Giuseppe Giacosa und Luigi Illica, zweisprachige Ausgabe, Reclam, Stuttgart 1994, S. 14.
29   Tosca, vorige Note, S. 36
30   Siehe hierzu Else Hocks, Napoleon und Pius VII., Freiburg 1949, S. 1 ff.; französischer Text des Konkordats in Richard Wicherich, Sein Schicksal war Napoleon – Leben und Zeit des Kardinalstaatssekretärs Ercole Consalvi 1757 – 1824, Heidelberg 1951, S. 362 ff.
31   Französischer und italienischer Text des Vertrages von Tolentino in: Quaderni del Bicentenario 1 (1995), S. 7 ff.
32   Diese Gebiet fielen erst wieder durch den Wiener Kongress an den Kirchenstaat zurück, Wicherich, oben Note 30, S. 7 f.

"L'article VIII du traité d'armistice signé à Bologne, concernant les manuscrits et objets d'art, aura son exécution entière et la plus prompte possible."

Der erwähnte Artikel VIII des Waffenstillstandsvertrags von Bologna sah vor:

"Le Pape livrera à la République française cent tableaux, bustes, vases ou statues, aux choix des commissaires qui seront envoyés à Rome, parmi lequels objets seront notamment compris le buste en bronze de Junius Brutus et celui de marbre de Marcus Brutus, tous les deux placés au Capitole au choix des dits commissaires."

In den Wirren der Besetzung Roms im Jahre 1798 hielten sich die Franzosen nicht mehr an die im Vertrag genannte Zahl. Man packte alles ein, was man fand, ehe am 27. und 28. Juli 1798 in Paris der Einzug der mit Kisten beladenen Wagen entlang der Seine zum Louvre führte.[33]

Zu den geraubten Kunstwerken gehörten der „Apoll vom Belvedere" und die „Transfiguration" von Raffael. Aus den Marken waren es vor allem Bilder des aus Urbino stammenden Federico Barocci, die nach Paris gebracht wurden.[34] Die große Beschneidung Christi von Barocci, die einst den Hochaltar der Bruderschaftskirche „Nel Nome di Dio" in Pesaro schmückte[35], befindet sich noch heute im Louvre.

V.   Napoleon – Kunstwerke für die Welthauptstadt Paris

Den Hintergrund des Beutezugs Napoleons durch Italien bilden die Ereignisse der Französischen Revolution, welche die Enteignung der Kirchengüter und des Adelsbesitzes mit sich gebracht hatten.[36] Nach einer Zeit der Zerstörung begriff man allmählich die Bedeutung, welche Kunstwerke für die Stärkung der nationalen Identität haben konnten. Der ehemalige Privatbesitz wurde Gegenstand des öffentlichen Interesses. Der italienische Feldzug Napoleons ist dadurch gekennzeichnet, dass der Kunstraub planmäßig erfolgte. Kunstexperten begleiteten den Feldzug und suchten die Raubstücke aus.

Napoleon schuf mit den geraubten Werken ein Weltmuseum der Künste, das Musée Napoléon, dessen Leitung und Gestaltung er Dominique-Vivant Denon

---

33   Paul Wescher, Kunstraub unter Napoleon, Berlin 1976, S. 76.
34   Wescher, vorige Note, S. 67 f.
35   Grazia Calegari, La Chiesa del Nome di Dio, Arcidiocesi di Pesaro – Ufficio beni culturali o.J., S. 1 mit Abbildung der kleinen Kopie auf dem Umschlag.
36   Siehe hierzu und zum folgenden Paul Wescher, oben Note 33, S. 26 ff.

überließ.[37] Die Spuren dieses bedeutenden Museumsleiters sind auch noch im Louvre nicht zu übersehen.

Zu erwähnen ist, dass sich die Beutezüge Napoleons nicht auf Italien beschränkten, auch die deutschen Staaten mussten in den Jahren 1800 – 1809 viele Kunstwerke hergeben, etwa aus den Gemäldegalerien von Kassel und Braunschweig.[38] Umgekehrt verteilte man in Frankreich das Raubgut unter die neu eingerichteten Museen der Départements[39], so dass heute das Landesmuseum in Mainz über hervorragende Bilder der italienischen Malerei verfügt, von einer Madonna von Lorenzo di Credi[40] bis hin zu einem Heiligen Franziskus von Guercino.[41] Neue staatliche Museen in den abhängigen Ländern füllten sich mit Kirchengut, wie etwa die Pinacoteca di Brera in Mailand oder die Accademia in Venedig.[42]

VI.   Gesetzgebung des Kirchenstaates als Reaktion auf den Kunstraub

Für die Entwicklung des Kunstrechts ist wichtig, dass der Kirchenstaat unter dem neuen Papst Pius VII. mit einer Gesetzgebung des Jahres 1802 reagierte, welche die Ausfuhr von Antiken aus Rom verbot.[43] Das öffentliche Interesse an dem Erhalt der Kunstwerke an Ort und Stelle tritt in den Vordergrund. Antikenfunde werden anzeigepflichtig. Die Förderung der Museen wird - noch deutlicher als bisher[44] - zur Staatsaufgabe. Antonio Canova wird die Leitung des Be-

---

37   Siehe Jean Chatelain, Domique Vivant Denon et le Louvre de Napoléon, Paris 1973; Pierre Lelièvre, Vivant Denon – Homme des Lumières »Ministre des Arts« de Napoléon, Paris 1993.

38   Bénédicte Savoy, Kunstraub – Napoleons Konfiszierungen in Deutschland und die europäischen Folgen, Wien, Köln,Weimar, Böhlau Verlag, 2011.

39   Im Jahre 1891 erfolgten 15 französische Museumsgründungen, darunter auch eine im nunmehr französischen »Mayence«; siehe hierzu den Ausstellungskatalog »Beutekunst unter Napoleon – Die ‚französische' Schenkung an Mainz 1803«, herausgegeben von Sigrun Paas und Sabine Mertens, Mainz 2003, Seite XVI.

40   Diese allerdings aus einer französischen Sammlung, zu Einzelheiten siehe Ausstellungskatalog, vorige Note, S. 225 Nr. 205

41   Bis 1783 in der Kirche des Kapuzinerklosters in Castelnuovo di Garfagnana, 1787 Palazzo Ducale in Modena, 1796 von französischen Truppen konfisziert; siehe Ausstellungskatalog, oben Note 39, S. 295 ff.

42   Siehe hierzu Alvise Zorzi, Napoleone e Venezia, Milano 2010, S. 117 ff.

43   Erik Jayme, Antonio Canova und das nationale Kunstwerk – Zur Ideengeschichte des europäischen Kulturgüterschutzes, in ders., Nationales Kunstwerk und Internationales Privatrecht, Heidelberg 1999, S. 1 ff.; siehe umfassend Peter Johannes Weber, Antonio Canova und die Kulturgüterschutzgesetzgebung in Rom zu Beginn des 19. Jahrhunderts, Festschrift Siehr zum 75. Geburtstag, Baden-Baden 2010, S. 271 ff.

44   Zur Bedeutung der Künste für den Staat unter Pius VI. siehe das Kapitel »Urbi et Orbi: Art for Rome and the Provinces«, in: Jeffrey Laird Collins, oben Note 19, S. 316 ff.

reichs der schönen Künste übertragen. Mit anderen Worten Napoleons universales Staatsmuseum wirkte auf den Kirchenstaat und allmählich auch auf andere europäischen Länder zurück. Das Museum wurde so etwas wie das kulturelle Zentrum der Nation.[45]

Die Regelungen zum Kulturgüterschutz des heutigen Staates der Vatikanstadt finden sich in dem Gesetz vom 25.7.2001.[46]

VII.   Das „französische" Rom

Der besiegte und später dem neuen Weltreich Napoleons einverleibte Kirchenstaat war zwar dem neuen Herrscher unterworfen. Rom beeinflusste aber die kulturellen Ausdrucksformen des neuen Frankreich in vielfacher Weise. Man kann geradezu von einer kulturellen Eroberung Frankreichs durch das antike und das christliche Rom sprechen. Auffallend ist, dass in Frankreich in den Jahren 1802/1803 das Fest des Heiligen Napoleon am 16. August eingeführt wurde, das insoweit dasjenige des Heiligen Rocco ersetzte.[47] Kaisertum und Kaiserkrönung in Anwesenheit des Papstes erfolgten in Anlehnung an historische Vorbilder.[48] Das »Empire« als Offizialstil des Hofes übernahm vieles aus Rom. Nach der Annexion Roms durch Napoleon im Jahre 1809 wird Rom zur zweiten Hauptstadt des Reiches erhoben.[49] Seinen Sohn aus der Ehe mit Marie Louise von Österreich ernannte Napoleon zum König von Rom.[50] Napoleon gab großen in Rom

45   Siehe hierzu Elinoor Bergvelt, Deborah J. Meijers, Lieske Tibbe, Elsa van Wezel, Napoleon's Legacy: The Rise of National Museums in Europe 1794 – 1830, Berlin 2009 (Berliner Schriftenreihe zur Museumsforschung Band 27); Klaus-Peter Schuster, Das Museum als ästhetische Kirche der Nation, in: Ausstellungskatalog »Die Künstlermythen der Deutschen im Tempel der Kunst«, Alte Nationalgalerie Berlin 2009, S. 6 ff.
     Zum Kirchenstaat als Vorbild für den italienischen Nationalstaat im Rahmen der Geschichtsentwürfe des Risorgimento siehe Veit Elm, Die Moderne und der Kirchenstaat – Aufklärung und römisch-katholische Staatlichkeit im Urteil der Geschichtsschreibung vom 18. Jahrhundert bis zur Postmoderne, Berlin 2001, S. 83 ff.
46   Legge sulla tutela dei beni culturali v. 25.7.2001, Stato della Città del Vaticano CCCLV. Siehe hierzu Erik Jayme, Reproduktionsrechte an Kunstwerken – Gibt es ein Recht am Bild der eigenen Sache?, Kunst & Recht Bulletin (Wien) 1/2011, S. 11 f., 14.
47   Raffaele Argenziano, San Napoleone e le reliquie napoleoniche nelle collezioni Demidoff, in: Ideologie, oben Note 16, S. 143 ff.
48   Zur Kaiserkrönung siehe l'Abbé Feret, La France et le Saint-Siège sous le premier Empire, la Restauration et la Monarchie de juillet d'après les documents officiels et inédits, Tome premier: Le premier Empire et le Saint-Siège, Paris 1911, S. 1 ff.
49   Peter Johannes Weber, S. 277; siehe das Kapitel »Rome: Seconde Capitale de l'Empire«, in: Lelièvre, oben Note 37, S. 215 ff., 216: »Ville impériale et libre«.
50   Siehe hierzu Enfance impériale – Le Roi de Rome, fils de Napoléon- Sous la direction de Christophe Beyeler et Vincent Cochet, Ausstellungskatalog Château de Fontainebleau (26.2. – 23. 5.2011); siehe auch Erik Jayme, Der Herzog von Reichstadt als Kultfigur des

lebenden Künstlern wie Thorvaldsen Aufträge zur Ausschmückung des Quirinals, die der Verherrlichung des neuen Kaisers dienen sollten.[51]

Künstlerisch gesehen schuf der französische Klassizismus so etwas wie eine Synthese zwischen Rom und Frankreich. Dargestellt wurden vor allem Themen der römischen Geschichte. Als Maler ist hier Jean Auguste Dominique Ingres zu nennen, der den Prix de Rome gewann, lange Zeit in Rom lebte und später noch einmal dorthin als Direktor der Académie de France zurückkehrte. Er nahm Themen aus der römischen Geschichte auf[52] oder stellte Szenen aus dem päpstlichen Hof dar.[53] Besonders zu erwähnen ist eine in Rom entstandene Porträtzeichnung von Franz Liszt, heute in Bayreuth, Liszt-Museum, in der sich römisch-orientierte Zeichenkunst und französisch-romantische Eleganz in glücklicher Weise verbinden.[54]

Mit dieser Entwicklung geht die eigentümliche Aufwertung des Katholizismus in Frankreich einher, die bereits zu Napoleons Zeiten erfolgte. Zu nennen ist hier Chateaubriand und sein 1802 erschienenes Werk »Le génie du Christianisme«. Später wird der Kampf zwischen dem laizistischen Frankreich der Revolution und den ultramontanen Strömungen der Romantik ein ganzes Jahrhundert füllen.[55]

VIII. Zusammenfassung

Zurück zum Vertrag von Tolentino: Insgesamt ging es um den Versuch, dem Kunstraub durch den Sieger eine rechtliche Verankerung zu geben. Dieser Versuch scheiterte. Es brachen sich andere Anschauungen Bahn, welche die Unverletzlichkeit der Kulturgüter gerade in Kriegszeiten in den Vordergrund rückten. Mit der Zeit verdichteten sich diese Überlegungen in einer Weise, dass man na-

---

19. Jahrhunderts: Zu einer Lithographie von Victor Adam (1801 – 1866), Nachrichten aus der Kunstsammlung Erik Jayme Nr. 8 (2009), S. 4 f.

51   So etwa das Alexanderrelief, das sich heute in der Villa Carlotta am Comer See befindet.

52   Zu nennen ist hier z.B. Ingres, Et tu Marcellus eris, um 1812 heute Brüssel, Musées Royaux des Beaux Arts, bestimmt für die Gemächer der Kaiserin Marie Louise im Quirinal.

53   Z.B: „Die sixtinische Kapelle, 1814 – Papst Pius VII wohnt einer Messe in der Sixtinischen Kapelle bei", Washington National Gallery of Art; Abb. in Georges Vigne, Jean-Auguste-Dominique Ingres, München 1995, Nr. 113.

54   Abbildung in Vigne, vorige Note, S. 209; Zur wechselvollen Geschichte dieser Zeichnung siehe Brigitte Hamann, Winifred Wagner oder Hitlers Bayreuth, Taschenbuchausgabe, 6. Aufl., München, Zürich 2011, S. 597.

55   Siehe z.B. Ursula Harter, Die Versuchung des Heiligen Antonius – Zwischen Religion und Wissenschaft – Flaubert-Moreau-Redon, Berlin 1998; zur Ebene der Politik, insbesondere zur »question romaine« und der französischen Haltung zur Frage des Kirchenstaates siehe Gustav Seibt, Rom oder Tod – Der Kampf um die italienische Hauptstadt, Berlin 2001, passim sowie S. 159 ff.

hezu von einem Satz des Gewohnheitsrechts sprechen kann, der dann Eingang in Art. 56 der Haager Landkriegsordnung fand.[56]

Man kann ferner einen Blick auf das Wiener Übereinkommen über das Recht der Verträge vom 23.5.1969 werfen. In Art. 46 ff. sind die Gründe für die Ungültigkeit eines Staatsvertrags genannt. Hierzu gehört gemäß Art. 51 der Zwang gegen einen Staatenvertreter und gemäß Art. 52 der Zwang gegen einen Staat durch Drohung mit oder Anwendung von Gewalt. Die Situation der Vertragsparteien von Tolentino im Jahre 1797 kommt dem Tatbestand des Art. 52 nahe.

So bewirkte eigentlich der damals geschlossene Friedensvertrag, dass letztlich sein Inhalt in das Gegenteil verkehrt wurde. Der Kunstraub trat ins Bewusstsein der Weltöffentlichkeit und verlangte nach einer Neuordnung des Internationalen Rechts in einem Sinne, den Antonio Canova in Paris 1815 so formulierte:

"Tutto ciò che spetta alla cultura delle arti e delle scienze è sopra i diritti della guerra e della vittoria; e tuttociò che serve all'istruzione locale o generale de' popoli è un oggetto sacro."[57]

„Alles, was der Kultur der Künste und der Wissenschaften zugehört, steht über den Rechten des Krieges und des Sieges, alles, was der Unterrichtung der Völker am Ort oder im allgemeinen dient, ist ein heiliger Gegenstand."

56   Siehe Fiedler, oben Note 3; Rudolf, oben Note 1.
57   Zitiert nach Erik Jayme, La repubblica delle arti ed il suo impatto sul diritto internazionale - note sul pensiero di Antonio Canova, in: Maria Costanza (Hsrg.), Oltre il diritto, Padova 1994, S. 113 ff., 118.

Abbildung 3
Possagno, Grab und Selbstporträt von Antonio Canova

Abbildung 4

IX.   Fotonachweise

Abbildung 1

a) Apollo von Belvedere, Gedenkmedaille 1816, Archivio fotografico Musei vaticani, neg. N. XXV.1553, zitiert aus Ideologie e patrimonio storico-culturale
nell'età rivoluzionaria e napoleonica, Roma 2000, S. 631

b) Laokoon, Gedenkmedaille 1818, Archivio fotografico Musei vaticani, ng. N.
XXXII.119.5.; zitiert aus Ideologie e patrimonio storico-culturale nell'età rivoluzionaria e napoleonica, Roma 2000

Abbildung 2

Pius VI am 14. Mai 1795 in Terracina den Segen erteilend, Foto: Salzburg, Residenz. Leihgabe des Kunsthistorischen Museums, Wien

Abbildung 3 und 4

Possagno, Grab und Selbstporträt von Antonio Canova, Possagno, Tempio Ca-
noviano, Foto: Michael Nehmer, September 2012

Postskriptum

Zur Abbildung des Gemäldes „Papst Pius VI. in Terracina am 14. Mai 1795 den
Segen erteilend", oben, Seite 22:
    Mit Hilfe der Fernleihe aus Italien konnte der Ausstellungskatalog „Pio VI –
Le Paludi Pontine – Terracina", a cura di Giovanni Rosario Rossi, Terracina
1995 (Ausstellung Terracina 25.7. – 30.9.1995) eingesehen werden. Der Katalog
weist 675 Seiten auf und beschreibt in umfassender Weise die Trockenlegung
der pontinischen Sümpfe unter dem Pontifikat Pius VI. und zugleich die poli-
tisch-intellektuellen Geistesströmungen im Kirchenstaat der Spätaufklärung.[58]
    Das oben genannte Bild erscheint nicht nur auf dem Umschlag, in einem Foto
des Saales F und in einer Reproduktion (Nr. 6), sondern seine Zuschreibung ist
auch Gegenstand einer Debatte im Anhang: Claudia Nordhoff / Giovanni R.
Rocci, Dibattito sulla questione dell'attribuzione del dipinto „Papst Pius VI. zu
Terracina am 17. Mai 1795 den Segen erteilend", S. 663 ff.; während Nordhoff

---

58   Siehe insbesondere, Alfeo Giacomelli, Per un'analisi comparata delle bonifiche dello Sta-
      to Pontificio del secondo Settecento: la bonifica delle tre legazioni e la bonifica pontina,
      S. 83 ff.

die Autorschaft von Hackert in Zweifel zieht, vertritt Rocci mit 10 Gründen dessen Urheberschaft.

Insgesamt ist es kaum zu verstehen, dass bei einem so bedeutenden Staatsgemälde Auftraggeber und Umstände der Entstehung bisher so wenig geklärt sind. In dem Katalog der ausgestellten Werke ist das Bild wie folgt beschrieben (S. 55):

„J. Ph. Hackert, Pio VI impartisce la benedizione a Terracina il 14 maggio 1795, Residenzgalerie, Saliburgo. Il dipinto celebra il trionfo di Pio VI, dopo la sostanziale conclusione della bonificazione pontina. Dal punto di vista storico, è un documento insostituibile della nascita del Borgo Pio, di cui ci dà l'epifania, tanto descrittivamente puntuale quanto esteticamente affascinante. Tra l'altro è visibile il cantiere dell'incasato progettato da Virginio Bracci sul lato meridionale della Strada pia."

Der Raub von Kulturgütern der Antike aus kriminalpolizeilicher Sicht

Elisabeth Jakobi[*]

I. Einleitung

„Der beraubte Merowinger: Grab 101/Befund 368/Reihengräberfeld Remseck-Pattonville Krs. Ludwigsburg, 5. – 7 Jh. n. Chr.: Das Skelett zeigt die Spuren antiker Beraubung. Die Grabräuber verschoben die nicht mehr im Sehnenverband befindlichen Knochen und entfernten – vermutlich unabsichtlich – die rechte Hand. Neben zwei Schnallen aus Eisen ließen sie eine eiserne Lanzenspitze zurück. …".[1]

Dieses Beispiel ist eines von vielen dafür, dass es Raubgräberei schon seit der Antike gibt, vermutlich in allen Ländern der Welt, und im Zusammenhang damit auch den illegalen Handel mit archäologischen Artefakten. Es zeigt uns auch, dass so Kulturdenkmale zerstört werden. Zerstörte Denkmale können uns nichts mehr über unsere Geschichte erzählen. Wichtige Informationen aus den Befunden, Funden, Beifunden, ihrem Kontext und ihrem Zusammenhang mit anderen Funden gehen unwiederbringlich verloren, die uns sagen könnten, wie unsere Vorfahren gelebt haben. Dieser immaterielle Schaden kann nie wieder gut gemacht werden.

Deshalb haben nahezu alle Länder mit Fundstätten antiker Hochkulturen schon früh strenge Gesetze erlassen, die das Graben nach Antiken und deren Export mit hohen Geldstrafen oder sogar Freiheitstrafen bedrohen. In vielen Ländern ist bereits die Suche an antiken Stätten strafbewehrt. Zudem haben viele Staaten wissenschaftlich bedeutende archäologische Bodenfunde zum Staatseigentum erklärt.

Bei uns in Deutschland wurden zum Schutz unserer Kulturgüter die Gesetze der Bundesländer zum Schutz der Kulturdenkmale, also die Denkmalschutzgesetze sowie das Gesetz zum Schutz deutschen Kulturguts gegen Abwanderung erlassen. Zum Schutz von Kulturgütern anderer Länder greift das Kulturgüterrückgabegesetz zur Ausführung der UNESCO-Konvention vom 14.11.1970 und zur Umsetzung der Richtlinie 93/7 EWG des Rates vom 15.03. 1993. Für einzel-

---

[*] *Elisabeth Jacobi*, Landeskriminalamt Baden-Württemberg.
[1] Ausstellung Raubgräber – Schatzgräber (11.10.2008 – 08.02.2009), Exponatbeschriftung Installation „Antik beraubtes Merowingergrab", Braith-Mali-Museum Biberach.

ne Länder gelten weitere gesetzliche Regelungen wie beispielsweise das Außen-wirtschaftsgesetz in Bezug auf irakische Kulturgüter.[2]

II.   Aufgabe der Polizei

Die Aufgabe der Polizei ist es, nicht erlaubte Handlungen zu unterbinden und die Täter zu identifizieren. Ein Ziel polizeilicher Arbeit ist auch die Sicherstellung des betroffenen Kulturguts. In der Regel wird die Polizei tätig aufgrund eigener Beobachtungen oder Hinweisen von Bürgern oder Denkmalschutzbehörden so-wie auf der Basis von Rechtshilfeersuchen anderer Länder, die feststellen, dass Kulturgut ihres Landes, das illegal ausgegraben oder gestohlen bzw. unterschla-gen und ausgeführt wurde, nun in Deutschland verkauft wird oder werden soll.

In der Praxis erhält die Polizei meist Kenntnis, dass Sondengänger festgestellt oder Raubgrabungen entdeckt wurden, oder dass es sich um Besitz oder Verkauf von illegal erlangten antiken Artefakten oder den Fund von möglichem Kultur-gut handelt. Diebstähle von wertvollen antiken Exponaten aus Museen oder Sammlungen in Deutschland sind seltener, hier macht sich die Aufklärung über entsprechende Diebstahlssicherungsmöglichkeiten positiv bemerkbar.

III.   Sondengänger und Raubgräber

Sogenannte Sondengänger, die mit Metalldetektoren, Bodenradar oder anderen technischen Hilfsmitteln nach archäologischen Kulturgütern suchen, werden immer wieder in den Medien positiv als Schatzsucher dargestellt und die Schä-den, die sie anrichten, verharmlost. Das Sondieren ist meist die Vorstufe zum Raubgraben.

Raubgräber sind entgegen der Bezeichnung keine „Räuber" sondern Personen, die mit Hilfe von Grabungswerkzeugen archäologische (kulturhistorisch wertvol-le) Fundstücke dem Boden entnehmen.

---

2   Koordinierungsstelle Magdeburg – Der Beauftragte der Bundesregierung für Kultur und Medien, abgerufen am 06.09.2012 von www.kulturgutschutz-deutschland.de.

1. Rechtliche Aspekte[3]

Macht man sich strafbar, wenn man mit einem Metalldetektor auf eine archäologische Ausgrabungsstätte geht oder damit im Grabungsschutzgebiet unterwegs ist? Denkmalschutzgesetze sind Gesetze der Bundesländer. Im baden-württembergischen Denkmalschutzgesetz (DSchG BW) sind alle Ordnungswidrigkeiten in § 27 DSchG aufgelistet. Die Geldbuße hierfür beträgt bis zu 100.000 DM, in besonders schweren Fällen bis zu 500.000 DM. (Der Betrag wurde amtlich noch nicht auf Euro umgestellt). Zuständig für die Ahndung von Verstößen gegn das DSchG ist die die örtlich zuständige untere Baurechtsbehörde als untere Denkmalschutzbehörde.

Der Begriff Kulturdenkmal ist in § 2 DSchG BW definiert. Beachtenswert ist, dass zu einem Kulturdenkmal auch das Zubehör gehört.

§ 21 DSchG BW legt fest, dass Nachforschungen mit dem Ziel Kulturdenkmale zu entdecken, genehmigungspflichtig sind. Nachforschung bedeutet die Untersuchung, Ausgrabung, Freilegung und Bergung von verborgenen Kulturdenkmalen; somit auch die planmäßige Suche mit technischen Hilfsmitteln wie Metallsuchgeräten.

Nach § 8 DSchG BW darf ein Kulturdenkmal nur mit Genehmigung der Denkmalschutzbehörde zerstört oder beseitigt, in seinem Erscheinungsbild beeinträchtigt und/oder aus seiner Umgebung entfernt werden, soweit diese für den Denkmalwert von wesentlicher Bedeutung ist. Und nach § 22 DSchG BW sind Arbeiten, die verborgene Kulturdenkmale gefährden oder zu Tage fördern können, in Grabungsschutzgebieten nur mit Genehmigung erlaubt.

Beruft sich eine Person auf einen Zufallsfund, so müsste sie den Fund unverzüglich der Denkmalschutzbehörde oder der Gemeinde anzeigen. Diese Verpflichtung ist in § 20 DSchG BW festgehalten.

§ 23 DSchG BW enthält das so genannte „Schatzregal": die gesetzliche Regelung, die besagt, dass bewegliche Kulturdenkmale, die herrenlos oder so lange verborgen gewesen sind, dass ihr Eigentümer nicht mehr zu ermitteln ist, mit der Entdeckung Eigentum des Landes werden, wenn sie bei staatlichen Nachforschunen oder in Grabungsgebieten entdeckt werden oder wenn sie einen entsprechenden wissenschaftlichen Wert haben.

Auch die Denkmalschutzgesetze der anderen Bundesländer enthalten vergleichbare Bestimmungen. Für die gezielte Suche nach beweglichen und unbeweglichen Bodendenkmalen ist in allen Bundesländern eine Nachforschungsge-

---

3   Vgl. §§ 2 ff. DSchG BW; zu den anderen Datenschutzgesetzen der Länder vgl. die Sammlung beim Verband der Landesarchäologen www.landesarchaelogen.de, abgerufen am 18.09.2012; § 984 BGB; § 123 ff. StGB.

nehmigung erforderlich. Auch die Verpflichtung zur unverzüglichen Meldung von Funden, die für die Denkmalpflege relevant sein könnten, gilt deutschlandweit.

Der Eigentumserwerb von archäologischen Funden ist in den Bundesländern unterschiedlich geregelt. Archäologische Funde sind Schatzfunde gem. § 984 BGB, Eigentümer eines Schatzes wird zur Hälfte der Entdecker, zur anderen Hälfte der Eigentümer der Sache, in welcher der Schatz verborgen war. Die Bundesländer Bayern und Nordrhein-Westfalen haben kein Schatzregal, hier gelten diese Bestimmungen des BGB. Alle anderen Bundesländer haben den Eigentumserwerb des Landes an archäologischen Funden von wissenschaftlicher Bedeutung in einem Schatzregal geregelt.

Sondengänger verstoßen nicht nur gegen die Denkmalschutzgesetze, sondern sie können sich auch strafbar machen. Je nach Sachlage kommen folgende Straftatbestände in Frage: § 123 StGB (Hausfriedensbruch) sowie § 246 StGB (Fundunterschlagung).

Die bereits aufgeführten Verstöße gegen das Denkmalschutzgesetz Baden-Württemberg durch Sondengänger können ebenso Raubgräber betreffen. Was die strafrechtlichen Verstöße angeht, ist bei Raubgräbern eine breitere Palette von Möglichkeiten zu prüfen. Je nach Einzelfall kann sich der oder können sich die Raubgräber eines Hausfriedensbruchs gem. § 123 StGB, der Unterschlagung gem. § 303 StGB, gemeinschädlichen Sachbeschädigung gem. § 304 StGB oder Störung der Totenruhe gem. § 168 StGB strafbar gemacht haben. Falls Funde von einer abgesperrten Ausgrabungsstätte entwendet werden, kommt auch Diebstahl gem. § 242 StGB oder gem. §§ 242, § 243 StGB in Frage.

2. Probleme bei der Strafverfolgung

Kulturdenkmäler wie Burgen, alte Siedlungen, Gräberfelder, Handelswege, Bergwerke oder ähnliches, befinden sich oft außerhalb besiedelten Gebietes. Sie sind meist nicht eingezäunt und werden nicht bewacht. Einerseits hat jedermann Zugang, andererseits werden die Aktivitäten von Sondengängern oder Raubgräbern kaum von zufällig anwesenden Zeugen beobachtet.

So werden Raubgrabungen oft nur zufällig von Spaziergängern, Land- oder Forstwirten entdeckt und nicht immer zeitnah. Zudem fallen von Raubgräbern hinterlassene Löcher in der Regel auch erst ab einer bestimmten Größe auf. Und falls sie wieder verfüllt wurden, sind sie noch unauffälliger. Dies erklärt, warum von der Existenz eines nicht unerheblichen Dunkelfeldes auszugehen ist.

Selbst wenn die Täter beobachtet werden, sind sie nicht immer leicht zu identifizieren, wie das folgende Beispiel zeigt: Ein Mitarbeiter der Denkmalpflege stellt im Bereich einer römischen Straße einen Sondengänger plus Begleitperson fest. Durch die Lage des Feststellungsorts ist die Annäherung des Denkmalpflegers für die beiden Personen rechtzeitig erkennbar und sie flüchten, bevor eine Kontrolle erfolgen kann. In anderen Fällen können Fahrzeugkennzeichen abgelesen werden, aber es ist nicht möglich zu beweisen, dass der Fahrzeughalter mit dem Sondengänger identisch ist.

Falls Spaziergänger Sondengänger oder Raubgräber auf frischer Tat beobachten und Polizei oder Denkmalpflege verständigen, sind die Anfahrtswege in der Regel lang und zeitintensiv. Somit haben die Täter reichlich Zeit, sich inzwischen zu entfernen und alle Beweise zu verstecken oder zu vernichten.

Hin und wieder taucht die Frage auf, woher Sondengänger und Raubgräber wissen, wo sie fündig werden. Lohnende potentielle Fundstellen sind gut zu recherchieren: über Heimatliteratur, wissenschaftliche Publikationen und natürlich über das Internet. Einschlägige Internetforen oder Bücher bieten auch unseriöse Tipps für Einsteiger unter den Schatzsuchern – bis hin zu Ausreden bei eventuellen Kontrollen durch Denkmalpflege und Polizei.

Was die Zerstörung eines Kulturdenkmals bedeutet und wie schwierig es im Einzelfall sein kann, Ermittlungsansätze zu finden, wird an folgendem Beispiel besonders deutlich: Anfang Februar 2012 wurde die Polizei in Philippsburg von einem Spaziergänger verständigt, dass auf einem Acker zwei große Löcher sichtbar sind. Raubgräber – in diesem Falle auch Grabräuber – hatten in einem Gräberfeld aus der Merowingerzeit (5. bis 6. Jh. n. Chr.) in einer hellen Vollmondnacht zwischen 19 und 6 Uhr zwei Gräber vollständig zerstört und die darin enthaltenen Skelette und Grabbeigaben geplündert. Übriggeblieben war nur noch ein Fragment eines Beckenknochens. In unmittelbarer Nähe daneben waren offensichtlich Vorkehrungen zur Plünderung von zwei weiteren nebeneinander liegenden Gräbern getroffen worden. Die Täter hatten die Gräber vermutlich mit einem Metalldetektor genau lokalisiert und dann mit Spaten und Hacke ausgegraben.

In diesem Fall können wir uns vorstellen, was mitgenommen und was zerstört wurde. In Gräbern dieser Zeitstellung, die von der Denkmalpflege ausgegraben wurden, fanden sich reiche Grabbeigaben wie eiserne Schwerter oder Dolche, Schmuck-Armringe, Halsketten, Gewandfibeln, Münzen, Glasgefäße, in günstigen Fällen sogar Stoffreste und Reste von Blumen und Getreide, die, im Zusammenhang geborgen, wertvollen Erkenntnisgewinn für die Wissenschaft bedeuten.

Es muss sich für die Grabräuber gelohnt haben, denn kaum vier Wochen später plünderten vermutlich die gleichen Täter ein weiteres Grab in diesem Gräberfeld aus. Zurück blieben diesmal vier Röhrenknochen. Es ist davon auszugehen, dass die entwendeten Grabbeigaben mit falschen Herkunftsangaben veräußert wurden. Irgendwelche Ermittlungsansätze, die zu den Tätern führen könnten, waren nicht vorhanden.

IV.   Besitz oder Verkauf illegal erlangter antiker Kulturgüter

Werden im Rahmen von Strafverfahren, aufgrund von Rechtshilfeersuchen anderer Länder oder nach Hinweisen aus der Bevölkerung antike Kulturgüter entdeckt, kommt die Frage auf, ob diese Artefakte legal oder in Zusammenhang mit einer Straftat erworben wurden.

Da einerseits so gut wie alle Länder der Welt inzwischen die Ausgrabung, den Besitz, den Erwerb und die Ausfuhr von Kulturgütern verboten oder nach vorheriger Prüfung des wissenschaftlichen Wertes durch entsprechende Genehmigungspflichten eingeschränkt haben und auch die Zahl der Artefakte, die sich in alten Sammlungen befinden, begrenzt ist, kann andererseits keine unbegrenzte oder ständig steigende Anzahl von Antiken legal im Handel sein.

Somit ist jeder Verdachtsfall genau zu prüfen, zu bewerten und angepasst auf den speziellen Sachverhalt zu bearbeiten.

1.   Rechtliche Aspekte[4]

Je nach Ausgangslage wird geprüft, ob im Zusammenhang mit dem Kulturgut Ermittlungsverfahren wegen Unterschlagung gem. § 303 StGB, Diebstahl gem. § 242 StGB oder gem. §§ 242, § 243 StGB, Hehlerei gem. § 252 StGB oder gewerbs-/bandenmäßige Hehlerei gem. § 260 oder § 260 a StGB oder Geldwäsche gem. § 261 StGB einzuleiten sind.

Bei antiken Artefakten, die aus Deutschland stammen, ist auch an Ordnungswidrigkeiten gemäß der Denkmalschutzgesetze der Länder zu denken.

Bei antiken Artefakte, die aus dem Ausland stammen, können auch Verstöße nach der Abgabenordnung wie Steuerhinterziehung, Steuerhehlerei oder Bannbruch vorliegen (§§ 370, 372, 374 AO). Auch Verstöße gegen das Kulturgüterrückgabegesetz (KultGüRückG) sind möglich.

Ein Sonderfall sind Kulturgüter aus dem Irak, deren Ein- und Ausfuhr in/aus Drittstaaten durch Verordnung der EG Nr. 1210/2003 generell verboten ist (mit zeitlich fixierten Ausnahmen). Verstöße hiergegen sind in § 34 Außenwirtschaftsgesetz (AWG) strafbewehrt.

---

4   §§ 2 ff.; DSchG BW; § 984 BGB; §§ 123 ff. StGB; §§ 370 ff. AO; §§5 ff. KultGüRückG; § 34 AWG.

2.   Probleme bei der Strafverfolgung

Dreh- und Angelpunkt zu Beginn aller Ermittlungen ist die Klärung, um was für einen Gegenstand handelt es sich bei dem antiken Artefakt handelt: Aus welchem Land, welcher Kultur, Region, Stadt, stammt es? Wie alt ist es? Ist es echt oder gefälscht? Wie groß ist sein Wert für die Wissenschaft?

Ist aufgrund einer ersten Einschätzung oder Begutachtung durch einen Experten geklärt, dass es sich um ein echtes Artefakt handelt, woher dieses stammt oder stammen könnte und wie groß seine Bedeutung für die Wissenschaft ist, erfolgen Nachforschungen bezüglich der Herkunft und des Eigentumserwerbs. Hierbei sollte auch die Klärung erfolgen, ob es sich um Kulturgut handelt.

Bei einem legalen Erwerb müssten Legitimationspapiere vorhanden sein, welche die Herkunft und Rechtmäßigkeit des Besitzes belegen. Derartige Belege sind beispielsweise gültige Bescheinigungen des Finders und Eigentümers der Fundstätte, falls es sich nicht um Staatseigentum handelt, der Nachweis eines Fundortes aus einem Staat ohne einschlägige Exportrestriktionen, Exportdokumente des Staates oder Fundortes oder der Nachweis der Eingliederung in eine alte Adelssammlung vor Inkrafttreten einschlägiger Exportverbote des Herkunftsstaates. Die Beweispflicht liegt nicht beim Besitzer des Objektes.

In der Praxis kann dies – je nach Sachlage – aufwändige und zeitintensive Ermittlungen der Polizei im In- und Ausland bedeuten, weil keine Legitimationspapiere vorhanden sind und der Besitzer des Kulturgutes keine oder falsche Angaben zu Herkunft und Verkaufsweg macht. Im einen oder anderen Falle liegen Bescheinigungen vor, die sich nach einer Prüfung als Fälschungen (mit falschen Herkunftsangaben) entpuppen.

Je einzigartiger und seltener ein antikes archäologisches Artefakt ist, desto unproblematischer sind die Nachforschungen nach Herkunft und Verkaufsweg. Der Weg eines 2.000 Jahre alten römischen Gefäßes, Schmuckstückes oder einer Münze von denen es weniger als 10 Exemplare weltweit gibt, ist einfacher nachzuvollziehen als der Weg einer römischen Münze gleicher Zeitstellung, von der ursprünglich Hunderte geprägt wurden und auch heute noch eine nicht feststellbare Anzahl davon in Umlauf sind. Der Verkaufsweg eines antiken Artefakts kann über mehrere Ländergrenzen führen. Je nach Artefakt kann bereits die Eingrenzung der Herkunft aus einem bestimmten Land Probleme bereiten – die Grenzen antiker Kulturen sind nicht identisch mit unseren heutigen Ländergrenzen.

Die gesetzlichen Regelungen vieler Länder enthalten Stichtage, ab welchen eine bestimmte Handlung strafbewehrt ist. Somit ist zu beweisen, dass die strafbare Handlung, in der Regel die illegale Ausgrabung des Kulturguts, nach diesem Stichtag erfolgte. Bei archäologischen Artefakten kann es aber aufgrund ihres Alters schwierig bis unmöglich sein, festzustellen, wann sie dem Boden entnommen wurden.

Wurde das Kulturgut aus einem Museum oder einer Sammlung entwendet, ist dies im Herkunftsland eher unproblematisch festzustellen, falls das Kulturgut noch nicht in den entsprechenden nationalen und internationalen Dateien und Verzeichnissen entwendeter Güter registriert ist.

Bei Kulturgütern anderer Länder bedeutet auch die Prüfung der Strafbarkeit der Vortat im Herkunftsland einen gewissen Aufwand. Einschlägige Gesetze aller Länder sind zwar im Internet auf der UNESCO-Seite eingestellt, aber nicht unbedingt immer in aktueller Fassung oder in einer für unseren Kulturbereich gängigen Sprache.[5] Auch Botschaften in Deutschland als mögliche Ansprechpartner reagieren unterschiedlich engagiert. So kann auch der Nachweis der Strafbarkeit durch die Erhebung der Rechtsvorschrift eines Landes einen gewissen Aufwand bedeuten.

V.   Aktuelle Entwicklung

Im Jahr 2011 wurden in Baden-Württemberg 607 Straftaten im Zusammenhang mit Kunstgegenständen/Antiquitäten in der Polizeilichen Kriminalstatistik (PKS) erfasst. Darin sind Straftaten im Zusammenhang mit antiken Kulturgütern enthalten, diese werden nicht gesondert ausgewiesen. Nicht erfasst sind die Straftaten, bei denen sich der Tatort im Ausland befindet. Auch Ordnungswidrigkeiten nach den Denkmalschutzgesetzen sind nicht in der PKS enthalten. Raubgrabungen sind nicht gesondert ausgewiesen sondern unter der entsprechenden Straftat, also als Unterschlagung, gemeinschädliche Sachbeschädigung etc., erfasst.[6]

Valide Zahlen zur Entwicklung der Kriminalität im Zusammenhang mit antikem Kulturgut liegen somit nicht vor. Dem polizeilichen Meldedienst, der sich allerdings auf die besonders signifikanten Fälle konzentriert, ist zu entnehmen, dass im laufenden Jahr häufiger Raubgrabungen in Baden-Württemberg festgestellt wurden.

---

5   UNESCO Database of National Cultural Heritage Laws, abgerufen am 18.09.2012 von www.unesco.de.
6   Landeskriminalamt Baden-Württemberg (Hrsg.) (2012) Wirtschaftskriminalität – Jahresbericht 2011, S. 9, abgerufen am 24.09.2012 von www.lka-bw.de.

VI.   Fazit

Der Handel mit Kunstwerken und Antiquitäten ist in Europa zu einem echten Wirtschaftsfaktor geworden. Der Bedarf an Kulturgütern ist scheinbar so groß, dass auch die illegale Beschaffung und der Handel mit gestohlenen Kunstgegenständen enorm ansteigen.[7]

Die Wachstumsrate des Kunstmarkts wird auch in Zukunft bei steigender Nachfrage nach dem nicht nachwachsenden Gut „Kulturgut" bewirken, dass der Bedarf weiterhin nicht nur aus legalen Quellen gedeckt wird. Zudem wird die Vermarktung illegal erlangter Kulturgüter durch die Nutzung des Mediums Internet immer einfacher. Die Täter können wesentlich mehr potentielle Opfer ansprechen, erste Kontakte per E-Mail oder Skype abwickeln und somit zunächst anonym bleiben. Die Ansprache von mehr potentiellen Kunden bei gleichzeitiger Minimierung der Kosten und des Entdeckungsrisikos könnte dafür sorgen, dass zukünftig das Internet als Plattform des illegalen Handels mehr genutzt wird.

Der Ausplünderung antiker Stätten kann nur dann entgegengewirkt werden, wenn jeder Händler und Erwerber ein zum Kauf angebotenes antikes Artefakt mit den dazugehörigen Legitimationspapieren aufmerksam und akribisch prüft, bevor er es erwirbt. Im Zweifelsfall sollte auf den Kauf verzichtet werden. Hilfreich hierbei wäre ein immer wieder diskutierter internationaler Provenienzpass für bewegliche Kulturgüter jeglicher Art, mit dem Herkunftsüberprüfungen einfacher und nach einheitlichem Standard möglich wären.

Alle seitens der UNECSO entwickelten ethischen Codes für den Umgang mit Kulturgut tragen nur dann zu einer Austrocknung des illegalen Handels und damit zum Stopp der zerstörerischen Plünderung antiker Kulturstätten bei, wenn alle Länder neben der Anerkennung dieser Codes auch bereit sind, den Schutz der Kulturgüter anderer Länder gesetzlich und tatsächlich effektiv zu gewährleisten.

---

7   Bundesministerium der Finanzen, Warenverkehr innerhalb der EU – Einschränkungen – Kulturgüter, abgerufen am 24.09.2012 von www.zoll.de.

Internationale Aspekte des gutgläubigen Erwerbs gestohlener Kulturgüter

*Marc Weber**

I. Einleitung und Probleme

Es vergeht kein Tag, an dem nicht Kulturgüter gestohlen, geraubt oder geschmuggelt werden, aber nur wenige von den verschwundenen Objekten tauchen wieder auf. Werden gestohlene Kulturgüter später erworben, so stellt sich die Frage, ob der Erwerber das Objekt behalten kann oder ob er es dem ursprünglich Berechtigten herausgeben muss.

Komplizierter wird es im internationalen Verhältnis. Die Übertragung im Inland von im Ausland gestohlenen Kulturgütern richtet sich nach dem inländischen Recht, d.h. jenes Recht beurteilt, ob ein Erwerb von gestohlenem Kulturgut zulässig ist (lex rei sitae). Kennt das inländische Recht einen Gutglaubenserwerb vom Nichtberechtigten, so ist die Klage des ausländischen Klägers erfolglos. Ähnlich verhält es sich bei unrechtmässig verbrachten Kulturgütern, weil ausländische Verbringungsverbote im Inland in aller Regel nicht durchgesetzt werden. In beiden Fällen können nur multi- oder bilaterale Abkommen Abhilfe verschaffen, aber auch sie nur beschränkt. Dabei spielt der gute Glaube beim Erwerb für die Rückgabe von gestohlenen und/oder geschmuggelten Kulturgütern keine Rolle. Immerhin führt die Gutgläubigkeit des Erwerbers zu einer Entschädigung, die der klagende ausländische Staat zu leisten hat. Ob der Erwerber tatsächlich gutgläubig war, kann aber immer nur im Einzelfall beurteilt werden. Lehre und Rechtsprechung sowie die neuere Gesetzgebung stellen Kriterien auf, um die Gut- bzw. Bösgläubigkeit festzustellen.

*   RA Dr. iur., LL.M. (Berkeley), Partner, LANTER RECHTSANWÄLTE, Zürich.

II. Guter Glaube

1. Schweizer Recht

Das Schweizer Recht kennt keinen allgemeinen Gutglaubensschutz.[1] Das Gesetz enthält keine Definition des guten Glaubens. Der Gesetzgeber hat beim Erlass des ZGB bewusst auf eine nähere Umschreibung verzichtet und die Umschreibung des Begriffs „guter Glaube" der Lehre und Rechtsprechung überlassen.[2]

Immerhin sagt Art. 3 ZGB zum einen, dass wo das Gesetz eine Rechtswirkung an den guten Glauben einer Person geknüpft hat, dessen Dasein zu vermuten ist (Abs. 1) und zum anderen dass derjenige nicht berechtigt ist, sich auf den guten Glauben zu berufen, wer bei der Aufmerksamkeit, wie sie nach den Umständen von ihm verlangt werden darf, nicht gutgläubig sein konnte (Abs. 2).

Die neuere, heute herrschende Lehre geht auf die Begriffsumschreibung von Peter Jäggi (1909 – 1975) zurück, der den guten Glauben als „Fehlen des Unrechtbewusstseins trotz eines Rechtsmangels" definierte.[3]

2. Deutsches Recht

Gemäss § 932 Abs. 2 BGB ist der Erwerber nicht im guten Glauben, „wenn ihm bekannt oder infolge grober Fahrlässigkeit unbekannt ist, dass die Sache nicht dem Eigentümer gehört". In ständiger Praxis ist dies „ein Handeln, bei dem die erforderliche Sorgfalt nach den gesamten Umständen in ungewöhnlich großem Maße verletzt worden ist und bei dem dasjenige unbeachtet geblieben ist, was im gegebenen Falle jedem hätte einleuchten müssen."[4]

Nach § 1006 Abs. 1 Satz 1 BGB wird zugunsten eines Besitzers einer beweglichen Sache vermutet, dass er während der Dauer seines Besitzes Eigentümer der Sache sei. Ein gutgläubiger Besitzer gilt also solange als Eigentümer der Sache, als ihm nicht böser Glaube beim Besitzerwerb nachgewiesen wird, also ihm bekannt oder infolge grober Fahrlässigkeit unbekannt war, dass die Sache nicht

---

1   Grundlegend *Peter Jäggi*, in: Berner Kommentar zum schweizerischen Privatrecht, Bd. I/1: Einleitung. Artikel 1 – 10 ZGB, Bern 1966, Art. 3 ZGB N 11f.
2   Vgl. *Barbara Lindenmann*, Die Verantwortlichkeit des gutgläubigen Besitzers. Der Artikel 938 ZGB und dessen Anwendungsbereich, Bern 2010, 116 m.w.H.
3   Vgl. BK-*Jäggi* (Fn. 1), Art. 3 ZGB N 30; *Lindenmann* (Fn. 2), 118, Fn. 600 m.w.H.; vgl. auch BGE 99 II 147; BGer 5C.122/2006 E. 2.2.2 = ZBGR 88 [2007], 474ff.
4   BGH: 11.5.1953, BGHZ 10, 14, 16 (Kabelrollen); 18.6.1980, BGHZ 77, 274, 276 (Kleiderstoffe); 1.7.1987, NJW-RR 1987, 1456, 1457 (Kraftfahrzeug); 5.10.1989, NJW 1990, 899, 900 (Hamburger Stadtsiegel); 13.4.1994, NJW 1994, 2022, 2023 (Gebrauchtwagen), alle im Anschluss an RG: 26.3.1933, RGZ 141, 129, 131 (Weizenmehl); 21.3.1940, RGZ 163, 104, 106 (Kühe), 4.2.1941, RGZ 166, 98, 101 (Scheck).

dem Veräusserer gehört (§ 932 Abs. 2 BGB) oder der Veräusserer nicht zur Veräusserung berechtigt war (§ 366 Abs. 1 HGB).

III. Guter Glaube im Kunsthandel

1. Rechtsprechung

a) Kriterien

Die Gerichte haben folgende Kriterien bestimmt, wonach der gute Glaube vorhanden ist oder eben nicht: Verkäufer, Käufer, Kaufobjekt, Preis und die übrigen Umstände. Das Schweizerische Bundesgericht hat im Rahmen des Art. 934 Abs. 1 ZGB Regeln für den seriösen Kunsthandel aufgestellt und die Anforderungen an die nach Art. 3 Abs. 2 ZGB verlangte Aufmerksamkeit konkretisiert.[5] Die Anforderungen an eine gesteigerte Aufmerksamkeit sind besonderer Art, wenn bei gewissen Berufsgruppen kraft Gesetzes, Berufspflicht oder Übung gesteigerte Massstäbe anzulegen sind.[6]

---

5 Für die Jahre 1912 – 1957 vgl. *Kurt Siehr*, Rechtsfragen zum Handel mit geraubten Kulturgütern in den Jahren 1933 – 1950, in: UEK (Hrsg.), Die Schweiz, der Nationalsozialismus und das Recht, II. Privatrecht (Veröffentlichungen der Unabhängigen Expertenkommission Schweiz – Zweiter Weltkrieg, Bd. 19), Zürich 2001, 125 – 203, Rz. 18 und Tabelle I auf S. 140.

6 Vgl. BGE 43 II 613 E. 2 S. 617 [1917] = La Semaine judiciaire 1918, 101: Erwerb von anvertrauten Uhren zu einem untersetzten Preis, was den Käufer, ein Uhrenfabrikant, hätte stutzig machen müssen; BGE 69 II 110 [1943]: Der Schweizer Kunsthändler Theodor Fischer (1948 – 1952) erwarb von einem „vorbestraften Geschäftemacher" ein Gemälde von Ferdinand Hodler zur Hälfte des ursprünglich verlangten Preises, obwohl er wusste, dass der Veräusserer nicht Eigentümer war, sondern nur für diesen handelte; BGE 113 II 397 E. 2b S. 399f. [1987]: Die Anforderungen an die Sorgfaltspflicht des Händlers von Occasionsautomobilen der Luxusklasse sind besonders hoch, und dies gilt „generell für den Handel mit Gebrauchtwaren aller Art"; BGE 122 III 1 E. 2 b/aa S. 4 [1996]: In Geschäftsbereichen, in denen oft Waren zweifelhafter Herkunft angeboten werden, sind bei einem Erwerber mit einschlägigen Branchenkenntnissen hohe Anforderungen an die zu verlangende Aufmerksamkeit zu stellen. Auch der Antiquitätenhandel zählt zu diesen Geschäftsbereichen. Zudem ist unerheblich, ob ein Gegenstand zum Eigengebrauch erworben wird oder ob ein Handelskauf vorliegt; BGE 123 II 134 [1997]: Bestätigung der erhöhten Anforderungen an die Sorgfaltspflichten beim Kunstkauf. Da sich der Käufer weder über die Herkunft noch über die Echtheit und die Einfuhr des Gemäldes erkundigte, wurde sein guter Glaube verneint; BGE 131 III 418 E. 2.3.2 S. 422 [2005]: Erwerb eines Pfandrechts, wobei der Pfandbesteller keine Verfügungsmacht über die Sache hatte. Als Pfandsache dienten zwei antike Goldklumpen, die illegal aus Indien in die Schweiz verbracht wurden. Der Grad der vom Erwerber verlangten Aufmerksamkeit richtet sich nach den Umständen des Einzelfalles, wobei sie sich nach objektiven, von der Kenntnis und den Fähigkeiten der Partei unabhängigen Kriterien bemisst. Allerdings bestehe keine allgemeine Pflicht des

Nach Art. 3 Abs. 2 ZGB ist derjenige nicht berechtigt, sich auf den guten Glauben zu berufen, welcher bei der Aufmerksamkeit, wie sie „nach den Umständen von ihm verlangt werden darf", nicht gutgläubig sein konnte. Die Anforderungen an die Aufmerksamkeit im Sinne dieser richten sich nach den Umständen des Einzelfalls, der nach freiem Ermessen beurteilt wird (vgl. Art. 4 ZGB).[7] Der Grad der vom Erwerber verlangten Aufmerksamkeit richtet sich nach den Umständen des Einzelfalles, wobei sie sich nach objektiven, von der Kenntnis und den Fähigkeiten der Partei unabhängigen Kriterien bemisst.[8] Es bestehe keine allgemeine Pflicht des Käufers, sich nach der Verfügungsberechtigung des Verkäufers besonders zu erkundigen. Dagegen bestehe bei risikobehafteten Geschäften eine Abklärungs- und Erkundigungspflicht, wenn aufgrund der Umstände „Anlass zu Misstrauen" gegeben ist und nicht erst bei konkretem Verdacht.[9]

b)   Entscheidung des Obergerichts des Kantons Zürich vom 5. April 2012

In einem Urteil des Obergerichts des Kantons Zürich vom 5. April 2012 haben die Richter den guten Glauben des Erwerbers bejaht, obwohl m.E. alle Umstände nicht zu einem solchen Ergebnis hätten führen dürfen. Der Fall handelt von der Herausgabe eines gestohlenen Gemäldes der Russischen Avantgarde, das 1989 in der Schweiz von einem Kunstsammler für rund USD 1 Mio. erworben wurde.[10] Das Obergericht verneinte die Missachtung der gebotenen Aufmerksamkeit des Beklagten und wies die Berufung des Klägers ab, obwohl das Bild illegal aus der Sowjetunion ausgeführt worden war, die Galerie (Kommissionärin) einen unseriösen oder gar schlechten Ruf hatte, das Gemälde in einem schlechten Zustand war, und die Veräusserin für den Käufer des Bildes anonym blieb.

Ein rechtsgenügender Nachweis dafür, dass Kulturgüter aus der Sowjetunion in der Regel deliktischer Herkunft im Sinne von Diebstahl oder Raub waren und dies in der Kunstbranche 1989 allgemein bekannt war, könne gestützt auf das

---

Käufers, sich nach der Verfügungsberechtigung des Verkäufers besonders zu erkundigen. Dagegen besteht bei risikobehafteten Geschäften eine Abklärungs- und Erkundigungspflicht, wenn aufgrund der Umstände „Anlass zu Misstrauen" gegeben ist und nicht erst bei konkretem Verdacht; BGer 7.3.2011, 5A.669/2010: Ins Gewicht fällt namentlich, ob der Veräusserer eine einleuchtende Darstellung geben kann, wie er die Sache erworben hat, und ob für die Kaufsache ein handelsüblicher Preis verlangt wird.

7   BGer 8.12.2003, 5C.215/2003 E. 3 m.H. auf BGE 113 II 397 E. 2a S. 399; 122 III 1 E. 2a S. 3; 127 III 440 E. 2c S. 443.

8   BGE 131 III 418 E. 2.3.2 S. 422; BGer 7.3.2011, 5A.669/2010 E. 2 m.H. auf BGE 131 III 418.

9   BGE 131 III 418 E. 2.3.2 S. 422.

10   OGer Zürich 5.4.2012, X. g. B., Entscheid Nr. LB110003, unveröffentlicht.

Beweisverfahren nicht angenommen werden.[11] Zudem spielte für das Zürcher Obergericht die Tatsache eine Rolle, dass der Erwerber nicht Kunsthändler war, sondern Kunstsammler.[12] Nicht einmal der dem Beklagten bekannte Umstand, dass Sotheby's Genf von einem Kauf des Bildes 1989 absah, weil das Auktionshaus wusste, dass die sowjetische Regierung ihre Zustimmung für einen Verkauf eines registrierten Gemäldes, das aus einer privaten Sammlung stammte und das Land illegal verlassen hat, vermochte die Oberrichter von der behaupteten Bösgläubigkeit des Erwerbers überzeugen.[13] Ebenso war dem Erwerber bekannt, dass ein Gemälde desselben Künstlers sich auf dem Markt befunden hatte, das gestohlen war.[14] Das Auftauchen eines echten Gemäldes jenes Künstlers war selten.[15] Dem Obergericht genügte einzig die Bestätigung der Galerie, der aktuelle Eigentümer habe ihr zugesichert, der einzige und alleinige Besitzer des Bildes zu sein, und dass das Kunstwerk seit Jahren im Banksafe einer Bank lag, die den Eigentümer kannte. Im Kaufvertrag garantiere schliesslich die Galerie die Echtheit des Bildes und dass sie als Verkäuferin berechtigt und in der Lage sei, das Eigentum rechtmässig im Sinne von Art. 641ff. ZGB zu übertragen.[16] Nichts änderte auch die Tatsache, dass der Diebstahl in den russischen Zeitungen ca. 1978 erwähnt und in Expertenkreisen bekannt gewesen ist.[17] Die Forderung des Klägers, der Beklagte hätte sich in Fachkreisen erkundigen müssen, wurde nicht gehört.[18] Das Gericht stellte abschliessend fest, dass davon ausgegangen werden müsse, dass „die vom Kläger geforderten weiteren Nachforschungsmöglichkeiten entweder nicht die erwartete Kenntnis des Diebstahls gebracht hätten oder aber vom Beklagten nicht verlangt werden konnten."[19]

---

11 OGer Zürich 5.4.2012 (Fn. 10), E. 5.6 S. 29.
12 OGer Zürich 5.4.2012 (Fn. 10), E. 7.1 S. 37.
13 OGer Zürich 5.4.2012 (Fn. 10), E. 6.10 S. 35: „Der Inhalt des Absageschreibens deutet sodann klar darauf hin, dass die ausbleibende Bewilligung des Kaufs durch die sowjetischen Behörden an die illegale Ausfuhr knüpfte." Vgl. auch E. 9.4 S. 44: „aus der Ablehnung von Sotheby's zur Aufnahme des Bildes in eine Auktion, [lässt sich] auch nicht auf den behaupteten Diebstahl schliessen."
14 OGer Zürich 5.4.2012 (Fn. 10), E. 7.3 S. 38.
15 OGer Zürich 5.4.2012 (Fn. 10), E. 7.3. S. 39
16 OGer Zürich 5.4.2012 (Fn. 10), E. 8.1 S. 40: „Der Vertrag und die Bestätigung enthalten damit konkrete Vorsichtsmassnahmen, die der Beklagte getroffen hat."
17 OGer Zürich 5.4.2012 (Fn. 10), E. 9.2 S. 43.
18 OGer Zürich 5.4.2012 (Fn. 10), E. 9.5 S. 45.
19 OGer Zürich 5.4.2012 (Fn. 10), E. 10 S. 45.

2. Lehre

Es ist unbestritten, dass an die Sorgfaltspflicht der Händler und Sammler hohe Anforderungen zu stellen sind. Dies muss schon im Interesse eines möglichst effektiven Kulturgüterschutzes gelten.[20] Wird ihr Misstrauen erweckt oder hätte es erweckt werden müssen, sind entsprechend Nachforschungen anzustellen.[21] Der Erwerber muss sich über die Provenienz erkundigen und nach entsprechenden Belegen für die Rechtmässigkeit seiner Herkunft fragen. Zudem hat er sich Klarheit zu verschaffen über die Person des Veräusserers und dessen Verfügungsbefugnis. Bleiben Fragen ungeklärt, so sind weitergehende Informationen einzuholen.[22]

3. Codes of Conduct

Die selbstauferlegten Erwerbsregeln der Museen[23] und Kunsthandelsverbände sehen Verbote vor, gestohlene oder illegal exportierte Kulturgüter zu erwerben. Sie sehen zudem entsprechende Erkundigungs- und Untersuchungspflichten

---

20 *Astrid Müller-Katzenburg*, Besitz- und Eigentumssituation bei gestohlenen und sonst abhanden gekommenen Kunstwerken, in: Art-Investor: Handbuch für Kunst & Investment, hrsg. von Lothar Pues/Edgar Quadt/Riss, München 2002, 461 – 481, 474; so bereits *Hans Stoll*, Sachenrechtliche Fragen des Kulturgüterschutzes in Fällen mit Auslandberührung, in: Rudolf Dolzer/Erik Jayme/Reinhard Mussgnug (Hrsg.), Rechtsfragen des internationalen Kulturgüterschutzes, Symposium vom 22./23. Juni 1990 im Internationalen Wirtschaftsforum Heidelberg, Heidelberg 1994, 53 – 66, 64; *Hans Hanisch*, Internationalprivatrechtliche Fragen im Kunsthandel, in: Albrecht Dieckmann/Rainer Frank/Hans Hanisch/Spiros Simitis (Hrsg.), Festschrift für Wolfram Müller-Freienfels, Baden-Baden 1986, 193 – 224, 224.; *ders.*, Der Fall Liotard und die nationale Zuordnung eines Kunstwerks, in: Rainer Frank (Hrsg.), Recht und Kunst. Symposium aus Anlaß des 80. Geburtstages von Wolfram Müller-Freienfels, Heidelberg 1996, 19 – 36, 36.
21 Strenger *Haimo Schack*, Gutgläubiger Erwerb gestohlener Kunstgegenstände, in Festschrift für Kostas E. Beys dem Rechtsdenker in attischer Dialektik, Bd. 2, Athen 2003, 1424–1446, 1445, wonach im Kunsthandel eine generelle Erkundigungspflicht des Käufers bestehe.
22 *Müller-Katzenburg* (Fn. 20), 474f.
23 Vgl. namentlich die Ethischen Richtlinien für Museen von ICOM vom 8. Oktober 2004, die auch für die Schweizer Museen gelten. Art. 2.2 des ICOM Code of Ethics for Museums lautet: "No object or specimen should be acquired by purchase [...] unless the acquiring museum is satisfied that a valid title to it can be obtained. Evidence of lawful ownership in a country is not necessarily valid title." Und 2.3: "Every effort must be made before acquisition to ensure that any object or specimen offered for purchase, gift, loan, bequest, or exchange has not been illegally obtained in or exported from, its country of origin or any intermediate country in which it might have been owned legally (including the museum's own country). Due diligence in this regard should establish the full history of the item from discovery or production." Vgl. www.icom.museum.

vor.[24] Mit dem Erwerb des erwähnten Erwerbs von Antiken zweifelhafter Herkunft hat das Cleveland Museum die Richtlinien der US Association of Art Museum Directors verletzt; denn diese verbieten den Ankauf solchen Kulturguts.[25] Ähnliche Vorschriften kennt namentlich das J. Paul Getty Museum in Malibu.[26]

Nicht nur die Museen, sondern auch die Berufsverbände haben Erwerbsregeln aufgestellt und verpflichten ihre Mitglieder sich beim Erwerb eines Kunstgegenstandes über dessen Herkunft zu erkundigen.[27]

IV.   Rechtsgeschäftlicher Eigentumserwerb

1.   Grundlagen

a)   Schweizer Recht

Rechtsgeschäftlicher Eigentumserwerb setzt ein gültiges Rechtsgeschäft, die Übertragung des Besitzes an der Sache und die Verfügungsberechtigung des Veräusserers voraus.[28] Fehlt es an der Verfügungsberechtigung des Veräusserers,

---

24 Zum Ganzen vgl. *Astrid Müller-Katzenburg*, Internationale Standards im Kulturgüterverkehr und ihre Bedeutung für das Sach- und Kollisionsrecht, Berlin 1996, 196 – 219.

25 „The director must ensure that best efforts are made to determine the ownership history of a work of art considered for acquisition. The director must not knowingly allow to be recommended for acquisition – or permit the museum to acquire – any work of art that has been stolen (without appropriate resolution of such theft) or illegally imported into the jurisdiction in which the museum is located."
Vgl. www.aamd.org/papers/documents/2011ProfessionalPraciitiesinArtMuseums.pdf.

26 „No object will be acquired that, to the knowledge of the museum, has been stolen, removed in contravention of treaties and international conventions of which the United States is a signatory, illegally exported from its country of origin or the country where it was last legally owned, or illegally imported into the United States. [...] Documentation or substantial evidence that the item was legally exported from its country of origin after November 17, 1970 and that it has been or will be legally imported into the United States." Vgl. www.getty.edu/about/governance/pdfs/acquisitions_policy.pdf.

27 Vgl. Art. III 1 des Ethikkodex vom 27.5.2000 der Mitglieder des Verbands Schweizerischer Antiquare und Kunsthändler: „Der Antiquar oder Kunsthändler hat sich beim Erwerb eines Gegenstandes über die Herkunft zu erkundigen. Bei Objekten, deren Ankaufswert über CHF 25'000.-- liegt, hat sich der Antiquar oder Kunsthändler beim Art Loss Register in obligatorischer Weise zu vergewissern, dass das Objekt weder als gestohlen, noch von einem Staat als widerrechtlich exportiert gemeldet worden ist, es sei denn, es liege bereits eine Bestätigung vor. Überdies ist der Antiquar oder Kunsthändler verpflichtet, die Identität des Verkäufers festzuhalten und diesen zu verpflichten, eine Erklärung über sein Eigentum am Objekt oder seine Berechtigung zur Verfügung über das Objekt zu unterzeichnen." Vgl. www.vsak.org/site_de/ethik.html.

28 *Markus Müller-Chen*, Die Crux mit dem Eigentum an Kunst, AJP 2003, 1267 – 1279, 1271.

weil ein Nichtberechtigter die Sache veräussert, ist ein Eigentumserwerb im Grundsatz nicht möglich.[29] Es sei denn, der Erwerber sei gutgläubig und – wie es Art. 714 Abs. 2 ZGB ausdrückt – nach den Besitzesregeln im Besitz der Sache geschützt. Gemäss Art. 933/934 ZGB ist der Erwerber geschützt, wenn der Eigentümer die Sache dem unberechtigt Verfügenden anvertraut hat, nicht aber, wenn die Sache abhanden gekommen ist.

Der ursprüngliche Eigentümer trägt dabei gemäss Art. 3 Abs. 1 ZGB die Behauptungs- und Beweislast hinsichtlich aller Tatsachen, welche die Gutgläubigkeit des Erwerbers zerstören. Gelingt ihm dies, muss der Erwerber die Tatsachen vorbringen, welche zeigen, dass er kein Unrechtsbewusstsein hatte oder haben musste.[30] Entscheidend sind somit die Gutgläubigkeit des Erwerbers und die Art des Besitzesverlustes (anvertraut/abhanden gekommen).

b)   Deutsches Recht

Nach der deutschem lex rei sitae können alle beweglichen Sachen, also auch Kunstwerke, gutgläubig vom Nichteigentümer erworben werden (Art. 43 Abs. 1 EGBGB). Bei diesem gutgläubigen Erwerb wird danach unterschieden, ob eine Sache abhanden gekommen ist oder nicht. Eine gestohlene, verloren gegangene oder sonst abhanden gekommene Sache kann nach § 935 Abs. 2 BGB nur gutgläubig durch Rechtsgeschäft erworben werden, wenn sie öffentlich versteigert wird. Alle nicht abhanden gekommene Sachen werden dagegen nach §§ 932 – 934 BGB gutgläubig erworben.

2.   Anvertraute Sache

a)   Schweizer Recht

Anvertrauen bedeutet die freiwillige und bewusste Übertragung der Sache mit der Massgabe, dass der Empfänger diese selbst oder eventuell den Erlös später zurückgibt.[31] Die Verfügungsbefugnis des Empfängers ist somit rechtlich be-

---

29 BK-*Jäggi* (Fn. 1), Art. 3 ZGB N 53.

30 BK-*Jäggi* (Fn. 1), Art. 3 ZGB N 102; *Heinrich Honsell*, in: Basler Kommentar, Zivilgesetzbuch I, Art. 1–456 ZGB, 4. Aufl., Basel 2010, Art. 3 ZGB N 31.

31 *Emil W. Stark*, in: Berner Kommentar zum schweizerischen Privatrecht, Bd. IV/3/1: Der Besitz, Art. 919 – 941 ZGB, 3. Aufl., Bern 2001, Art. 933 ZGB N 23 m.w.H.

schränkt. In der Praxis werden Kunstwerke häufig im Rahmen eines Miet- oder Leihverhältnisses übergeben.[32]

Ein gutgläubiger Erwerb vom Nichtberechtigten ist mit Ausnahme des portugiesischen[33] und des kanadischen Rechts[34] in praktisch allen Ländern[35] möglich, wenn die Sache „dem Veräusserer ohne jede Ermächtigung zur Übertragung anvertraut" worden ist (vgl. Art. 933 ZGB). Der Alteigentümer ist zum Ausgleich des Verlustes seiner dinglichen Rechtsposition auf obligatorische Ansprüche gegen den nichtberechtigten Verfügenden verwiesen.

b)   Deutsches Recht

Nach § 932 Abs. 1 BGB erwirbt man durch Veräusserung einer Sache selbst dann Eigentum, wenn der Veräusserer nicht Eigentümer der Sache ist, die dem Veräusserer anvertraute Sache (die also nicht gestohlen, verloren gegangen oder sonst abhanden gekommen ist) dem Erwerber übergeben wird und der Erwerber zur Zeit der Übergabe gutgläubig ist.

Bei einem Erwerb durch Besitzkonstitut oder durch Abtretung des Herausgabeanspruchs erwirbt man regelmässig erst dann gutgläubig Eigentum, wenn man die Sache übergeben bekommt.

In § 932 BGB wird nur der gute Glaube an das Eigentum des Veräusserers geschützt. Im Handelsverkehr wird jedoch nach § 366 Abs. 1 HGB auch der gute Glaube in die Verfügungsbefugnis des Veräusserers geschützt.[36] Das bedeutet in

---

32 So geschehen im Fall des berühmten Manuskripts „Les cent-vingt journées de Sodome" von Donatien Alphonse François Marquis de Sade (1740 – 1814), welches samt der Schatulle einem Pariser Verleger zur Ansicht anvertraut wurde. Noch im selben Jahr erfuhren die Eigentümer, dass das Manuskript von einem bekannten Genfer Privatsammler zum Preis von FF 300'000 erworben wurde. Die Klage auf Rückgabe hatte keinen Erfolg, weil das Manuskript anvertraut und der Käufer gutgläubig war; vgl. BGer 28.5.1998, De Noailles c. Nordmann, 5C.16/1998, ungedruckt; vgl. *Marc Weber*, Unveräußerliches Kulturgut im nationalen und internationalen Rechtsverkehr, Berlin 2002, 293, Fn. 327 m.w.H.

33 Vgl. Art. 1301 Código civil. Im Handelsverkehr hat der gutgläubige Erwerber allerdings ein Lösungsrecht, d.h. er hat einen Anspruch auf Herausgabe des Kaufpreises; vgl. *Kurt Siehr*, Der gutgläubige Erwerb beweglicher Sachen – Neue Entwicklungen zu einem alten Problem, ZVglRWiss 80 (1981) 273 – 292, 281.

34 Unabhängig von der Art des Besitzesverlusts ist ein Eigentumserwerb vom Nichtberechtigten erst nach Ablauf einer dreijährigen Ersitzungsfrist möglich (Art. 2919 Code civil Québec).

35 Vgl. hierzu die Nachweise bei *Karsten Thorn*, Der Mobiliarerwerb vom Nichtberechtigten, Baden-Baden 1996, 153 – 161.

36 In § 366 Abs. 1 HGB heisst es: „Veräussert oder verpfändet ein Kaufmann im Betriebe seines Handelsgewerbes eine ihm nicht gehörende bewegliche Sache, so finden die Vorschriften des Bürgerlichen Gesetzbuchs zugunsten derjenigen, welche Rechte von einem Nichtberechtigten herleiten, auch dann Anwendung, wenn der gute Glaube des Erwerbers

der Praxis, dass man von einem Kunsthändler ein Kunstwerk auch dann gutgläubig erwerben kann, wenn man zwar weiss, dass der Kunsthändler nicht Eigentümer des verkauften Kunstwerkes ist, jedoch gutgläubig annimmt, der Kunsthändler sei zur Verfügung über dieses Kunstwerk berechtigt.[37]

3.   Abhanden gekommene Sache

Die Unterschiede der verschiedenen Rechtsordnungen bezüglich des gutgläubigen Erwerbs von abhanden gekommen Sachen sind erheblich. So gibt es Rechtsordnungen, die an abhanden gekommen bzw. gestohlenen Sachen den gutgläubigen Erwerb praktisch ausschliessen (angelsächsicher Rechtskreis[38]), andere lassen ihn leicht zu (Italien[39] und Deutschland[40]) und in anderen Rechtsordnungen kann man nach Ablauf einer gewissen Frist Eigentum erwerben (Frankreich[41] und Schweiz).

a)   Schweizer Recht

Das Schweizer Recht kennt keinen Gutglaubenserwerb im Zeitpunkt der Übertragung des Eigentums. Der Erwerber wird erst mit Ablauf von fünf Jahren in seinem Eigentum geschützt. Mit anderen Worten: Der Besitzer, dem eine bewegliche Sache gestohlen wird oder verloren geht oder sonst wider seinen Willen abhanden kommt, kann sie während fünf Jahren jedem Empfänger abfordern (Art. 734 Abs. 1 ZGB).

---

die Befugnis des Veräusserers oder Verpfänders, über die Sache des Eigentümers zu verfügen, betrifft."

37 *Kurt Siehr*, Gutgläubiger Erwerb von Kunstwerken nach deutschem Recht, KUR 14 (2012) 85 – 97, 88.

38 Vgl. § 2-403(2) U.C.C.; für das englische Recht vgl. sect. 54 Sale of Goods Act 1979.

39 Im italienischen Recht wird der gutgläubige Erwerber vom Nichtberechtigten mit Übergabe der (gestohlenen) Sache Eigentümer (Art. 1153 Abs. 1 Codice civile); vgl. hierzu den englisch-italienischen Fall Winkworth v. Christie, Manson & Woods Ltd., [1980] 1 All E.R. 1121 (Ch. D.) = [1980] 2 W.L.R. 937.

40 Das deutsche Recht schliesst in § 935 Abs. 1 BGB einen gutgläubigen Erwerb von abhanden gekommenen Sachen grundsätzlich aus. Ausnahmen sind der Erwerb von Geld und Inhaberpapieren sowie Sachen, die öffentlich versteigert wurden (§ 935 Abs. 2 BGB).

41 Im französischen Recht wird der gutgläubige Erwerber mit Abschluss des Kaufvertrags Eigentümer. Es gilt der Grundsatz „en fait de meubles, la possession vaut titre" (Art. 2276 Abs. 1 Code civil). Allerdings kann jeder, dem die Sache abhanden gekommen ist, die Sache von jedem Besitzer während dreier Jahre herausverlangen; erst nach Ablauf der dreijährigen Verwirkungsfrist ist der Erwerber geschützt (Art. 2276 Abs. 2 Code civil).

Ist die Sache ein Kulturgut im Sinne des Kulturgütertransfergesetzes, so wird der gutgläubige Erwerber erst mit Ablauf von 30 Jahren nach dem Abhandenkommen in seinem Eigentum geschützt (Art. 934 Abs. 1bis ZGB).

b)   Deutsches Recht

Nach § 935 BGB können gestohlene, verloren gegangene oder sonst abhanden gekommene Sachen nicht gutgläubig nach §§ 932 – 934 BGB erworben werden, es sei denn, die Sachen werden öffentlich versteigert (§ 935 Abs. 2 BGB).

„Unfreiwillig abhanden gekommen sind die Sachen, die nicht anvertraut sind; es gibt keine dritte Möglichkeit."[42] Dieser prägnante Satz von Emil Stark gilt auch für den gutgläubigen Erwerb nach dem BGB, der sehr ähnlich ausgestaltet ist wie der Gutglaubenserwerb nach den Art. 933, 934 des schweizerischen ZGB.

Wenn nachgewiesen werden kann, dass die Sache abhanden gekommen ist, gestaltet sich die Vermutung des § 1006 BGB anders als sonst. Nach § 1006 Abs. 1 Satz 1 BGB wird vermutet, dass der Besitzer einer beweglichen Sache der Eigentümer der Sache sei. In § 1006 Abs. 1 Satz 2 BGB wird aber hinzugefügt, dass diese Vermutung nicht gegenüber einem früheren Besitzer gilt, „dem die Sache gestohlen worden, verloren gegangen oder sonst abhanden gekommen ist".

Das heisst Folgendes: Der jetzige Besitzer kann die Eigentumsvermutung des § 1006 Abs. 1 Satz 1 BGB nicht gegenüber dem Eigentümer geltend machen, dem die streitige Sache gestohlen worden ist. Die Vermutung spricht also für den Eigentümer, und zwar wird nach § 1006 Abs. 2 BGB vermutet, dass er Eigentümer während seines Besitzes war und auch – dies ist eine korrigierende Auslegung des § 1006 Abs. 2 BGB, die aber aus § 1006 Abs. 1 Satz 2 BGB folgt[43] – nach dem Besitzverlust blieb. Der Eigentümer hat also nur seinen früheren Besitz und den Diebstahl zu beweisen, während der Besitzer die volle Beweislast für den gutgläubigen Erwerb durch Kauf oder Ersitzung zu tragen hat.[44]

Diese Interpretation des § 1006 Abs. 2 BGB kam der bestohlenen Eigentümerin Ferrari di Valbona zugute, als sie ihren gestohlenen Tiepolo „Il miracolo di

---

42 *Stark* (Fn. 31), Art. 934 ZGB N 2.
43 So BGH 25.1.1984, NJW 1984, 1456, 1457; 19.12.1994, BB 1995, 276; 120.11.2004, BGHZ 161, 90, 108 f.; Münchener Kommentar zum BGB (-Christian Baldus), Bd. 6, 5. Aufl., München 2009, § 1006 BGB Rdnr. 35 f., Johannes von Staudinger (-Karl-Heinz Gursky), Kommentar zum BGB mit Einführungsgesetz und Nebengesetzen, Neubearbeitung, Berlin 2006; § 1006 BGB Rdnr. 19 ff.
44 *Kurt Siehr* (Fn. 37), 90.

Sant' Antonio" vom Niedersächsischen Landesmuseum Hannover erfolgreich herausverlangte.[45]

c)   US-amerikanisches Recht

Nach US-amerikanischem Recht ist der gutgläubige Erwerb an gestohlenen oder sonstwie abhanden gekommenen Sachen ausgeschlossen. Nach § 2-403(2) U.C.C. kann man von einem Kunsthändler nur dann gutgläubig erwerben, wenn der Eigentümer dem Kunsthändler die Kunstwerke anvertraut hat.[46]

4.   Lösungsrecht

a)   Schweizer Recht

Es gibt Fälle, in denen der gutgläubige Erwerber die Sache zwar herausgeben muss, den bezahlten Kaufpreis aber vom Kläger verlangen kann. Ist die Sache öffentlich versteigert oder auf dem Markt oder durch einen Kaufmann, der mit Waren der gleichen Art handelt, übertragen worden, so kann sie nach Art. 934 Abs. 2 ZGB dem ersten und jedem späteren gutgläubigen Empfänger nur gegen Vergütung des von ihm bezahlten Preises abgefordert werden.[47] Dabei wird gefordert, dass der Verkäufer einen den kaufmännischen Grundsätzen entsprechenden Geschäftsbetrieb führt.[48] Irrelevant ist hingegen, ob die kaufmännische Tätigkeit haupt- oder nebenamtlich ausgeübt wird oder ob der Verkäufer im Handelsregister eingetragen ist oder nicht.[49] Das Lösungsrecht steht auch dem gutgläubigen Rechtsnachfolger desjenigen zu, der die genannten Voraussetzungen erfüllt.[50] Erwarb jedoch der anspruchsberechtigte Gutgläubige von einem Bösgläubigen, der seinerseits vom Kaufmann erworben hat, besteht das Lösungsrecht nicht mehr.[51] Neben dem Anspruch aus Art. 934 Abs. 2 ZGB hat der gutgläubige Besitzer auch Anspruch auf den bezahlten Preis nach den Regeln der

---

45 Vgl. hinten bei IV. 2.
46 Vgl. *Kurt Siehr*, Zivilrechtliche Fragen des Kulturgüterschutzes, in: Gerte Reichelt (Hrsg.), Internationaler Kulturgüterschutz. Wiener Symposion 18./19. Oktober 1990, Wien 1992, 41 – 68, 47. Allerdings kann der Herausgabeanspruch eines bestohlenen Eigentümers verwirken; vgl. O'Keeffe v. Snyder 83 N.J. 478, 416 A.2d 862 (1980); De Weerth v. Baldinger, 658 F. Supp. 688 (S.D.N.Y. 1987), 804 F. Supp. 539 (S.D.N.Y. 1992).
47 Ein ähnliches Lösungsrecht kennt das französische Recht (Art. 2280 Abs. 1 Code civil).
48 BK-*Stark* (Fn. 31), Art. 934 ZGB N 21.
49 BK-*Stark* (Fn. 31), Art. 934 ZGB N 39.
50 BK-*Stark* (Fn. 31), Art. 934 ZGB N 41.
51 Vgl. BK-*Stark* (Fn. 31), Art. 934 ZGB N 41; *Müller-Chen* (Fn. 28), 1275 m.w.H. in Fn. 82.

kaufrechtlichen Rechtsgewährleistung (Art. 192ff. OR) oder aus Grundlagenirrtum (Art. 24 Abs. 1 Ziff. 4 OR). Umstritten ist das Verhältnis zwischen dem Lösungsrecht und einem Anspruch aus Rechtsgewährleistung gegen den Veräusserer. Einigkeit besteht grundsätzlich darüber, dass der Erwerber nicht beides verlangen kann.[52] Unklar ist jedoch, ob die Rechtsgewährleistung oder das Lösungsrecht vorgeht.[53]

Verlangt der Alteigentümer seine Sache mit Erfolg heraus, ist zu regeln, wer letztlich den aus der Sache gezogenen Nutzen behalten darf und allfällige Auslagen und Schäden zu tragen hat. Der gutgläubige Besitzer hat einen Ersatzanspruch für notwendige und nützliche Aufwendungen (Art. 939 Abs. 1 ZGB). Darunter fallen etwa Restaurierungs- und Versicherungskosten,[54] m.E. nicht aber der Gewinn bei einem Weiterverkauf.

b)   Deutsches Recht

Das deutsche Recht kennt kein Lösungsrecht,[55] sondern gibt dem Besitzer einen Anspruch auf Verwendungsersatz (§§ 994 ff. BGB). Nach § 1000 BGB kann der verwendende Besitzer die Herausgabe der Sache von der Erstattung des geschützten Verwendungsinteresses abhängig machen.[56]

5.   Originärer Eigentumserwerb (Ersitzung)

a)   Schweizer Recht

Man kann nicht nur derivativ Eigentum erwerben, sondern auch originär, nämlich durch Ersitzung. Hat jemand eine fremde bewegliche Sache ununterbrochen und unangefochten während fünf Jahren in gutem Glauben als Eigentum in seinem Besitze, so wird er durch Ersitzung Eigentümer (Art. 728 Abs. 1 ZGB). Ist die Sache ein Kulturgut im Sinne des KGTG, dann beträgt die Ersitzungsfrist 30

52 *Tanja Domej*, in: Andrea Büchler/Dominique Jakob (Hrsg.), Kurzkommentar Schweizerisches Zivilgesetzbuch, Basel 2012, Art. 934 ZGB N 18.
53 Interessengerechter wird es in der Regel sein, den Anspruch auf Rechtsgewährleistung um das Lösungsrecht zu kürzen; vgl. BK-*Stark* (Fn. 31), Art. 934 ZGB N 45 – 47.
54 *Müller-Chen* (Fn. 28), 1274.
55 Mit Ausnahme des hier nicht weiter interessierenden Art. 94 Abs. 2 EGBGB.
56 Doch liegt in § 1000 BGB nach h.M. nur ein obligatorisches Forderungsrecht begründet. Daraus folgt zunächst, dass ein Lösungsrecht aus der maßgeblichen deutschen Sicht kein dingliches Recht im Sinne des Kollisionsrechts ist, sondern ein obligatorisches Recht darstellt, wenngleich es sachenrechtlichen Ursprungs ist; vgl. RGZ 71, 427; 142, 417; *Soergel-Mühl*, Vor § 994 BGB Rdnr. 13; Palandt-*Bassenge*, § 1000 BGB Rdnr. 2.

Jahre (Art. 728 Abs. 1ter ZGB). Die Ersitzungsdauer eines gutgläubigen Rechtsvorgängers wird angerechnet (vgl. Art. 941 ZGB). Der unfreiwillige Besitzesverlust nach Art. 728 Abs. 2 ZGB unterbricht die Ersitzungsfrist nicht.[57]

b)   Deutsches Recht

aa)   Ersitzung im Inland

Wenn man rechtsgeschäftlich kein Eigentum erworben hat oder erwerben konnte, kann man die Sache immer noch ersitzen. § 937 BGB bestimmt: „(1) Wer eine bewegliche Sache zehn Jahre im Eigenbesitz hat, erwirbt das Eigentum (Ersitzung). (2) Die Ersitzung ist ausgeschlossen, wenn der Erwerber bei dem Erwerb des Eigenbesitzes nicht in gutem Glauben ist oder später erfährt, dass ihm das Eigentum nicht zusteht." Auch dieser Erwerb untersteht der lex rei sitae (Art. 43 Abs. 1 EGBGB). Während der gesamten Ersitzungsfrist darf man positiv oder grobfahrlässig nicht wissen, dass einem das Eigentum nicht zusteht.[58] Eine Ersitzung von abhanden gekommenen Kunstwerken kommt selten vor die Gerichte. Entweder sind sich – wie im Schlemmer-Fall des BGH[59] – darüber einig, dass eine Ersitzung stattgefunden hat, oder eine Ersitzung musste im Ausland fortgesetzt werden (s. unten bb). Nur ausnahmsweise kam es auf den Statutenwechsel nicht an, wenn die Ersitzung auch ohne Anrechnung ausländischer Ersitzungszeiten nach der jetzigen lex rei sitae erfolgen konnte.[60]

bb)   Nach Statutenwechsel

Die lange Ersitzungsfrist von zehn Jahren kann dazu führen, dass sie nicht in einem Staat abgeschlossen werden kann, sondern nach einem Statutenwechsel (Wechsel des Lageorts) in einem anderen Staat fortgesetzt oder neu beginnen muss. Einschlägig ist Art. 43 Abs. 3 EGBGB, der den Statutenwechsel regelt: „Ist ein Recht an einer Sache, die in das Inland gelangt, nicht schon vorher erworben worden, so sind für einen solchen Erwerb im Inland Vorgänge in einem anderen Staat wie inländische zu berücksichtigen."[61]

---

57 Vgl. Art. 728 Abs. 3 ZGB, wonach die Art. 127 – 142 OR über die Verjährung von Forderungen entsprechend zur Anwendung kommen.
58 *Siehr* (Fn. 37), 95.
59 BGH 24.10.2005, NJW 2006, 689 (Oskar Schlemmer).
60 Schweizerisches Bundesgericht 13.12.1968 (Koerfer gegen Goldschmidt), BGE 94 II 297.
61 LG Hamburg 20.6.1996, IPRspr. 1996 Nr. 55 (portugiesische Pistolen): Die Ersitzung der Pistolen konnte in Deutschland noch nicht stattfinden, da die 10 Jahresfrist des § 937 BGB

6. Verjährung

a) Schweizer Recht

Der Herausgabeanspruch ist im Schweizer Recht unverjährbar.[62]

b) Deutsches Recht

Herausgabeansprüche aus Eigentum verjähren im deutschen Recht in 30 Jahren (§ 197 Abs. 1 Nr. 1 BGB). Diese Vorschrift, deren Geltung auch schon früher vertreten wurde, ist in nur wenigen Fällen angewandt worden. Diese Vorschrift des § 197 I Nr. 1 BGB ist zweifelhaft, weil sie nach Ablauf der Verjährung ein Recht des Eigentümers ohne Anspruch schafft. Ausserdem ist sie zu undifferenziert; denn auch selbst Diebe könnten nach Ablauf der Verjährungsfrist ihre Jugendbeute in eigenen Museen ausstellen und sich der Herausgabeansprüche des bestohlenen Eigentümers erwehren – wenn ihnen nicht der Verjährungseinwand wegen Verstosses gegen Treu und Glauben (venire contra factum proprium) genommen würde. Dieser Einwand sollte ihnen entgegen gesetzt werden können.[63]

7. Verwirkung

a) Schweizer Recht

Die Eigentumsklage geht mit dem Eintritt der Ersitzung durch den gutgläubigen Besitzer unter.[64]

---

noch nicht abgelaufen war, als die Pistolen nach England gebracht wurden. In England dagegen erlosch der Rückgabeanspruch nach 6-jähriger Verjährung unter Anrechnung der deutschen Ersitzungszeit. In dieser Entscheidung lag ein Ausgangsstatutenwechsel von deutschen zum ausländischen Recht vor und deshalb war die ausländische lex rei sitae massgeblich für die Frage, ob die deutschen Ersitzungszeiten angerechnet werden. Die Frage wurde bejaht; vgl. *Siehr* (Fn. 37), 96.

62 BGer 15.2.1922, BGE 48 II 38 E. 2b S. 46f.; BGer 23.5.1957, 83 II 193 E. 2 S. 198; *Wolfgang Wiegand*, in: Basler Kommentar, Zivilgesetzbuch II, Art. 457 – 977 ZGB, Art. 1–61 SchlT ZGB, 4. Aufl., Basel 2011, Art. 641 ZGB N 54.

63 *Siehr* (Fn. 37), 96 m.w.H. in Fn. 95.

64 BGE 94 II 297 E. 6 S. 312, Koerfer g. Goldschmidt.

b)   Deutsches Recht

Ein Eigentümer kann seinen Herausgabeanspruch trotz der langen Verjährungsfrist verwirken, wenn er ihn nach § 242 BGB wider Treu und Glauben lange Zeit
nicht geltend macht und beim Besitzer den Eindruck erweckt, er wolle ihn nicht
mehr geltend machen.[65] Der Zeitraum der Untätigkeit darf – zur Vermeidung einer Enteignung – nicht zu kurz bemessen werden,[66] und das Vertrauen auf die
Nichtgeltendmachung durch entsprechende Dispositionen ist insbesondere bei
Raubkunst eher zu verneinen.[67]

V.   Beispiele aus der Museumspraxis

1.   Drusus Minor und Apollo

Das Metropolitan Museum of Art in New York[68] und das J. Paul Getty Museum
in Malibu[69] haben in jüngster Zeit auf Druck von ausländischen Regierungen hin
Antiken zurückgegeben. Nun drohen türkische Behörden dem Cleveland Museum of Art in Ohio und verlangen die Rückgabe von archäologischem Kulturgut
zweifelhafter Herkunft.[70] Zu den 21 Objekten gehört namentlich ein Torso des

---

65 Vgl. BGH 97, 220; NJW 1993, 918; 2002, 669; 2007, 2183; vgl. auch BGH 16.3.2012,
    NJW 2012, 1796, 1798 f. bei Rdnr. 24, im Anschluss an BGH 20.4.1993, BGHZ 122, 308,
    314 (zu § 894 BGB): Ein Herausgabeanspruch verwirkt dann, „wenn sich der Schuldner
    wegen der Untätigkeit seines Gläubigers über einen gewissen Zeitraum hin bei objektiver
    Beurteilung darauf einrichten darf und eingerichtet hat, dieser werde sein Recht nicht mehr
    geltend machen, und deswegen die spätere Geltendmachung gegen Treu und Glauben ver-
    stößt."
66 BGH 16.3.2007, NJW 2007, 2183, 2184.
67 BGH 16.3.2012 (Fn. 65), bei Rdnr. 27; *Siehr* (Fn. 37), 97.
68 Das Metropolitan Museum of Art in New York und Italien einigten sich im Jahr 2006 über
    die Rückgabe von 21 archäologischen Kulturgütern nach Italien; vgl. *Elisabetta Povoledo*,
    Italy and U.S. Sign Antiquities Accord, The New York Times, 22.2.2006, *B7; Bruce Zaga-
    ris*, Recovery and Return of Stolen Cultural Property: Met Agrees to Return Missing Art to
    Italy, International Enforcement Law Reporter 22 (2006) 152. – Gegenwärtig droht dem
    Metropolitan Museum of Art eine Klage der Türkischen Republik auf Rückgabe von 18
    Antiken aus der Sammlung Norbert Schimmel (1905 – 1990); vgl. *Jason Farago*, Turkey's
    restitution dispute with the Met challenges the „universal museum", Guardian, 7.10.2012,
    S. 3.
69 Das J. Paul Getty Museum und die italienische Regierung einigten sich im Jahr 2007 über
    die Rückgabe von 40 archäologischen Kulturgütern nach Italien; vgl. J. Paul Getty Muse-
    um, 2007. "Italian Ministry of Culture and the J. Paul Getty Museum sign agreement in
    Rome", Pressemitteilung vom 1. August 2007.
70 Vgl. *Randy Kennedy*, Museum Defends Antiquities Collecting, New York Times v.
    13.8.2012, C1; *Lucian Harris*, Louvre will not show Cleveland Apollo, The Art Newspa-
    per, März 2007, 4.

Drusus Minor, eine der 30 bekannten Büsten des Sohnes von Tiberius. Die Marmor Büste wurde 2004 in Frankreich versteigert. Das Cleveland Museum meint, die Herkunft könnte bis ins späte 19. Jahrhundert zurückverfolgt werden und das damalige Eigentum einer algerischen Familie sei unbestritten. Ein Mitglied der Familie habe das Objekt vor 1960 geerbt und es nach Frankreich verbracht.

Ebenfalls 2004 erwarb das Cleveland Musem of Art die Bronzestatue Apollo Sauroktonos, angeblich ein Werk des griechischen Meisters Praxiteles (ca. 400 – ca. 350 B.C.). Der Louvre zog sein Gesuch für eine Ausleihe zurück, nachdem Griechenland behauptete, das Kulturgut sei aus internationalen Gewässern geborgen worden und gehöre Italien. Das Cleveland Museum of Art kaufte das Objekt von der Genfer Filiale der Galerie Phoenix Ancient Art, die das Objekt zwei Jahre zuvor von einem holländischen Händler erwarb, der es seinerseits 1994 von einem Anwalt aus Dresden gekauft hatte. Das Anwesen dessen Vorfahren sei samt der Statue nach dem Zweiten Weltkrieg enteignet worden, und der damalige Eigentümer habe sie nach der Wiedervereinigung Deutschlands erfolgreich durch Klage zurückerlangt. Er habe sie später mit der Bezeichnung „Garten-Ornament" für DM 1'600 (ca. EUR 1'250) verkauft. Schliesslich gebe es keine Quittung, und er möge sich auch nicht an den Namen seines Käufers erinnern. Zweifelhaft erscheint der Erwerb zudem im Lichte der selbst auferlegten Erwerbsregeln[71] des Museums.

2.   Tiepolos "Il miracolo di S. Antonio"

1929 erwarb der jüdische Industrielle Ettore Modiano in London die Ölskizze zum vor 1754 entstandenen Altargemälde „Il miracolo di S. Antonio che riattacca il piede ad un giovane" von Giovanni Battista Tiepolo (1696 – 1770) und überführte es in seine Kunstsammlung in Bologna.[72] Nach dem Tode des Sammlers ging die Zeichnung an seine Tochter in Paris, wo es Ende 1978/Anfang 1979 gestohlen wurde. Der Diebstahl wurde im Februar 1979 bei der Polizei in Paris gemeldet. Der Urenkel des ursprünglichen Eigentümers nahm die Suche nach der Zeichnung im Jahr 2001 bei der italienischen Polizei wieder auf. Kurz darauf wurde die Zeichnung im Niedersächsischen Landesmuseum in Hannover gefun-

---

71 Vgl. Fn. 25.
72 Vgl. OLG Celle 17.9.2010, NJW 2011, 791 (LS) = GRUR–RR 2011, 24; und hierzu *Kurt Siehr*, Zur Rückgabe gestohlener Kunstwerke. Zur Entscheidung des OLG Celle vom 17.9.2010 und zum Grazer/Salzburger Vorentwurf für ein Europäisches Zivilgesetzbuch, Buch VIII: Bulletin Kunst & Recht 1/2012, 6–15. Grundlage des Entwurfes (Öl auf Leinwand, 48 x 29 cm) war das Altarbild (Öl auf Leinwand, 270 x 180 cm), das noch heute in der Pfarrkirche San Michele Arcangelo in Mirano (bei Mestre, nahe Venedig), hängt.

den und als gestohlen identifiziert. Die Tochter des ursprünglichen Eigentümers klagte gegen das Land Niedersachsen auf Herausgabe der Zeichnung.

Wer trug die Beweislast? Die Klägerin hatte ihren früheren Besitz und den Diebstahl zu beweisen, während das Museum die volle Beweislast für ihren gutgläubigen Erwerb durch Kauf oder Ersitzung zu tragen hatte. Dieser Beweis gelang dem Museum nicht. Der vom Museum beauftragte Vermittler kümmerte sich nicht um Informationen über den Ruf der Händlerin. Er verzichtete auf genauere Provenienzangaben und gab sich zufrieden mit dem Hinweis, die Zeichnung stamme von einem französischen Eigentümer. Zudem interessierte ihn nicht, wie das Werk von Bologna nach Frankreich gekommen war. Der Vermittler hätte sich fragen müssen, wieso ein verhältnismässig kostbares Kunstwerk eines erstklassigen Künstlers durch eine wenig bekannte Kunsthändlerin verkauft wird. Schliesslich stellte das Gericht fest, dass der Kaufpreis „auffallend niedrig" gewesen sei.

VI.   Sorgfaltspflichten gemäss Schweizer Kulturgütertransfergesetz

1.   Kulturgütertransfergesetz

Das am 1. April 2005 in Kraft getretene Bundesgesetz über den internationalen Kulturgütertransfer (KGTG)[73] regelt die Einfuhr, Durch- und Ausfuhr von Kulturgütern (Art. 1 Abs. 1 KGTG) und will durch seine Normen Diebstahl, Plünderung und Schmuggel von Kulturgut verhindern sowie einen Beitrag zur Erhaltung des kulturellen Erbes der Menschheit leisten (Art. 1 Abs. 2 KGTG). Das KGTG setzt die Mindestvorgaben des UNESCO Übereinkommens vom 14. November 1970 über Massnahmen zum Verbot und zur Verhütung der rechtswidrigen Einfuhr, Ausfuhr und Übereignung von Kulturgut[74] um.

---

73 Bundesgesetz über den internationalen Kulturgütertransfer (Kulturgütertransfergesetz, KGTG), SR 444.1; Verordnung über den internationalen Kulturgütertransfer (Kulturgütertransferverordnung, KGTV); SR 444.2. Vgl. hierzu *Kurt Siehr*, Das Sachenrecht der Kulturgüter, Kulturgütertransfergesetz und das schweizerische Sachenrecht, in: H. Honsell et al. (Hrsg.), Festschrift für Heinz Rey zum 60. Geburtstag, Zürich 2003, S. 127–140; *Marc Weber*, Bundesgesetz über den internationalen Kulturgütertransfer, ZSR nF 123 I (2004) 495–527; *ders.*, New Swiss Law on Cultural Property, Int'l J. Cult. Prop. 13 (2006) 99–113; *Felix H. Siegfried*, Internationaler Kulturgüterschutz in der Schweiz. Das Bundesgesetz über den internationalen Kulturgütertransfer; *Mark A. Reutter*, „Internationaler Kulturgüterschutz – Neuerungen für die Schweiz unter dem Kulturgütertransfergesetz", in: Oliver Arter/Florian S. Jörg (Hrsg.), Entertainment Law, Bern 2006, 289 – 320 (271 – 325).

74 Originalfassung: Multilateral Convention on the Means of Prohibiting and Preventing the Illicit Import, Export and Transfer of Ownership of Cultural Property, Adopted by the

2.   Begriff „Kulturgut"

Ein Kulturgut im Sinne des Gesetzes (vgl. Art. 2 Abs. 1 KGTG) wiederholt die Umschreibung des Kulturgutbegriffs in Art. 1 des UNESCO-Übereinkommens von 1970. Gemäss Art. 2 Abs. 1 KGTG gilt als Kulturgut ein aus religiösen oder weltlichen Gründen der Archäologie, Vorgeschichte, Geschichte, Literatur, Kunst oder Wissenschaft bedeutungsvolles Gut, das einer der Kategorien nach Art. 1 des UNESCO-Übereinkommens von 1970 angehört.[75] Keine Rolle spielt, ob das Kulturgut i.S. des KGTG in einem Staat registriert wurde, Ausfuhr- oder anderen Verkehrsbeschränkungen unterliegt oder speziell geschützt ist.[76] Ebenso wenig kommt es für den Schutz der Kulturgüter auf das Eigentum an. Dem KGTG unterstehen private Kulturgüter sowie Kulturgüter in öffentlichem Eigentum.

3.   Sorgfaltspflichten

a)   Vorbemerkungen

Das Kulturgütertransfergesetz stellt verschiedene Sorgfaltspflichten für „Personen im Kunsthandel und Auktionswesen"[77] auf und konkretisiert in Art. 16

General Conference of the United Nations Educational, Scientific and Cultural Organization as its Sixteenth Session, Paris, 14.11.1970, 823 U.N.T.S. 231; International Legal Materials 10 (1971) S. 289; BBl. 2002 635 (dt. Übers.); und hierzu etwa *Patrick J. O'Keefe*, Commentary on the UNESCO 1970 Convention on Illicit Traffic, Leicester 2000. Der Konvention sind bisher 123 Staaten beigetreten.

75 Ein Kulturgut im Sinne von Art. 1 UNESCO-Übereinkommen 1970 gilt das von jedem Staat aus religiösen oder weltlichen Gründen als für Archäologie, Vorgeschichte, Geschichte Literatur, Kunst oder Wissenschaft bedeutungsvoll bezeichnete Gut, das (abschliessend) einer von elf Kategorien angehört: z.B. seltene Sammlungen und Exemplare der Zoologie, Botanik, Mineralogie und Anatomie, Ergebnisse archäologischer Ausgrabungen, Teile künstlerischer oder geschichtlicher Denkmäler oder von Ausgrabungsstätten, die zerstückelt sind, Antiquitäten, die mehr als hundert Jahre alt sind, Gut von künstlerischem Interesse wie Bilder, Gemälde und Zeichnungen, seltene Manuskripte und Inkunabeln, alte Bücher, Dokumente und Publikationen von besonderem Interesse, Briefmarken, Archive, Möbelstücke, die mehr als hundert Jahre alt sind, und alte Musikinstrumente.

76 Vgl. *Marc Weber*, Der schweizerische Kunsthandel und seine rechtlichen Rahmenbedingungen, in: SIK-ISEA/Université de Lausanne (Hrsg.), Le Marché de l'art en Suisse. Du XIXe siècle à nos jours, Lausanne 2010, 327 – 340, 330.

77 Hat die natürliche Personen oder die Gesellschaft Wohnsitz/Sitz in der Schweiz, so muss sie im Handelsregister eingetragen sein. Hat die natürliche Personen oder die Gesellschaft Wohnsitz/Sitz im Ausland, so muss sie im Kalenderjahr mehr als 10 Handelsgeschäfte mit Kulturgütern tätigen und dabei einen Umsatz von mehr als CHF 100'000 erzielen. Beide

KGTG die nach den Umständen „verlangte Aufmerksamkeit" nach Art. 3 Abs. 2 ZGB. Der Kunstsammler, der selber nicht mit Kunst handelt, fällt nicht unter das Gesetz. Die gesetzlichen Sorgfaltspflichten gelten sodann nur für nach dem 1. Juni 2005 erfolgte entgeltliche Transaktionen und für Kulturgüter mit einem Handels- bzw. Schätzpreis von mindestens CHF 5'000. Die Sorgfaltspflichten gelten ohne Mindestwert für alle archäologischen, paläontologischen und ethnologischen Objekte (Art. 16 Abs. 3 KGTV).

b)   Diebes- oder Schmuggelgut oder Fundunterschlagung?

Das KGTG schreibt in Art. 16 Abs. 1 vor, dass im Kunsthandel und im Auktionswesen Kulturgut nur übertragen werden darf,[78] wenn „die übertragende Person nach den Umständen" annehmen darf, dass das Kulturgut

* nicht gestohlen;
* nicht gegen den Willen des Eigentümers abhanden gekommen ist;
* nicht rechtswidrig ausgegraben ist;
* nicht rechtswidrig eingeführt worden ist.

M. E. bedarf es der zusätzlichen Konsultation von einschlägigen Datenbanken über gestohlene Kulturgüter, die im Internet aufgeschaltet sind und einfach abgerufen werden können.[79] Die Informationspflicht gilt auch für die Datenbanken, die nur gegen Entgelt konsultiert werden können. So verlangt namentlich das Art Loss Register eine Gebühr für ihre Nachforschungen, deren Ergebnisse dem Kunden weitergegeben werden. Fragt man bei Verdacht die einschlägigen Datenbanken (z.B. ICOM Red List, Art Loss Register oder im Besonderen bei Raubkunst die Datenbank „Looted Art") nicht ab, ist man nicht mehr gutgläubig.[80] Liegt keine der Voraussetzungen vor, ist also das entgeltlich zu übertragende Kulturgut namentlich gestohlen oder rechtswidrig in die Schweiz eingeführt worden, so besteht eine Rechtspflicht, von einer Übertragung abzusehen.[81]

Gruppen müssen entweder Kulturgüter zum Zwecke des Wiederverkaufs für eigene Rechnung erwerben oder den Handel mit Kulturgütern für fremde Rechnung besorgen.

78 Darunter fallen nur entgeltliche Übertragungen von Kulturgut; vgl. Art. 1 lit. f KGTV; *Pierre Gabus/Marc-André Renold*, Commentaire LTBC. Loi fédérale sur les transfert international des biens culturels (LTBC), Zürich 2006, Art. 16 KGTG N 5.

79 So z.B. die ICOM Red List (icom.museum.html), Looted Art (www.lootedart.com) oder das private Art Loss Register (www.artloss.com).

80 So schon *Weber* (Fn. 73), 523f.; a.A. *Wolfgang Ernst*, in: Basler Kommentar, Zivilgesetzbuch II, Art. 457 – 977 ZGB, Art. 1–61 SchlT ZGB, 4. Aufl., Basel 2011, Art. 933 ZGB N 43d.

81 BSK ZGB II-*Ernst* (Fn. 80), Art. 933 ZGB N 43a.

c)   Identifizierung des Verkäufers

Die „im Kunsthandel und im Auktionswesen tätigen Personen" sind verpflichtet, die Identität des Verkäufers oder des Einlieferers festzustellen (Art. 16 Abs. 2 lit. a KGTG). Dabei genügt es, wenn diese Identifizierung ein Mal vorgenommen wird (Art. 17 Abs. 3 KGTV). Zur Identifizierung müssen von natürlichen Personen und Inhabern von Einzelfirmen Name, Vorname, Geburtsdatum, Wohnsitzadresse und Staatsangehörigkeit, von juristischen Personen und Personengesellschaften die Firma und die Domiziladresse verlangt werden (Art. 17 Abs. 1 lit. a und b KGTV). Bestehen Anhaltspunkte dafür, dass die Richtigkeit der Angaben in Frage gestellt werden muss, sind sie anhand eines beweiskräftigen Dokuments zu überprüfen (Art. 17 Abs. 2 KGTV).

d)   Prüfung der Verfügungsberechtigung des Verkäufers

Die „im Kunsthandel und im Auktionswesen tätigen Personen" sind verpflichtet, vom Verkäufer bzw. Einlieferer eine schriftliche Erklärung über deren Verfügungsberechtigung über das Kulturgut zu verlangen (Art. 16 Abs. 2 lit. a KGTG). Diese Verfügungsberechtigung über jedes einzelne Kulturgut ist vom Verkäufer/Einlieferer zu unterzeichnen (Art. 18 KGTV).

e)   Auskunft über Exportvorschriften

Die „im Kunsthandel und im Auktionswesen tätigen Personen" haben die Pflicht, ihre Kundschaft über bestehende Ein- und Ausfuhrregelungen von „Vertragsstaaten" zu unterrichten (Art. 16 Abs. 2 lit. b KGTG).[82] Als Vertragsstaaten gelten dabei die Vertragsstaaten des UNESCO-Übereinkommens von 1970 (Art. 2 Abs. 3 KGTG). Frage ist hier, wie die Fachperson solche Nachforschungen anstellen soll und die erforderlichen Auskünfte einholen soll. Viele Informationen sind über die Website des Bundesamts für Kultur unter dem Link „Kulturgütertransfer"[83] erhältlich.

---

82 Diese Pflicht ist nicht lediglich als Obliegenheit zu qualifizieren; a.A. *Regula Röthlisberger*, Die Informationspflicht nach Art. 16 Abs. 2 lit. b KGTG, Jusletter, 30. Mai 2005, Rz. 19, wonach die Unterlassung für sich allein noch keinen Schadenersatzanspruch des Käufers begründe.

83 Vgl. www.bak.admin.ch/kulturerbe. Die Pflicht der Bundesbehörden, Informationen ins Internet zu stellen, ergibt sich aus Art. 18 lit. e KGTG.

Eine Meldepflicht der Kunsthändler bezüglich Angebote zum Kauf von Kulturgut verdächtiger Herkunft ist nicht in das Gesetz aufgenommen worden.[84]

f)   Andere Sorgfaltspflichten

Das KGTG legt noch weitere Sorgfaltspflichten fest, die aber nicht für die Frage des gutgläubigen Erwerbs relevant sind (Art. 16 Abs. 2 lit. c und d und Abs. 3 KGTG: Buchführungs-, Aufbewahrungs- und Auskunftspflicht gegenüber dem Bundesamt für Kultur).

4.   Folgen der Nichteinhaltung der Sorgfaltspflichten

a)   Zivilrechtlich

Mit der Feststellung, Art. 16 Abs. 1 KGTG statuiere ein Verbot, ist noch nichts darüber gesagt, welche Folgen eine Missachtung des Verbots nach sich zieht. Die Rechtslage ist unklar. Die Botschaft zum Gesetz sagt nichts über die zivilrechtlichen Folgen einer Übertragung von Kulturgut, bei der die Sorgfaltspflichten verletzt wurden. Die Missachtung der spezialgesetzlich auferlegten Sorgfaltspflichten ist nach der hier vertretenen Auffassung eine Vertragsverletzung, und dem Käufer stehen Ansprüche aus Kaufvertrag zu.[85] Der Verkäufer haftet aus Rechtsgewährleistung (Art. 192ff. OR), wenn er namentlich ein Kulturgut verkauft, welches einem Ausfuhrverbot unterliegt (vgl. Art. 16 Abs. 1 KGTG)

---

84 Die von der Nationalratskommission für Wissenschaft, Bildung und Kultur (WBK) vorgeschlagene Meldepflicht, die analog der Meldepflicht der Finanzintermediäre gemäss Art. 9 Abs. 1 Bundesgesetz v. 10.10.1997 zur Bekämpfung der Geldwäscherei im Finanzsektor (SR 955.0) hätte ausgestaltet werden sollen, ist vom Nationalrat mit 85 gegen 81 Stimmen bei einer Enthaltung und vom Ständerat einstimmig abgelehnt worden; vgl. A[mt.]B[ull. der Bundesversammlung] 2003, S. 44 (Nationalrat), S. 553 (Ständerat). Vgl. hingegen die Regelung in der EU: Art. 2a Nr. 6 RL 91/308/EWG des Rates vom 10.06.1991 zur Verhinderung der Nutzung des Finanzsystems zum Zwecke der Geldwäsche, ABl. L 166 v. 28.06.1991, S. 77; eingefügt durch Art. 1 RL 2001/97/EG v. 04.12.2001, ABl. L 344 v. 28.12.2001, S. 76. Die Geldwäscherei-RL 91/308/EWG gilt seit dem 28.12.2001 auch für Personen, die mit hochwertigen Gütern wie Edelsteinen und -metallen oder mit Kunstwerken handeln, und Versteigerern, wenn eine Zahlung in bar erfolgt und sich der Betrag auf mindestens EUR 15'000 beläuft.
85 A.A. *Florian Schmidt-Gabain*, Verkaufen verboten! Bemerkungen zu den zivilrechtlichen Folgen des Art. 16 Abs. 1 KGTG, AJP 2007, 575 – 584, 579, 582, wonach Kulturgüterkaufverträge, die von einem Kunsthändler abgeschlossen worden sind, ohne die Sorgfaltspflichten nach Art. 16 Abs. 1 KGTG zu beachten, „einseitig nichtig" nach Art. 20 Abs. 1 OR seien und sich deshalb nur der Käufer darauf berufen könne.

und wird schadenersatzpflichtig (Art. 195 Abs. 2 OR i.V.m. Art. 97ff. OR). Der Vertrag ist als aufgehoben zu betrachten und der Kaufpreis ist zurückzuerstatten (Art. 195 Abs. 1 Ziff. 1 OR). Die Haftung aus Rechtsgewährleistung verjährt mit Ablauf eines Jahres seit Kenntnisnahme des Rechtsmangels und 30 Jahre nach dem Vertragsabschluss (Art. 196a OR).

b)   Strafrechtlich

aa)   Vergehen

Ein Kunsthändler, der namentlich ein Kulturgut aus einem Vertragsstaat des UNESCO-Übereinkommens von 1970 einführt, ohne es zu deklarieren, macht sich strafbar. Dasselbe gilt selbst bei fahrlässigem Verhalten. Wer vorsätzlich Kulturgüter namentlich in die Schweiz schmuggelt, gestohlene oder gegen den Willen des Eigentümers abhanden gekommene Kulturgüter einführt, verkauft, vertreibt, vermittelt, erwirbt oder ausführt, wird mit Gefängnis bis zu einem Jahr oder Busse bis zu CHF 100'000 bestraft (Art. 24 Abs. 1 lit. c und a KGTG). Handelt der Täter fahrlässig, so ist die Strafe Busse bis zu CHF 20'000 (Art. 24 Abs. 2 KGTG). Unter die Strafandrohung fällt nicht nur eine Person im Kunsthandel oder Auktionswesen, sondern jedermann. Beispielsweise macht sich der Tourist strafbar, der beim Rückflug aus dem Urlaub in die Schweiz die griechische antike Münze beim Zoll nicht deklariert – selbst wenn er nicht wusste, dass er sie hätte deklarieren müssen. Allerdings ist der lediglich Besitz von illegalem Kulturgut nicht strafbar.

bb)   Übertretung

Wer im Kunsthandel oder Auktionswesen die Sorgfaltspflichten nach Art. 16 KGTG missachtet, wird mit Busse bis zu CHF 20'000 bestraft (Art. 25 Abs. 1 lit. a KGTG).

5.   Handelsverbote und -beschränkungen

a)   Erwerbs- und Ausstellungsverbot

Das KGTG stellt nicht nur Regeln für Private auf, sondern auch zu Lasten des Bundes und der Kantone. So dürfen Institutionen des Bundes (und gemäss teleologischer Auslegung auch die Kantone) keine Kulturgüter erwerben oder ausstellen, die gestohlen, gegen den Willen des Eigentümers abhanden gekommen, rechtswidrig ausgegraben oder ausgeführt worden sind (Art. 15 Abs. 1 lit. a und b KGTG). Mit den in Art. 15 genannten Vorschriften übernehmen der Bund und die Kantone die von der internationalen Museumswelt als Standard definierten Verhaltensregeln.

b)   Ausschluss eines gutgläubigen Erwerbs

Kulturgüter im Eigentum des Bundes, die von wesentlicher Bedeutung für das kulturelle Erbe sind, werden im Bundesverzeichnis eingetragen (Art. 3 Abs. 1 KGTG). Eingetragene Kulturgüter können im Inland weder gutgläubig erworben noch ersessen werden (Art. 3 Abs. 2 lit. a KGTG). Das bedeutet, dass der Bund ein gestohlenes Kulturgut, das im Verzeichnis eingetragen war, auch noch nach beispielsweise 100 Jahren entschädigungslos herausverlangen kann; der Herausgabeanspruch ist unverjährbar (Art. 3 Abs. 2 lit. b KGTG). Der Ausschluss des gutgläubigen Erwerbs (Art. 3 Abs. 2 lit a KGTG) gilt nicht nur für abhanden gekommene Kulturgüter, sondern auch für anvertraute Sachen i.S. des Art. 933 ZGB. Bei der Unterschlagung von Leihgaben des Bundes (eingetragenes Kulturgut) ist ein gutgläubiger Erwerb somit ebenfalls ausgeschlossen. Alle anderen Kulturgüter können nach Art. 728 Abs. 1ter ZGB erst nach 30 Jahren ununterbrochenen gutgläubigen Eigenbesitzes ersessen werden.

c)   Archäologische Fundobjekte

Herrenlose Naturkörper oder Altertümer von wissenschaftlichem Wert sind Eigentum des Kantons, in dessen Gebiet sie gefunden worden sind (Art. 724 Abs. 1 ZGB). Der Kanton wird also bereits mit Auffinden bzw. mit Entdeckung des Objekts von wissenschaftlichem Wert Eigentümer, eines Aneignungsrechts bedarf es nicht.[86] Archäologische Grabungsfunde sind als res extra commercium gänzlich dem Rechtsverkehr entzogen (Art. 724 Abs. 1bis ZGB).

---

86 Vor In-Kraft-Treten des KGTG war unklar, in welchem Zeitpunkt der Kanton Eigentümer von Grabungsfunden wurde. Nach einer Mindermeinung (*Peter Liver,* Schweizerisches Privatrecht, Basel/Frankfurt a.M. 1977, 1–401, 367) bedurfte es eines Aneignungsrechts des Kantons. Machte der Kanton von diesem Recht keinen Gebrauch, so gelangte das entdeckte Objekt von wissenschaftlichem Wert nicht in das Eigentum des Kantons, auf dessen Hoheitsgebiet es ausgegraben wurde. Der Gesetzgeber ist nun mit dem KGTG der herrschenden Lehre (vgl. etwa *Renato Ammann,* Das Fundrecht des Schweizerischen Zivilgesetzbuches, Zürich 1960, S. 92; *Wilh[elm] Beck,* Das Fundrecht nach dem schweizer. Zivilgesetzbuch unter Berücksichtigung des kantonalen und ausländischen Rechts dargestellt,

VII. Rückgabe gestohlener Kulturgüter

Ein Kläger im Ausland wird am inländischen Wohnsitz des Besitzers (Art. 98 IPRG) auf Rückgabe seines behaupteten Eigentums klagen und versuchen zu beweisen, dass der Besitzer im Zeitpunkt des Eigentumserwerbs nicht gutgläubig war. Scheitert dieser Beweis, wird die Klage abgewiesen. Abhilfe kann hier die UNIDROIT Konvention von 1995[87] verschaffen.

1. UNIDROIT Konvention 1995

Die 1998 in Kraft getretene und heute bereits in 33 Staaten[88] direkt anwendbare UNIDROIT Konvention über gestohlene oder rechtswidrig ausgeführte Kulturgüter vom 24. Juni 1995 regelt die Rückgabe von gestohlenen Kulturgütern und die Rückführung von Kulturgütern, die unrechtmässig aus dem Hoheitsgebiet eines Vertragsstaats verbracht worden sind, und nun in einem anderen Vertragsstaat gelegen sind – unabhängig davon, ob sie gutgläubig erworben sind. Die Konvention erfasst also auch die Rückgabe von „nur" gestohlenen Kulturgütern (Artt. 3f.), was die RL 93/7[89] nicht regelt.

Restituiert müssen auch archäologische Fundgegenstände aus Raubgrabungen. Diese können entweder nach den Regeln für gestohlene oder nach denen für rechtswidrig ausgeführte Kulturgüter zurückgefordert werden.[90] Diese Rück-

---

Zürich 1911, S. 121; *Heinz Rey*, Die Grundlagen des Sachenrechts und das Eigentum, 3. Aufl., Bern 2007, Rz. 1881a; *Ivo Schwander*, Basler Kommentar, Zivilgesetzbuch II, Art. 457–977 ZGB, Art. 1–61 SchlT ZGB, 4. Aufl., Basel 2011, Art. 724 ZGB N 3) gefolgt.

87 Convention of June 24, 1995 on Stolen or Illegally Exported Cultural Objects, International Legal Materials 34 (1995) 1330; auch in: Int'l. J. Cult. Prop. 5 (1996) 155 – 165 (engl.); SZIER 1997, S. 55 – 66 (frz.); nichtamtl. dt. Übers. in: ZvglRWiss 95 (1996) 214 – 225; vgl. hierzu etwa *Alfonso-Luis Calvo Caravaca*, Private international law and the Unidroit convention of 24th June 1995 on stolen or illegally exported cultural objects, in: H.-P. Mansel et al. (Hrsg.), Festschrift für Erik Jayme, Bd. I, Berlin 2004, 87 – 104.

88 Vgl. www.undroit.org. Die Schweiz hat die Konvention unterzeichnet, jedoch nicht ratifiziert.

89 Richtlinie 93/7/EWG des Rates vom 15. März 1993 über die Rückgabe von unrechtmässig aus dem Hoheitsgebiet eines Mitgliedstaates verbrachten Kulturgütern, ABl. L 74/74 v. 27.3.1993; geändert durch die Richtlinie 96/100/EWG des Europäischen Parlaments und des Rates vom 17. Februar 1997, ABl. L 60/59 vom 1.3.1997; Richtlinie 2001/38/EG des Europäischen Parlaments und des Rates vom 5. Juni 2001, ABl. L 187/43 vom 10.7. 2001. Alle vor dem 1.5.2004 beigetretenen EU-Mitgliedstaaten – mit Ausnahme Portugals – sowie das Fürstentum Liechtenstein, die Republik Island und das Königreich Norwegen haben die Richtlinie in nationales Recht umgesetzt.

90 Gemäss Art. 3 Abs. 2 UNIDROIT-Konvention 1995 gilt ein rechtswidrig ausgegrabenes oder unrechtmässig ausgegrabenes, jedoch rechtswidrig einbehaltenes Kulturgut i.S. der Konvention als gestohlen.

gabemöglichkeit trägt den Beweis der illegalen Ausgrabung, der in einem Prozess häufig schwerer zu erbringen sein wird als der Beweis der illegalen Ausfuhr, Rechnung.[91]

Die Konvention ist nicht rückwirkend, erfasst also keine Kunstgegenstände, die vor Inkrafttreten des Übereinkommens sich in einem Vertragsstaat befanden.

Ansprüche auf Rückgabe müssen innerhalb von drei Jahren ab dem Zeitpunkt geltend gemacht werden, an welchem dem Anspruchsberechtigten der Lageort des Guts und die Identität seines Besitzers bekannt waren, und in jedem Fall innerhalb einer Frist von 50 Jahren ab dem Diebstahl (Art. 3 Abs. 3). Die dreijährige relative Verjährungsfrist gilt gemäss Art. 3 Abs. 4 auch für Kulturgut als Bestandteil eines identifizierten Denkmals, einer identifizierten archäologischen Stätte oder als Teil einer öffentlichen Sammlung. Zudem kann jeder Vertragsstaat erklären, dass eine Rückgabeklage innerhalb einer Frist von 75 Jahren oder einer längeren in seinen Rechtsvorschriften vorgesehenen Frist verjährt (Art. 3 Abs. 5).

Der Besitzer eines gestohlenen Kulturguts, der zu dessen Rückgabe verpflichtet ist, hat bei der Rückgabe Anspruch auf die Zahlung einer angemessenen Entschädigung (reasonable compensation, indémnité équitable), sofern er weder wusste noch vernünftigerweise hätte wissen müssen, dass das Objekt gestohlen war, und nachweisen kann, beim Erwerb des Objekts mit gebührender Sorgfalt (due diligence)[92] gehandelt zu haben (Art. 4 Abs. 1). Diese Vorschrift über die Entschädigung des gutgläubigen Besitzers des im ersuchenden Vertragsstaat gestohlenen Kulturguts führt zu einer Umkehr der Beweislast.[93] Zur Prüfung der Frage, ob der Besitzer mit gebührender Sorgfalt gehandelt hat, sind nach Art. 4 Abs. 4 der Konvention alle für den Erwerb erheblichen Umstände zu berücksichtigen sein, namentlich die Eigenschaften der Parteien und das gezahlte Entgelt, sowie die Konsultation eines zugänglichen Verzeichnisses gestohlener Kulturgüter (z.B. Art Loss Register).

---

91 So *Gerte Reichelt*, Die Unidroit-Konvention 1995 über gestohlene oder unerlaubt ausgeführte Kulturgüter. Grundsätze und Zielsetzungen, in: Gerte Reichelt (Hrsg.), Neues Recht zum Schutz von Kulturgut. Internationaler Kulturgüterschutz. EG-Richtlinie, UNIDROIT-Konvention und Folgerecht, Wien 1997, 55 – 67, 63.

92 Bei Kunstsachverständigen sind an die Sorgfalt erhöhte Anforderungen zu stellen; vgl. dazu *Müller-Katzenburg* (Fn. 24), 320 – 324. Die gebührende Sorgfalt ist m.E. nur zu bejahen, wenn das Art Loss Register (ALR) konsultiert wurde.

93 Vgl. *Reichelt* (Fn. 91), 64.

2. Rückgabe gestohlener Kulturgüter, die auch geschmuggelt sind

a) Schweizer Lösung

aa) Bilaterale Vereinbarungen

Da ausländische Exportverbote im Ausland nicht durchgesetzt werden,[94] kann ein ausländischer Staat nicht am inländischen Ort der gelegenen Sache auf Rückgabe klagen. Die Schweiz hat deshalb mit verschiedenen Staaten sog. Vereinbarungen abgeschlossen, die eine Rückgabe ermöglichen. Ist das Diebesgut nicht „nur" gestohlen, sondern auch noch geschmuggelt, so gilt Folgendes: Geschmuggelte Kulturgüter müssen nur in zwei Fällen zurückgegeben werden. Entweder besteht eine Vereinbarung (Art. 9 KGTG) oder eine befristete Massnahme (Art. 8 KGTG). Geschmuggelte Kulturgüter sind dann zurückzugeben, wenn sie aus einem Staat stammen, der das UNESCO Übereinkommen von 1970 unterzeichnet und mit der Schweiz eine nicht rückwirkende Vereinbarung abgeschlossen hat.[95] Die Schweiz hat mit Italien[96], Peru (noch nicht in Kraft)[97],

---

94 Ausländische Exportvorschriften sind als öffentlich-rechtliche Normen im Inland nicht durchsetzbar; vgl. The King of Italy and Italian Government v. Marquis Cosimo de Medici Tornaquinci and Christie, Manson and Woods, [1917/18] 34 T.L.R. 623 (Ch.D.); Riv.dir.int. 14 (1921/22) 194 (ital. Übers. mit Anm.); und hierzu *Weber* (Fn. 32), 360 – 362. Es gibt aber auch nationale Regelungen, die illegal exportierte Kulturgüter mit dem Zeitpunkt ihres Exports automatisch in das Eigentum des Exportstaates fallen lassen (Verfall, forfeiture); vgl. etwa sect. 9 des australischen Protection of Movable Cultural Heritage Act von 1986, Gazette 1987, Nr. S138.
95 Dasselbe Modell der bilateralen Abkommen kennt das US-amerikanische Recht: Cultural Property Implementation Act, kodifiziert als 19 United States Code §§ 2601 – 2613 (1988 und Supplement 2004); vgl. etwa das Abkommen mit Italien vom 19.01.2001: Agreement between the Government of the United States of America and the Government of the Republic of Italy Concerning the Imposition of Import Restrictions on Categories of Archaeological Material Representing the Pre-Classical, Classical and Imperial Roman Periods of Italy, Federal Register 23.01.2001, 66(15): 7399 – 7402. – Griffiger ist diesbezüglich die deutsche Lösung: Das deutsche UNESCO-Ausführungsgesetz verlangt für die Klage des ersuchenden UNESCO-Vertragsstaats auf Rückführung von illegal verbrachten Kulturguts kein zusätzliches (bilaterales) Abkommen. Zum deutschen Kulturgüterrückgabegesetz vom 18. Mai 2007, BGBl. I 757, 2547, vgl. *Solveig Rietschel,* Internationale Vorgaben zum Kulturgüterschutz und ihre Umsetzung in Deutschland. Das KGÜAG – Meilenstein oder fauler Kompromiss in der Geschichte des deutschen Kulturgüterschutzes?, Berlin 2009.
96 Vereinbarung vom 20.10.2006 zwischen dem Schweizerischen Bundesrat und der Regierung der Republik Italien über die Einfuhr und die Rückführung von Kulturgut (mit Anhang), SR 0.444.145.4, in Kraft seit dem 27.4.2008.
97 Vereinbarung vom 28. Dezember 2006 zwischen dem Schweizerischen Bundesrat und der Regierung der Republik Peru über die Zusammenarbeit zur Verhütung des rechtswidrigen Handels mit Kulturgütern, AS 2008, 2023.

Ägypten[98], Griechenland[99] und Kolumbien[100] solche Vereinbarungen abgeschlossen. Gegenstand solcher Vereinbarungen sind Regelungen über die Einfuhr und die Rückführung von Kulturgut (vgl. Art. 7 Abs. 1 KGTG).

Der Besitzer von Kulturgut, das rechtswidrig aus dem Hoheitsgebiet eines Drittstaates, der mit der Schweiz eine Vereinbarung abgeschlossen hat, ausgeführt und rechtswidrig in die Schweiz eingeführt[101] wurde, kann auf Rückführung verklagt werden (Art. 9 Abs. 1 KGTG). Der klagende Staat hat insbesondere Folgendes zu beweisen (Art. 9 Abs. 1 Satz 2 KGTG):

- wesentliche Bedeutung des Kulturguts für sein kulturelles Erbe ist;[102] und
- rechtswidrige Einfuhr in die Schweiz.

Ist das Kulturgut nach erfolgter Rückführung gefährdet, so kann das Gericht den Vollzug der Rückführung aussetzen, bis das Kulturgut bei einer Rückführung nicht mehr gefährdet ist (Art. 9 Abs. 2 KGTG).

bb)   Verjährung

Der Rückführungsanspruch verjährt in einem Jahr nach Kenntnisnahme des klagenden Staates von der Gelegenheit des Kulturguts und der Identität des Besit-

---

98 Vereinbarung vom 14. April 2010 zwischen dem Schweizerischen Bundesrat und der Regierung der Arabischen Republik Ägypten über die rechtswidrige Einfuhr und Durchfuhr sowie die Rückführung von Altertümern in deren Herkunftsland (mit Anhang), 0.444.132.11, in Kraft seit dem 20.2.2011.
99 Vereinbarung vom 15.05.2007 zwischen dem Bundesrat der Schweizerischen Eidgenossenschaft und der Regierung der Hellenischen Republik über die Einfuhr, die Durchfuhr und die Rückführung von Kulturgut, 0.444.137.21, in Kraft seit dem 13.4.2011.
100 Vereinbarung vom 01.02.2010 zwischen dem Schweizerischen Bundesrat und der Regierung der Republik Kolumbien über die Einfuhr und die Rückführung von Kulturgut, 0.444.126.31, in Kraft seit dem 4.8.2011.
101 Die Einlagerung von Kulturgut in Zoll(frei)lagern gilt als Einfuhr i.S. des KGTG (Art. 19 Abs. 3 KGTG). Die Einlagerung von Kulturgut in Zolllager muss neu beim zuständigen Zollamt schriftlich angemeldet werden; vgl. Art. 26 KGTV.
102 Art. 2 Abs. 2 KGTG verweist auf Art. 4 UNESCO-Konvention 1970 und hat folgenden Wortlaut:
„a) Kulturgut, das durch die individuelle oder kollektive Schöpferkraft von Angehörigen des betreffenden Staates entstanden ist, und für den betreffenden Staat bedeutsames Kulturgut, das in seinem Hoheitsgebiet von dort ansässigen Ausländern oder Staatenlosen geschaffen wurde";
b) im Staatsgebiet gefundenes Kulturgut;
c) durch archäologische, ethnologische oder naturwissenschaftliche Aufträge mit Billigung der zuständigen Behörden des Ursprungslandes erworbenes Kulturgut;
d) Kulturgut, das auf Grund freier Vereinbarung ausgetauscht worden ist;
e) Kulturgut, das unentgeltlich empfangen wurde oder rechtmässig mit Billigung der zuständigen Behörden des Ursprungslandes käuflich erworben wurde.

zers, spätestens aber 30 Jahre nach der rechtswidrigen Ausfuhr (Art. 9 Abs. 4 KGTG).

cc) Entschädigung

Der gutgläubige Erwerber, der das Kulturgut zurückgeben muss, ist zu entschädigen. Dabei richtet sich die Höhe der Entschädigung am Kaufpreis und an den notwendigen und nützlichen Aufwendungen zur Bewahrung und Erhaltung des Kulturguts (Art. 9 Abs. 5 KGTG).[103] Die Entschädigung ist vom klagenden Staat zu entrichten. Bis zur Bezahlung der Entschädigung hat die Person, die das Kulturgut zurückgeben muss, ein Retentionsrecht (Art. 9 Abs. 6 KGTG).

dd) Verhältnis zu Staaten mit besonders gefährdetem Kulturgut

Der Bundesrat kann insbesondere die Einfuhr verbieten, wenn das kulturelle Erbe des klagenden Staates wegen ausserordentlicher Ereignisse gefährdet ist (Art. 8 Abs. 1 lit. a KGTG). Werden Kulturgüter aus jenem Staat trotzdem in die Schweiz eingeführt, so sind sie zurückzugeben.

ee) Verhältnis zu Drittstaaten

Kulturgüter, die nicht von bilateralen Vereinbarungen gemäss Art. 7 KGTG erfasst werden oder die als gefährdet den besonderen Schutz nach Art. 8 Abs. 1 lit. a KGTG geniessen, können aus kulturpolitischer Sicht frei eingeführt werden. Ihre Einfuhr ist nicht rechtswidrig i.S. des Art. 2 Abs. 5 KGTG. Auch in dieser dritten Fallkonstellation besteht kein Rückführungsanspruch i.S. des Art. 9 KGTG.[104]

---

103 Ob das Schmuggelgut auch noch Gegenstand eines Diebstahls war, ist für den sachlichen Anwendungsbereich des KGTG und somit für die Bestimmung der Höhe der Entschädigung unerheblich; irrig deshalb *Roman Plutschow*, Kulturgütertransfergesetz auf Abwegen?, NZZ 5.6.2003, S. 13, der die Frage stellt, welche Entschädigungsregelung gelte, „wenn das illegal importierte Kulturgut zusätzlich gestohlen wurde".

104 Ein Verstoss gegen ausländische Exportbestimmungen bleibt vor inländischen Gerichten grundsätzlich unbeachtet; vgl. The King of Italy and Italian Government v. Marquis Cosimo de Medici Tornaquinci and Christie, Manson and Woods, [1917/18] 34 T.L.R. 623 (Ch.D.); Riv.dir.int. 14 (1921/22) 194 (ital. Übers. mit Anm.); und hierzu Weber (Fn. 32), 360 – 362. Es gibt aber auch nationale Regelungen, die illegal exportierte Kulturgüter mit dem Zeitpunkt ihres Exports automatisch in das Eigentum des Exportstaates fallen lassen

b)   Innerhalb der Europäischen Union

Die Richtlinie 93/7/EWG[105] aus dem Jahr 1993 verpflichtet die EU- und EWR-Staaten zur gegenseitigen Durchsetzung von Verbringungsverboten und gilt heute für alle 28 EU-Staaten sowie für Norwegen, Island und Liechtenstein. Sie ist nicht unmittelbar anwendbar (im Gegensatz zur UNIDROIT Konvention von 1995), sondern musste in den Mitgliedstaten in nationales Recht umgesetzt werden.

Ob das nationale Kulturgut (trésor national, tesoro nazionale, national treasure) gestohlen wurde, spielt für die Rückführungspflicht keine Rolle. Kulturgüter, die gestohlen, aber nicht unrechtmässig verbracht wurden, fallen nicht unter die Richtlinie 93/7/EWG. Wird beispielsweise ein Kulturgut von Spanien nach Frankreich geschmuggelt, so hat Spanien einen Anspruch gegen den Eigentümer (hilfsweise der Besitzer) auf Rückführung des Kulturguts, wenn folgende Voraussetzungen erfüllt sind: (i) das Kulturgut muss für den ersuchenden Mitgliedstaat ein nationales Kulturgut sein, (ii) das Kulturgut muss einem Verbringungsverbot des ersuchenden Mitgliedstaats unterliegen und (iii) das Kulturgut muss unter eine der im Anhang zur Richtlinie aufgeführten Objektkategorien fallen oder Bestandteil einer öffentlichen Sammlung sein oder zu einer kirchlichen Einrichtung gehören.[106] Der Eigentümer, der das Kulturgut dem klagenden ausländischen Staat zurückgeben muss, ist angemessen zu entschädigen (Art. 9).

Die Herausgabeklage ist befristet, und zwar relativ nach Ablauf eines Jahres, seitdem der ersuchende Staat vom Ort der Belegenheit des Kulturguts sowie von der Identität des Eigentümers oder Besitzers positive Kenntnis erhalten hat (Art. 7 Nr. 1). Die absolute Verjährungsfrist beträgt 30 Jahre, für Stücke aus öffentlichen Sammlungen und aus kirchlichen Einrichtungen 75 Jahre (Art. 7 Nr. 2, 1. HS).

VIII.   Zusammenfassung

1. Das Schweizer Recht erlaubt den Erwerb vom Nichtberechtigten durch derivativen gutgläubigen Erwerb (Art. 933–935 ZGB) und originär in Form der Ersitzung durch fünfjährigen gutgläubigen Eigenbesitz (Art. 728 Abs. 1 ZGB).

(Verfall, forfeiture); vgl. etwa sect. 9 des australischen Protection of Movable Cultural Heritage Act von 1986.

105 Vgl. Fn. 89.

106 Zu den schwierigen Eigentumsfragen nach der erfolgten Rückführung des Kulturguts vgl. *Weber* (Fn. 32), 388 – 391.

2. Das deutsche Recht kennt keinen gutgläubigen Erwerb gestohlener Kulturgüter, es sei denn die Sache wird auf einer öffentlichen Versteigerung erworben (§ 935 Abs. 2 BGB).

3. Die Ersitzungsfrist beträgt im Schweizer Recht 5 bzw. 30 Jahre (Art. 728 Abs. 1 bzw. Abs. 1ter ZGB [Kulturgüter]), im deutschen Recht 10 Jahre (§ 937 Abs. 1 BGB).

4. Das Schweizer Recht privilegiert bei gestohlenen oder abhanden gekommenen Sachen bestimmte Erwerbsvorgänge (öffentliche Versteigerung, Marktkauf, Erwerb von Kaufleuten der Art der verkauften Sache; Art. 934 Abs. 2 ZGB).

5. An die Sorgfaltspflicht der Händler und Sammler sind hohe Anforderungen zu stellen. Wird ihr Misstrauen erweckt oder hätte es erweckt werden müssen, sind entsprechend Nachforschungen anzustellen.

6. Das Schweizer Kulturgütertransfergesetz stellt besondere Sorgfaltspflichten für im Kunsthandel und im Auktionswesen tätige Personen auf und konkretisiert die in Lehre und Rechtsprechung entwickelten Kriterien.

7. Bei Misachtung der spezialgesetzlichen Sorgfaltspflichten haftet der Verkäufer aus Rechtsgewährleistung (Art. 192ff. OR) und wird schadenersatzpflichtig (Art. 195 Abs. 2 OR i.V.m. Art. 97ff. OR). Der Vertrag ist als aufgehoben zu betrachten und der Kaufpreis ist zurückzuerstatten (Art. 195 Abs. 1 Ziff. 1 OR).

8. Archäologische Kulturgüter (im Eigentum des Kantons) und eingetragene Kulturgüter (des Bundes) sind res extra commercium. Das deutsche Sachenrecht hingegen kennt keine res extra commercium.

9. Die rei vindicatio ist im Schweizer Recht unverjährbar; im deutschen Recht verjährt der Anspruch in 30 Jahren.

10. Im Rahmen der UNIDROIT Konvention von 1995 gibt es keinen gutgläubigen Erwerb von gestohlenem oder geschmuggeltem Kulturgut.

11. Klagen in der Schweiz auf Rückführung von geschmuggeltem Kulturgut führen nur zum Erfolg, wenn die Schweiz mit dem ersuchenden UNESCO-Vertragsstaat eine (nicht rückwirkende) Vereinbarung über die Einfuhr und die Rückführung von Kulturgut abgeschlossen hat.

12. Innerhalb der EU inkl. der drei EWR-Staaten müssen geschmuggelte Kulturgüter zurückgegeben werden.

Beutekunst: Von der Kriegstrophäe zur Handelsware

*Susanne Schoen**

I.   Einleitung

Das Verbringen von Kulturgütern, die dem besiegten Feind gehören, gab es schon in der Antike. In römischer Zeit war es gängige Praxis, den besiegten Völkern Kunstgegenstände abzunehmen und als Kriegstrophäe in Rom auszustellen[1]. Zudem war es üblich, Gärten römischer Villen mit griechischen Statuen auszustatten[2]. Es gab also schon unter den Römern einen regen Handel mit Beutekunst. Napoleon knüpfte an die antike Tradition an. Nach seiner Niederlage hatte Frankreich vom angestammten Platz entferntes Kulturgut an viele Staaten zurückzugeben, ohne dass im Grundsatz das nationale französische Kulturerbe gleich mit davongetragen wurde.

Es setzte sich mit der Zeit die Auffassung durch, dass Kulturgüter dem besiegten Feind nicht weggenommen werden dürfen. Dies bedeutet konsequenterweise auch, dass gleichwohl weggenommene Kulturgüter wieder an den angestammten Platz zurückgegeben werden müssen[3]. Auf dieses Recht auf Rückgabe kann sich auch ein Staat berufen, der zuvor einen Angriffskrieg geführt hat. Sein kulturelles Erbe unterliegt ebenfalls dem völkerrechtlichen Kulturgüterschutz. Denn Kulturgutschutz im humanitären Völkerrecht unterscheidet nicht danach, ob der besiegte Feind selbst einen Angriff ausgelöst bzw. mit ausgelöst hat, oder vielmehr zu den Opferstaaten eines internationalen bewaffneten Konflikts gehört. Der Vergeltungsgedanke ist dem Völkerrecht fremd.

---

*   Dr. Susanne Schoen, Referentin in der Behörde des Beauftragten der Bundesregierung für Kultur und Medien. Der Beitrag gibt ihre persönliche Meinung wieder.

1   Engstler, Die territoriale Bindung von Kulturgütern im Rahmen des Völkerrechts, 1964, 79, f.

2   Kühlborn/Greven, Die Gier nach Macht und Reichtum, in: Der Rotarier 1998, 1998/10, 44-53 (50).

3   Schoen, Der rechtliche Status von Beutekunst, 2004, 43 m.w.N.

II. Gründe für den Kulturgutschutz im Kriege durch das Völkerrecht

Für diese Entwicklung des Kulturgutschutzes gibt es insbesondere folgende Gründe. Der Krieg wurde auf die Ebene Staat – Staat gehoben[4]. Kulturgüter haben für die Kriegsführung der Staaten untereinander keinen unmittelbaren Nutzen. Ihre Wegnahme ist anders als bei Waffen nicht erforderlich, um die Kampfkraft des Gegners zu schwächen. Kulturgüter sind einzigartige Werke und nicht beliebig reproduzierbar. Was vernichtet oder weggenommen wird, hinterlässt zumeist eine bleibende Lücke im Bestand des Ursprungslandes. In den Werken spiegelt sich die schöpferisch-kreative Leistung einer Bevölkerung wider[5]. Sie haben identitätsstiftende Wirkung. Die kulturellen Interessen eines Staates werden auch als Erbe der Menschheit geschützt[6]. Während erbeutete Kulturgüter beim Sieger das Gefühl des Triumphes erzeugen, verstärken sie beim Besiegten das Gefühl der Niederlage. Die damit verbundene Demütigung birgt die Gefahr fortwährender Konflikte[7]. Die umfangreiche eigenmächtige Wegnahme von Kunstwerken als Kriegstrophäe ist zu differenzieren von friedensvertraglichen Regelungen, die eine sogenannte restitution in kind vorsehen[8]. Es handelt sich bei der restitution in kind um eine Sonderform der Reparation. Dabei erfolgt die Schadensersatzleistung für kriegsbedingte Zerstörungen oder anderweitige Verluste nicht in Geld, sondern in der Übergabe gleichartiger und gleichwertiger Werke[9]. Die völkerrechtliche Zulässigkeit derartiger Vereinbarungen ist umstritten[10].

---

4   Engstler, Die territoriale Bindung von Kulturgütern im Rahmen des Völkerrechts, 1964, 89 f.

5   Fiedler, Kulturgüter als Kriegsbeute?, 1995, 24 f.; Gornig, Der internationale Kulturgüterschutz, in: Gornig/Horn/Murswiek (Hrsg.), Kulturgüterschutz – internationale und nationale Aspekte, 2007, 17 – 63 (29).

6   Turner, in: Fiedler (Hrsg.), Internationaler Kulturgüterschutz und deutsche Frage, 1991, 60.

7   Jenschke, Der völkerrechtliche Rückgabeanspruch auf in Kriegszeiten widerrechtlich verbrachte Kulturgüter, 2005, 36; Fiedler, Zur Entwicklung des Völkergewohnheitsrechts im Bereich des internationalen Kulturgüterschutzes, in: Staat und Völkerrechtsordnung, FS für Doehring, 1989, 199 – 218 (212); Strebel, Die Haager Konvention zum Schutze der Kulturgüter im Falle eines bewaffneten Konfliktes vom 14.5.1954, ZaöRV 16 (1955/56), 35 – 75 (38 f.).

8   So: Artikel 247 Abs.1 des Friedensvertrages von Versailles nach dem ersten Weltkrieg, RGBl 1919, 687; Vereinbarungen der restitution in kind in Friedensverträgen nach dem Zweiten Weltkrieg mit Italien (Art. 75 Ziffer 9), Ungarn (Art. 24 Ziffer 3) und Bulgarien (Art. 22 Ziffer 3), abgedruckt bei Cornides/Menzel (Hrsg.), Die Friedensverträge von 1947, 1948.

9   Schoen, Der rechtliche Status von Beutekunst, 2004, 32, 124.

10 Irmscher, Kulturgüterschutz im humanitären Völkerrecht, in: Gornig/Horn/Murswiek (Hrsg.) Kulturgüterschutz – internationale und nationale Aspekte, 2007, 65 – 92 (81); Jenschke, Der völkerrechtliche Rückgabeanspruch auf in Kriegszeiten widerrechtlich

III. Die Haager Landkriegsordnung von 1907

Die allgemein anerkannten Grundsätze des Völkerrechts, die auch für den Zweiten Weltkrieg Geltung beanspruchen, haben ihren Niederschlag im Abkommen betreffend die Gesetze und Gebräuche des Landkriegs von 1907 und in ihrer Anlage in Form der Haager Landkriegsordnung (HLKO)[11] gefunden. Gemäß Artikel 46 HLKO darf Privateigentum nicht eingezogen werden. Der Grundgedanke des Schutzes des Privateigentums wird durch Artikel 47 verfestigt, wonach die Plünderung ausdrücklich untersagt ist. Darüber hinaus stellt Artikel 56 Abs. 1 HLKO das öffentliche Eigentum an Kulturgütern dem Privateigentum gleich: "Das Eigentum der Gemeinden und der dem Gottesdienste, der Wohltätigkeit, dem Unterrichte, der Kunst und der Wissenschaft gewidmeten Anstalten, auch wenn diese dem Staate gehören, ist als Privateigentum zu behandeln." Artikel 56 Abs. 2 HLKO verstärkt den Schutz von Kulturgütern und fordert auch Sanktionen bei Verstößen gegen den Kulturgutschutz: „Jede Beschlagnahme, jede absichtliche Zerstörung oder Beschädigung von derartigen Anlagen, von geschichtlichen Denkmälern oder von Werken der Kunst und Wissenschaft ist untersagt und soll geahndet werden."

IV. Kulturgutschutz im Zweiten Weltkrieg am Beispiel Deutschland und Russland

Nach dem Zweiten Weltkrieg haben sowjetische Trophäenbrigaden Kunstwerke erster Qualität und Güte aus der sowjetisch besetzten Zone abtransportiert. Außer den offiziellen Beutestücken haben außerdem sowjetische Soldaten für eigene Zwecke geplündert. Diese völkerrechtswidrige Wegnahme von Kulturgütern hatte in beiden Fällen keinen Eigentumsverlust zur Folge[12]. Nach deutschem Zivilrecht sind die Gegenstände ihren Eigentümern daher im Sinne von § 935 BGB abhanden gekommen[13].

---

verbrachte Kulturgüter, 2005, 224 ff; ablehnend: Turner, in: Fiedler (Hrsg.), Internationaler Kulturgüterschutz und deutsche Frage, 1991, 133; Stumpf, Kulturgüterschutz im internationalen Recht unter besonderer Berücksichtigung der deutsch-russischen Beziehungen, 2003, 188 ff., 202 f.

11 Abkommen betreffend die Gesetze und Gebräuche des Landkriegs vom 18.10.1907, RGBl 1910, 107.

12 Anton, Rechtshandbuch Kulturgüterschutz und Kunstrestitutionsrecht, Bd. 1, Illegaler Kulturgüterverkehr, 2010, 397 ff.

13 Schoen, Kulturgüterschutz bei – illegaler – Rückkehr kriegsbedingt verbrachter Kulturgüter aus Russland nach Deutschland, NJW 2001, 537 – 543 (542); für das englische Recht entsprechend: Entscheidung des High Court of Justice in England betr. die Herausgabe des kriegsbedingt beschlagnahmten Gemäldes „Heilige Familie mit dem heiligen Johan-

Im Zusammenhang mit der Gründung des Warschauer Paktes kam es zu beträchtlichen Rückgaben an die DDR. Aus den ehemaligen Kriegstrophäen waren wieder Museumsgüter am angestammten Platz geworden. Die Bundesregierung vermutet, dass sich in Russland insgesamt noch ca. 200.000 Kunst- und Kulturschätze von besonderer musealer Bedeutung, zwei Millionen Bücher aus deutschen Museen und Privatsammlungen sowie Archivgut von drei Regalkilometern befinden[14]. Hierzu gehört z.B. der Eberswalder Goldschatz, einer der wichtigsten archäologischen Funde aus der Bronzezeit um 900 v. Chr. aus dem Berliner Museum für Vor- und Frühgeschichte. Bis in die 90er Jahre des letzten Jahrhunderts war der Verbleib der Kulturgüter weitgehend unbekannt, denn die Kulturgüter waren in sowjetischen Geheimdepots versteckt[15]. In Folge der Demokratisierung in den osteuropäischen Staaten und der verbesserten Kooperation mit dem Westen wurde 1990 zwischen Deutschland und der Sowjetunion der Vertrag über gute Nachbarschaft, Partnerschaft und Zusammenarbeit unterzeichnet. Die Aufbruchstimmung sollte auch dazu genutzt werden, das Problem der kriegsbedingt verbrachten Kulturgüter im beidseitigen Interesse zu lösen. Deshalb stimmen die Vertragsparteien in Artikel 16 Abs. 2 des Vertrages darin überein, dass „verschollene oder unrechtmäßig verbrachte Kunstschätze, die sich auf ihrem Territorium befinden, an den Eigentümer oder seinen Rechtsnachfolger zurückgegeben werden". Nach der Auflösung der Sowjetunion ist diese wechselseitige Verpflichtung zur Rückgabe von Kulturgut in Artikel 15 des deutsch-russischen Kulturabkommens von 1992 übernommen worden. Im Laufe der Verhandlungen wurde dann immer mehr bekannt, wo vermisste deutsche Kulturgüter abgeblieben sind.

Von russischer Seite wird bisweilen vorgebracht, Deutschland verwahre seinerseits auch noch russisches Kulturgut in verborgenen Depots, was aber nicht zutrifft.

Der Grund dafür, dass es in Deutschland nur ausnahmsweise Kulturgut sowjetischer Provenienz geben kann, liegt daran, dass die Sowjetunion gleich nach dem Kriege die SBZ systematisch nach verschleppten eigenen Kulturgütern abgesucht und diese berechtigterweise mitgenommen hat. Sowjetisches Kulturgut, das in die westlichen Besatzungszonen gelangt war, haben die anderen Alliierten über die sogenannten Collecting Points an die sowjetische Militärverwaltung

---

nes und der heiligen Elisabeth" von Wtewael. Das Urteil ist abgedruckt in: Carl/Güttler/Siehr, Kunstdiebstahl vor Gericht, 2001, 77 – 219 (88, 92).

14 Ziffer 4 des Bonner Protokolls der Zweiten Sitzung der gemeinsamen deutsch-russischen Kommission zur beiderseitigen Rückführung von Kulturgütern vom 29. – 30.Juni 1994, abgedruckt in: Fiedler, Kulturgüter als Kriegsbeute?, 1995, 45 – 46 (46).

15 Schoen, Der rechtliche Status von Beutekunst, 2004, 72 m. w. N.

ausgehändigt[16]. Allerdings kann nicht ausgeschlossen werden, dass in Einzelfällen Wehrmachtsangehörige Kulturgüter mitgenommen und anschließend an gutgläubige Dritte übereignet haben.

In Russland wird inzwischen die Beutekunst aus Deutschland publikumswirksam zur Schau gestellt[17]. Dies betrifft z.b. den dauerhaft ausgestellten Schliemann-Schatz im Moskauer Puschkin-Museum.

Es sind in erster Linie Einzelfälle von Rückgaben, die auf beiden Seiten für Schlagzeilen sorgen. Dies trifft ohne Frage auf ein florentinisches Steinmosaik aus dem legendären Bernsteinzimmer aus dem Katharinenpalast bei St. Petersburg zu. Das Steinmosaik hatte ein deutscher Soldat aus der Bernsteinzimmervertäfelung herausgebrochen. Sein Sohn war 1997 beim Versuch, das fremde Steinmosaik auf konspirative Weise über einen Mittelsmann zu verkaufen, von der Polizei ertappt worden. Der Mittelsmann, ein Anwalt aus Bremen, wurde wegen versuchten Betruges rechtskräftig verurteilt. Das Strafverfahren gegen den nichtberechtigten Besitzer erledigte sich vorzeitig durch dessen Tod. Das Mosaik ist 2000 in Anwesenheit des russischen Präsidenten Putin durch den für die Rückführung von Kulturgütern zuständigen Beauftragten der Bundesregierung für Kultur und Medien zurückgegeben worden[18]. Anlässlich der deutsch-russischen Regierungskonsultationen 2009 in München gab der Beauftragte der Bundesregierung für Kultur und Medien sechs Schmuckelemente, die von Balkongittern, Geländern und Spiegelbekrönungen aus den Zarenschlössern bei St. Petersburg stammen, zurück[19]. Ein deutscher Soldat hatte sie während des zweiten Weltkrieges von dort mitgenommen. Seine Angehörigen haben sich für die Rückgabe eingesetzt. Die vorstehenden beiden Fälle zeigen, dass die Bundesregierung sich um Rückgabe bemüht.

Was die Rückgaben aus Russland anbelangt, so gibt es eine langanhaltende Stagnation. Den zunächst durchaus erfolgversprechenden Verhandlungen Anfang der 90er Jahre des letzten Jahrhunderts widersetzte sich das russische Parlament und erließ 1998 das sogenannte Beutekunstgesetz. Mit dem Gesetz erklärt Russland deutsches, kriegsbedingt verbrachtes Kulturgut pauschal bis auf wenige

---

16 Akinscha/Koslow/Toussaint, Operation Beutekunst, 1995, 48 f.; Weber, Wem gehört der Schatz des Priamos? in: Humanitäres Völkerrecht – Informationsschriften 1999, 36 – 51 (39).

17 DER SPIEGEL Heft 15/1996, 174 – 176: Beute aus dem Flak-Turm; DER SPIEGEL Heft 27/2005, 129: Wundersame Wiederkehr; DER SPIEGEL Heft 11/2007, 138 – 152: Aufbruch der Barbaren; DER SPIEGEL Heft 28/2012, 80 – 84: „Eine Lektion für die Welt" mit Interview der Direktorin des Puschkin-Museums.

18 Schoen, Der rechtliche Status von Beutekunst, 2004, 159 ff. (164); DER SPIEGEL, Heft 21/1997: „Das kann man nicht fälschen", 34 – 37; DER SPIEGEL, Heft 22/97, 198 – 200: „Tränen unserer Vorfahren"; DER SPIEGEL, Heft 52/97, 50 – 53: Träne für Boris; DER SPIEGEL, Heft 17/2000, 210 – 211: Ende der Geiselhaft.

19 Die Welt vom 17.7.2009: Neumann gibt russisches Kulturgut zurück.

Ausnahmen zum Eigentum des russischen Staates. Das Gesetz verstößt gegen das Völkerrecht – insbesondere gegen die Vereinbarungen in den Verträgen von 1990 und 1992[20]. Es ist damit eine innerrussische Angelegenheit und für die Bundesrepublik Deutschland unbeachtlich. Deutschland hat eine rechtswahrende Erklärung gegen das Gesetz eingelegt und erkennt die Verstaatlichung privaten und öffentlichen deutschen Kulturgutes im Wege der sogenannten kompensatorischen Restitution nicht an. Fiedler[21] weist auch zu Recht darauf hin, dass die Kulturgüterrückführungsklauseln in den Verträgen von 1990 und 1992 in einem größeren Zusammenhang mit wirtschaftlichen und finanziellen Leistungen zu sehen sind, die Deutschland in der Zeit erbrachte, als das Sowjetische Imperium auseinanderbrach. Für die Vereinbarung einer zusätzlichen kompensatorischen Restitution für russische Kulturgutverluste im Zweiten Weltkrieg bestand auch von daher kein Anlass mehr.

Nach russischer Auffassung findet das Beutekunstgesetz keine Anwendung bei der Wegnahme, der kein amtlicher Auftrag zugrunde gelegen hat. Aber auch in diesen Fällen sind Rückführungen in der Praxis schwerlich zu erreichen. Stattdessen wird mit Beutekunst aus Deutschland in Russland privat gehandelt und nur ausnahmsweise gelingen Rückgaben[22]. Das Beutekunstgesetz beansprucht ebenfalls kein Eigentum an Kunstgegenständen, die Eigentum religiöser Organisationen darstellten und ausschließlich zu religiösen Zwecken verwandt wurden. Dies trifft auf die mittelalterlichen Kirchenfenster der Marienkirche Frankfurt/Oder zu, die nach langen Verhandlungen zurückgekommen sind[23]. Die Rückgabe der Kirchenfenster wurde auf den völkerrechtlichen Rückgabeanspruch, den die Bundesrepublik Deutschland gegenüber Russland hat, gestützt.

---

20 Schoen, Kulturgüterschutz bei – illegaler – Rückkehr kriegsbedingt verbrachter Kulturgüter aus Russland nach Deutschland, NJW 2001, 537 – 543 (540); Stumpf, Kulturgüterschutz im internationalen Recht unter besonderer Berücksichtigung der deutsch-russischen Beziehungen, 2003, 272 ff.; Jenschke, Der völkerrechtliche Rückgabeanspruch auf in Kriegszeiten widerrechtlich verbrachte Kulturgüter, 2005, 293 ff.; Irmscher, Kulturgüterschutz im Völkerrecht am Beispiel der Beutekunst in Russland, in: Im Labyrinth des Rechts? Wege zum Kulturgüterschutz, Koordinierungsstelle für Kulturgutverluste Magdeburg/Beauftragter der Bundesregierung für Kultur und Medien (Hrsg.), 2007, 15 – 46 (33).

21 Fiedler, „Kriegsbeute" im internationalen Recht, in: Kunstraub – Ein Siegerrecht?, Strocka (Hrsg.), 1999, 47 – 61 (56).

22 Beispiel einer Rückgabe: Das zurückgegebene Gemälde „Bildnis eines Heyducken in hoher Mütze" von Paudiss aus den Dresdner Kunstsammlungen, welches ein Bauunternehmer auf einem Markt in Moskau gekauft hatte: Dresdner Neueste Nachrichten vom 7.6.2001: Großer Bahnhof für zwei vermisste Gemälde.

23 Schoen, Die Rückgabe der kriegsbedingt nach Russland verbrachten Fenster der Marienkirche aus politischer Sicht, in: Der Antichrist – Die Glasmalereien der Marienkirche in Frankfurt/Oder, Knefelkamp/Martin (Hrsg.) 2008, 197 – 202.

Eine andere Möglichkeit besteht darin, dass die Eigentümer erfolgreich vor den Zivilgerichten auf Herausgabe klagen. Als Beispielsfall für eine erfolgreich auf Zivilrecht gestützte Rückgabe kann das Landschaftsbild des flämischen Malers Jan Brueghel d. Ä. „Ebene mit Windmühle" aus dem Jahre 1611 genannt werden. Es befand sich seit 1708 in der Dresdner Gemäldegalerie Alte Meister und ist infolge des Zweiten Weltkrieges abhanden gekommen. Kurz vor Kriegsende 1945 war es zur Sicherung vor der heranrückenden sowjetischen Armee in einem Eisenbahntunnel bei Pirna/Großcotta ausgelagert worden. Seit der Räumung des Tunnels durch sowjetische Soldaten im Mai 1945 war der Verbleib über Jahrzehnte unbekannt. 2001 wurde das Gemälde in Antwerpen beschlagnahmt[24]. Die Staatlichen Kunstsammlungen Dresden haben mit Unterstützung des Beauftragten der Bundesregierung für Kultur und Medien erfolgreich auf dem Zivilrechtsweg die Rückgabe erreichen können. Unter Einschaltung von Mittelsmännern, dem Inhaber eines Juweliergeschäftes und dem Betreiber einer Waschstraße hat der letzte Besitzer 2001 in Antwerpen/Belgien versucht, das Gemälde weit unter dem tatsächlichen Wert zu veräußern. Die Wege, die das kleinformatige Werk seit seinem Abhandenkommen zurückgelegt hat, sind erstaunlich und führen durch diverse Staaten: Das Gemälde war in die Sowjetunion verbracht worden. Die Familie des Besitzers war 1977 aus der UdSSR in die USA, New York, ausgewandert und hatte das Gemälde mit ausgeführt. In den folgenden Jahren bemühte sich die Familie erfolglos darum, das Gemälde über den internationalen Kunsthandel u.a. bei Christie's in New York zu veräußern. Der Beklagte, ein niederländischer Staatsbürger behauptete, das Kunstwerk von seinem Vater in den USA geerbt zu haben. Sein Vater wiederum soll das Kunstwerk in den 60er Jahren des letzten Jahrhunderts vom Rektor einer ukrainischen Universität erworben haben[25].

Im Laufe des Zivilrechtsstreites konnte die Behauptung des Beklagten, Eigentümer an dem abhanden gekommenen Gemälde geworden zu sein, widerlegt werden. Denn nach der illegalen kriegsbedingten Mitnahme in die Sowjetunion geriet das Gemälde unter die Geltung der sozialistischen Eigentumsordnung. Danach war Besitz und Eigentumserwerb derartiger kostbarer Kunstgegenstände dem Staat vorbehalten. Die Gegenstände waren dem privaten Rechtsverkehr entzogen und konnten auch nicht gutgläubig erworben werden[26]. Der Vater des Beklagten war folglich kein Eigentümer. Er konnte es von Niemandem erworben haben. Hinzu kommt, dass die spätere Ausfuhr des Gemäldes in die USA verbo-

---

24 Dresdner Neueste Nachrichten vom 14./15.7.2001: Verschollener Dresdner Breughel in Antwerpen aufgetaucht; Sächsische Zeitung vom 14./15.7.2001: Ein verloren geglaubter Schatz; Schweighöfer, Konzertmeister unter Verdacht, art 10/01, 128.
25 Schweighöfer, Konzertmeister unter Verdacht, art 10/01, 128.
26 Zum sowjetischen Zivilrecht: Schoen, Der rechtliche Status von Beutekunst, 2004, 85 ff.

ten war, da die Ausfuhrbestimmungen in der Sowjetunion dies nicht zuließen. In den USA/New York hat ebenfalls kein Eigentümerwechsel stattgefunden. Entsprechend dem amerikanischen Recht kann der Besitzer nicht mehr Rechte übertragen, als er selbst innehat[27]. Da der Vater des Beklagten nicht berechtigter Besitzer war, konnte er seinem Sohn das Eigentum nicht verschaffen.

Das belgische Gericht hat schließlich auch geprüft, ob das belgische Zivilrecht einer Rückgabe an die Staatlichen Kunstsammlungen entgegengestanden hat. Der Besitz stellt nach Artikel 2279 des belgischen Zivilgesetzbuches zwar einen Titel dar. Dies gilt aber nur dann, wenn der Besitz frei von Mängeln ist. Aus der Art und Weise, wie das Gemälde zur Veräußerung angeboten worden war, schloss das Gericht auf den heimlichen Charakter des Besitzes, sodass der Beklagte sich nicht auf Artikel 2279 des belgischen Zivilgesetzbuches berufen konnte. Damit war das Gemälde entschädigungslos an die Staatlichen Kunstsammlungen Dresden herauszugeben[28].

V.   Kulturgüterschutz im deutschen Zivilrecht

Falls kriegsbedingt in die Sowjetunion verbrachtes Kulturgut nach Deutschland zurückkehrt und im Handel angeboten wird, richtet sich der Rückgabeanspruch nach § 985 BGB. Der Eigentümer kann von dem Besitzer die Herausgabe der Sache verlangen. Dies setzt indes voraus, dass zwischenzeitlich kein Eigentumsverlust durch Erwerb eines gutgläubigen Dritten nach §935 Abs. 2 BGB bzw. durch zehnjährigen gutgläubigen Eigenbesitz gemäß § 937 BGB (Ersitzung) eingetreten ist[29]. Auch darf die Einrede der Verjährung nicht mit Erfolg erhoben werden[30]. Nach § 935 Abs. 1 BGB ist der Erwerb abhanden gekommener Sachen

27 Siehe zum amerikanischen Recht: Müller-Katzenburg, Besitz- und Eigentumssituation bei gestohlenen und sonst abhanden gekommenen Kunstwerken, NJW 1999, 2551 – 2558 (2555).

28 Frankfurter Allgemeine vom 25.1.2008: Verschollen auf dem Weg nach Moskau.

29 Einführend in die Thematik: Looschelders, Der zivilrechtliche Herausgabeanspruch des Eigentümers auf Rückgabe von abhanden gekommenen Kulturgütern nach deutschem Recht, in: Im Labyrinth des Rechts? Wege zum Kulturgüterschutz, Koordinierungsstelle für Kulturgutverluste Magdeburg/Beauftragter der Bundesregierung für Kultur und Medien (Hrsg.), 2007, 103 – 127 m.w.N; für grenzüberschreitende Fallkonstellationen zur Beantwortung der Frage, welches Sachenrecht einschlägig ist: Mansel, Die Bedeutung des internationalen Privatrechts in Bezug auf das Herausgabeverlangen des Eigentümers bei abhanden gekommenen Kulturgütern, in: s.o., 129 – 173; Kurpiers, Die lex originis-Regel im internationalen Sachenrecht – Grenzüberschreitende privatrechtliche Ansprüche auf Herausgabe von abhanden gekommenen und unrechtmäßig ausgeführten Kulturgütern, 2005.

30 Das LG Wiesbaden – Az.: 7 O 98/05 – hat in Bezug auf ein in den Kriegs- bzw. Nachkriegswirren abhanden gekommenes Gemälde die Einrede der Verjährung nicht gelten

zwar grundsätzlich ausgeschlossen, aber § 935 Abs. 2 BGB ermöglicht den Eigentumsübergang, wenn die Veräußerung im Wege öffentlicher Versteigerung erfolgt ist. Kunstauktionen werden häufig von öffentlich bestellten Auktionatoren durchgeführt, sodass sich hier ein Anwendungsbereich für den gutgläubigen Erwerb von Kulturgütern ergibt. Grund für die im Gesetz geregelte Privilegierung des Erwerbs einer Sache in der öffentlichen Versteigerung liegt in dem erhöhten Vertrauen, welches die unter öffentlicher Autorität vorgenommenen Veräußerungen genießen[31]. Der öffentlich bestellte Auktionator genießt bei Ausübung seines Gewerbes eine besondere Glaubwürdigkeit bzw. er bietet besondere Gewähr für Zuverlässigkeit und berufliche Tüchtigkeit[32]. Ein weiterer Grund liegt in der öffentlich-rechtlichen Kontrolle im Rahmen der Gewerbeordnung für das Versteigerungsgewerbe[33].

In Konsequenz dieses Vertrauensvorschusses, den der Gesetzgeber in § 935 Abs. 2 BGB gewährt, ist es indes angezeigt, dass der öffentlich bestellte Auktionator vor dem Verkauf von wertvollen Kulturgütern deren Herkunft prüft. Wenn der Verdacht besteht, dass ihm eine Kriegstrophäe angeboten wurde, dürfte es zu seinen Sorgfaltspflichten gehören, von einer Veräußerung abzusehen und stattdessen diejenige Einrichtung zu unterrichten, aus der das Kulturgut abhanden gekommen sein kann. Der Kunsthandel trägt somit auch Verantwortung dafür, dass die Verwandlung von der Beutekunst zur regulären Handelsware im Prinzip nicht gelingt, wenngleich dennoch erfolgte gutgläubige Erwerbungen eines Dritten von der Rechtsordnung toleriert werden.

An die Nachforschungspflichten des Kunsthandels werden nicht allein in der Person des Versteigerers erhöhte Anforderungen zu stellen sein, sondern auch an Erwerber bzw. Veräußerer, wenn diese von Berufs wegen mit Kunst handeln[34]. Dabei steigen die Sorgfaltspflichten mit dem Wert des Gegenstandes. Die Möglichkeiten, Herkunftsrecherche zu betreiben, haben sich in den letzten Jahren we-

lassen. Das Besondere des Falls lag darin, dass das Gemälde aufgrund eines gerichtlichen Hinterlegungsbeschlusses 2004 bei einem Dritten hinterlegt war. Der geltend gemachte Anspruch der Klägerin auf Zustimmung der Beklagten zur Herausgabe an sie kann damit frühestens mit Hinterlegung des Gegenstandes 2004 entstanden sein.

31 So schon die Motive zu dem Entwurfe eines Bürgerlichen Gesetzbuches, 1888, Bd. III, 349.

32 BGH(Z) vom 5.10.1989, NJW 1990, 899 (900).

33 Oechsler, in: Münchener Kommentar zum BGB, Bd. 6, Säcker/Rixecker (Hrsg.), 2009, § 935 Rdnr.17.

34 In Bezug auf die Bösgläubigkeit beim Erwerber: Müller-Katzenburg, Besitz- und Eigentumssituation bei gestohlenen und sonst abhanden gekommenen Kunstwerken, NJW 1999, 2551 – 2558 (2556); Armbrüster, Privatrechtliche Ansprüche auf Rückführung von Kulturgütern im Ausland, NJW 2001, 3581 – 3587 (3585 f.); Finkenauer, Kulturgutschutz im BGB, KUR 5/2007, 96 – 105 (98); Kunze, Restitution „Entarteter Kunst", 2000, 181; Anton, Rechtshandbuch Kulturgüterschutz und Kunstrestitutionsrecht, Bd 2, Zivilrecht – Guter Glaube im internationalen Kunsthandel, 2010, 413.

sentlich verbessert. Denn Verluste sind zumeist nicht nur in Publikationen[35] verzeichnet sondern werden zunehmend auch in Verlustdatenbanken[36] dokumentiert. Die Obliegenheit, Datenbanken gestohlener Kunstgegenstände zu konsultieren und nicht mit Gegenständen zu handeln, bei denen Grund zu der Annahme besteht, dass der Verkäufer nicht zur Verfügung über den Gegenstand berechtigt ist, hat auch Eingang in den Verhaltenskodex des Deutschen Kunsthandelsverbandes gefunden[37]. Ist zum Kauf angebotenes hochrangiges Kulturgut gar aus einer öffentlichen Sammlung abhanden gekommen, so haftet ihm ein sittlicher Makel dergestalt an, dass es auf dem Markt im Regelfall unverkäuflich sein dürfte[38].

Nachforschungspflichten können sich ausnahmsweise auch für den nicht einschlägig vorgebildeten Laien ergeben, wenn sich Anhaltspunkte für ein Abhandenkommen bieten (Herkunftsstempel in Büchern, Höhe des Kaufpreises, ungewöhnliche Begleitumstände des Erwerbs)[39].

VI.   Entwicklung des humanitären Völkerrechts nach dem Zweiten Weltkrieg

Eine Verbesserung des Kulturgutschutzes im Völkerrecht hat nach dem Zweiten Weltkrieg insbesondere durch Präzisierung von Art und Umfang des Schutzes sowie der Verbesserung der Sanktionsmechanismen bei Verstößen stattgefunden. Der Anwendungsbereich des humanitären Völkerrechts – als Weiterentwicklung des traditionellen Kriegsvölkerrechts – umfasst bewaffnete internationale Konflikte[40] und teilweise auch die zunehmende Zahl der nicht internationalen bewaffneten Konflikte[41]. Die Grenzen sind bisweilen fließend.

Mit der Konvention zum Schutz von Kulturgut bei bewaffneten Konflikten vom 14. Mai 1954 (Haager Konvention) nebst Erstem Protokoll von 1954 und Zweitem Protokoll von 1999 ist erstmalig ein Regelwerk entstanden, das ausschließlich dem Schutz von Kulturgut in bewaffneten Konflikten zu dienen be-

---

35   Rogner (Hrsg.)Verlorene Werke der Malerei, 1965.
36   Siehe: www.lostart.de und die weltweit größte Datenbank des Art Loss Register: www.artloss.com.
37   www.deutscherkunsthandel.org mit weiterführendem Verweis auf die Richtlinien der Internationalen Vereinigung von Kunst- und Antiquitätenhändlern (CINOA).
38   Jayme, Ersitzung im Kunstrechtsstreit am Beispiel der Heidelberger Papyrussammlung, in: Kunst im Markt – Kunst im Recht, Weller/Kemle/Dreier/Lynen (Hrsg.), 2010, 129 – 143 (137).
39   Beispiele bei: Kunze, Restitution „Entarteter Kunst", 2000, 172 f.
40   Greenwood, in: Fleck (Hrsg.) Handbuch des humanitären Völkerrechts in bewaffneten Konflikten, 1994, Ziffer 102, 201.
41   Umfassend hierzu betr. Kulturgüter: Pabst, Kulturgüterschutz in nicht-internationalen bewaffneten Konflikten, 2008.

stimmt ist. Die auch von Deutschland ratifizierte Haager Konvention[42] schützt gemäß Artikel 1 bewegliches oder unbewegliches Gut, das für das kulturelle Erbe aller Völker von großer Bedeutung ist. Dazu gehören Kunstwerke, Manuskripte, Bücher und andere Gegenstände von künstlerischem, historischem oder archäologischem Interesse sowie wissenschaftliche Sammlungen und bedeutende Sammlungen von Büchern und Archivalien. Die Hohen Vertragsparteien haben sich in Artikel 4 Abs. 3 verpflichtet, jede Art von Diebstahl, Plünderung oder anderer widerrechtlicher Inbesitznahme zu verbieten, zu verhindern und nötigenfalls zu unterbinden. Sie nehmen davon Abstand, bewegliches Kulturgut, das sich auf dem Hoheitsgebiet eines anderen Vertragsstaates befindet, zu beschlagnahmen. Von praktischer Relevanz ist das Erste Protokoll von 1954 zu dieser Konvention[43] auch für nicht am Konflikt beteiligte Vertragsparteien und damit auch derzeit schon für Deutschland. Nach Abschnitt I Abs. 1 ist jede Hohe Vertragspartei verpflichtet, die Ausfuhr von geschützten Kulturgütern aus dem von ihr besetzten Gebiet zu verhindern. Gelangt das Kulturgut gleichwohl in das Ausland, dann ist nach Abs. 2 jede Hohe Vertragspartei verpflichtet, Kulturgut, das mittelbar oder unmittelbar aus einem besetzten Gebiet in ihr Gebiet eingeführt wird, in Gewahrsam zu nehmen. Es werden damit auch diejenigen Vertragsstaaten der Konvention verpflichtet, die nicht selbst an dem Konflikt beteiligt sind[44]. Abs. 3 regelt die Verpflichtung der Vertragspartei, bei Beendigung der Feindseligkeiten auf ihrem Gebiet befindliches Kulturgut zurückzugeben. Für Reparationszwecke darf solches Gut in keinem Fall zurückgehalten werden. Soweit es zwischenzeitlich einen gutgläubigen Erwerb gegeben hat, so hat diejenige Vertragspartei, die verpflichtet gewesen ist, die Ausfuhr aus dem von ihr besetzten Gebiet zu verhindern, gemäß Abs. 4 den gutgläubigen Besitzer, der das Kulturgut zurückgeben muss, zu entschädigen.

Wann und wie die Rückgabe im Einzelnen zu erfolgen hat, regelt das Gesetz zur Ausführung der Haager Konvention[45]. Das Ausführungsgesetz von 2007 gilt für Kulturgut, das nach dem 11. November 1967 während eines bewaffneten Konfliktes nach Deutschland eingeführt ist.

In Bezug auf Kulturgüter, die während der Besetzung des Irak 2003 durch die USA und ihrer Verbündeten aus dem Nationalmuseum in Bagdad abhanden gekommen, und die weltweit in den Handel geraten sind, sind Anwendungsfälle der Haager Konvention denkbar. Irak und Deutschland sind Vertragsparteien der Konvention. Schreckensmeldungen über die Plünderungen im Irak verbreiteten sich 2003 wie ein Lauffeuer in der ganzen Welt. Die Vereinten Nationen ver-

---

42   BGBl II 1967, Nr. 17, 1235 sowie Ausführungsgesetz: BGBl I 2007, Nr. 21, 762.
43   BGBl II 1967, Nr. 17, 1300.
44   So auch: von Schorlemer, Internationaler Kulturgüterschutz, 1992, 426 f.
45   BGBl I 2007, Nr. 21, 762.

ständigten sich daraufhin zudem auf ein Handelsverbot, das für Deutschland gemäß Artikel 3 der Verordnung (EG) Nr. 1210/2003 umgesetzt worden ist – ein einmaliger Vorgang in der Geschichte des Kulturgüterschutzes[46].

Wie sich Ausfuhrverbote auf die deutsche Rechtslage auswirken können, hat zudem der Bundesgerichtshof 1972 entschieden[47]. Das Gericht hat einen Seegüterversicherungsvertrag für unwirksam erklärt. Der Vertrag hatte die Versicherung für den Seetransport von Kulturgut aus einem Staat zum Gegenstand, der diese Ausfuhr zum Schutz seines nationalen Kunstbesitzes verboten hatte. Der BGH ist in seiner Entscheidung zum Ergebnis gekommen, dass wegen Verstoßes gegen die guten Sitten ein versicherbares Interesse nicht vorgelegen hat: „Die Ausfuhr von Kulturgut entgegen einem Verbot des Ursprungslandes verdient daher im Interesse der Wahrung der Anständigkeit im internationalen Verkehr mit Kunstgegenständen keinen bürgerlich-rechtlichen Schutz."

Schutzlücken, die die Haager Konvention aufweist, sollen mit dem Zweiten Protokoll von 1999 geschlossen werden[48]. Für Deutschland ist dieses Protokoll im Februar 2010 in Kraft getreten[49]. Besondere Erwähnung verdient, dass schwere Verstöße, die gemäß Artikel 15 des Protokolls näher umschrieben sind, Straftaten sind. Strafbar ist auch das Stehlen, Plündern und Unterschlagen von Kulturgut, das nach der Haager Konvention geschützt ist. Gemäß Artikel 16 des Protokolls muss die nationale Gerichtsbarkeit u.a. auch für verdächtige Ausländer begründet sein, die sich in Deutschland aufhalten, wenn diese sich geschütztes Kulturgut in großem Maße gemäß Artikel 15 c) des Protokolls angeeignet haben. Nach Artikel 17 muss bei Tatverdacht die Strafverfolgung unverzüglich erfolgen[50].

Die beiden 1977 unterzeichneten Zusatzprotokolle (ZP) zu den Genfer Rotkreuz-Abkommen von 1949[51] enthalten ebenfalls Regelungen zum Schutz von Kulturgut in Artikel 53 ZP I und in Artikel 16 ZP II. Weil die Haager Konvention von etlichen Staaten nicht ratifiziert worden ist, schien es angezeigt, Regelungen zum Kulturgutschutz auch in die Protokolle aufzunehmen, um auf diesem Weg den Anwendungsbereich zu erweitern[52].

---

46   Siehe ausführlich: Schoen/van Ess, Das VN-Handelsverbot von 2003 für irakisches Kulturgut: Folgenlos in Deutschland? in: Archäologischer Anzeiger, 2006/1, 73 – 95.
47   BGHZ 59, 82.
48   BGBl II 2009, Nr. 23, 717.
49   BGBl II 2011, Nr. 12, 486.
50   Die Strafmaßnahmen gemäß Artikel 28 der Haager Konvention von 1954 sind sehr allgemein gehalten.
51   BGBl II 1990, Nr. 47, 1550.
52   Partsch, in: Fleck (Hrsg.), Handbuch des humanitären Völkerrechts in bewaffneten Konflikten, 1994, vor Ziffer 901.

VII. Kulturgutschutz nach dem Zweiten Weltkrieg am Beispiel des Nationamuseums in Kabul, Afghanistan

Ungeachtet der vorstehenden Regelungen, sind auch nach dem Zweiten Weltkrieg Kulturgüter infolge bewaffneter Konflikte aus Staaten abhanden gekommen und werden weltweit vermarktet. Hierzu zählen beispielsweise Kulturgüter, die 2003 aus dem bereits erwähnten Nationalmuseum in Bagdad sowie in den 90er Jahren des letzten Jahrhunderts aus dem Nationalmuseum in Kabul abhanden gekommen sind. Während der Irak allerdings zu den Hohen Vertragsstaaten der Haager Konvention gehört und die Plünderung während der Phase der Besetzung geschah, ist dies bei Afghanistan anders. Afghanistan ist kein Vertragsstaat der Haager Konvention und die Plünderung des Nationalmuseums erfolgte zu einer Zeit, als eher von einem nicht-internationalen Konflikt auszugehen war[53]. Keineswegs unwahrscheinlich ist, dass Gegenstände aus diesen Einrichtungen in Deutschland auftauchen und veräußert werden. Denn diese Schätze wandern in der Regel in Staaten mit wohlhabenden Käuferschichten weiter, wo der Verkauf lukrativ ist.

Dieses Schicksal sollte auch ein Kalksteinrelief aus dem Nationalmuseum in Kabul treffen. Es gehört zu den unzähligen Kunstgegenständen des facettenreichen afghanischen Kulturerbes[54], das in den kriegerischen Auseinandersetzungen der letzten Jahrzehnte abhanden gekommen ist. Das rund 1800 Jahre alte circa 30 cm große Relief stellt eine Lehrszene des Buddhas da. Das Relief steht für eine ganz Kulturepoche in Afghanistan, die in ihrem Bestand gefährdet ist. Bis zur Verbreitung des Islams war Afghanistan buddhistisch geprägt. Afghanistan ist seit Jahrzehnten in einen anhaltenden Bürgerkrieg unter Beteiligung ausländischer Streitkräfte verstrickt. Kulturgut in erheblichem Umfang geriet infolgedessen zwischen die Fronten befeindeter Mächte und Ideologien. Aus dem Nationalmuseum in Kabul sind dabei nicht nur das Steinrelief, sondern über drei Viertel der Sammlungen abhanden gekommen[55]. Das Kalksteinrelief entging nur

---

53   S. Pabst, Kulturgüterschutz in nicht-internationalen bewaffneten Konflikten, 2008, 272, 288 ff., gleichwohl waren auch die Taliban in diesem bewaffneten Konflikt an die Regeln des Völkergewohnheitsrechts gebunden, wie sie in Artikel 4 der Haager Konvention zum Ausdruck kommen.

54   Den Einfluss, den die griechische, römische, indische und chinesische Kultur bedingt durch die günstige Lage an wichtigen Handelsstraßen auf die Entwicklung der afghanischen Kunst ausgeübt hat, dokumentiert in eindrucksvoller Weise der Ausstellungskatalog: Gerettete Schätze, Afghanistan, Kunst- und Ausstellungshalle der Bundesrepublik Deutschland (Hrsg.), 2010.

55   van Willigen, Raub und Verfall, in: AiD 4/2001, 12 – 15 (12).

knapp islamistischer Zerstörungswut[56]. Der Islam enthält das Verbot, Lebewesen darzustellen. Als Ausdruck religiöser Intoleranz und als Inbegriff des Fanatismus dehnten die radikal-islamischen Taliban dieses Verbot auf alle figürliche Darstellungen einschließlich des kulturellen Nationalerbes, welches der Buddhismus in Afghanistan hinterlassen hat, aus. Dabei geriet in Vergessenheit, dass es über Jahrhunderte hinweg ein friedliches Miteinander der verschiedenen Religionen und künstlerischen Ausdrucksformen gegeben hat. Wie die Hannoversche Allgemeine vom 19.9.2011 berichtete[57], ist das Buddha-Relief in Deutschland sichergestellt worden. Der Sohn eines deutschen Antiquitätenhändlers hatte das Relief nach dem Tode seines Vaters im Keller gefunden und sich zum Verkauf entschlossen. Das Münchner Kunsthaus, bei dem das Kunstwerk eingeliefert worden war, recherchierte im Art Loss Register. Dort war das Buddha-Relief verzeichnet. Wenngleich das strafrechtliche Ermittlungsverfahren eingestellt werden musste, da sich nicht aufklären ließ, ob die Beteiligten um die Herkunft und den Diebstahl des Objektes wussten, so konnte das Relief gleichwohl 2011 aus München an Afghanistan zurückgegeben werden. Das afghanische Fernsehen berichtete darüber nicht zuletzt wegen der hohen Symbolkraft, die derartigen Rückgaben zukommt. Diese Erfolgsmeldung auf der einen Seite korrespondiert mit der Tatsache, dass der Verkauf von Gegenständen aus dem afghanischen Kulturerbe im Gange ist. So wurden 1994 zehn Elfenbeinreliefs aus dem Begram-Schatz, die im Nationalmuseum in Kabul lagen, in Islamabad zum Preis von 735.000 DM angeboten und zwei Jahre später die gesamte Sammlung für 18 Millionen DM in London[58].

VIII. Ergebnis

Neben dem Völkergewohnheitsrecht gibt es viele Regelungen mit denen Kulturgüter im bewaffneten Konflikt geschützt werden. Die Durchsetzung ist und bleibt indes eine Herausforderung für die Zukunft.

---

56 Wikipedia: Stichwort: Taliban, Stand 23.10.2012: „Die Taliban haben gezielt kulturelle Zeugnisse zerstört, die sie als unislamisch werteten. Dazu gehörten [...] buddhistische Ausstellungsstücke des Museums in Kabul."
57 http://www.haz.de/Nachrichten/Kultur/Uebersicht/Raubkunst-aus-Afghanistan-zurueckgegeben.
58 van Willigen, Raub und Verfall, in: AiD 4/2001, 12 – 15 (13 f.).

Die Plakatsammlung Hans Sachs – Zur Ausschlusswirkung des alliierten Rückerstattungsrechts heute

Matthias Weller[*]

I. Einleitung

Die Restitution von Raubkunst hat das Jahr 14 nach den Washington Principles erreicht.[1] Das Heidelberger Institut für Kunst und Recht IFKUR e.V. hat seit dem Jahr seiner Gründung 2006 an dem Diskurs über die Principles teilgenommen, zunächst durch einen Beitrag zur Debatte über die Restitution der „Berliner Straßenszene" von Ernst Ludwig Kirchner,[2] 2007 dann mit dem Beitrag „German Museums and the Specific Issue of the Restitution of Nazi-Looted Art" auf der Konferenz „Museum Collections" am Centre du Droit de l'Art der Universität Genf.[3] Der zehnte Jahrestag der Washington Principles 2008 hat zahlreiche Konferenzen hervorgebracht, etwa das großangelegte Symposium „Verantwortung wahrnehmen. NS-Raubkunst – Eine Herausforderung an Museen, Bibliotheken und Archive" in Berlin am 11. und 12 Dezember 2008, veranstaltet von der Stiftung Preußischer Kulturbesitz und der Koordinierungsstelle für Kulturgutverluste Magdeburg.[4] Der Kunstrechtsspiegel hat in seiner ersten Ausgabe

---

[*] Prof. Dr. Matthias Weller, Mag.rer.publ., Lehrstuhl für Bürgerliches Recht, Zivilprozessrecht und Internationales Verfahrensrecht, EBS Universität für Wirtschaft und Recht Wiesbaden, und Vorstandsmitglied des Instituts für Kunst und Recht IFKUR e.V. Heidelberg.

[1] Washington Conference Principles on Nazi-Confiscated Art, Released in Connection with the Washington Conference on Holocaust Era Assets, Washington DC, December 3, 1992, KunstRSp 2009, 37.

[2] *M. Weller*, The Return of Ernst Ludwig Kirchner's 'Straßenszene' – A Case Study, Art, Antiquity & Law 2007, 65 = KunstRSp 2007, 51 = Aedon – Rivista di Arte e Diritto online 2/2007, www.aedon.mulino.it.

[3] *M. Weller*, German Museums and the Specific Issue of the Restitution of Nazi-Looted Art, KunstRSp 2009, 77.

[4] Koordinierungsstelle für Kulturgutverluste Magdeburg, Verantwortung wahrnehmen. NS-Raubkunst – Eine Herausforderung an Museen, Bibliotheken und Archive, Magdeburg 2009, 517 Seiten. Hierzu M. Weller, NS-Raubkunst: Verantwortung wahrnehmen Beobachtungen zur Konferenz der Stiftung Preussischer Kulturbesitz am 11. und 12. Dezember 2008 in Berlin, KunstRSp 2009, 32.

von 2009 über diese Veranstaltung und andere Aspekte der Restitution berichtet.[5] Auf dem Dritten Heidelberger Kunstrechtstag 2009 trug Dietmar von der Pfordten, Göttingen, Mitglied der Beratenden Kommission,[6] zum Thema „Gerechtigkeit im Restitutionsstreit" vor.[7] Dieses Jahr im Juni hat der Deutsche Anwaltstag in München unter dem Motto „Die Kunst, Anwalt zu sein – Kunst, Kultur und Anwaltschaft" eine seiner drei großen Plenarveranstaltungen dem Thema „Restitution ohne Anspruch – gerechte Lösungen jenseits des Rechts" gewidmet.[8] Am 27. November 2012 wird die Niederländische Restitutionskommission eine internationale Tagung zur Restitution in Den Haag veranstalten, an der wiederum verschiedene Institutsmitglieder einschließlich des Verfassers dieser Zeilen beteiligt sein werden.[9]

Der kurze Rück- und Ausblick zeigt, dass sich die Restitution von Raubkunst als eigenständiges international betriebenes Forschungsgebiet des Kunstrechts innerhalb und außerhalb des Heidelberger Instituts für Kunst und Recht etabliert hat. In diesem Forschungsgebiet stellen sich immer wieder dieselben drei Hauptfragen: Erstens setzen gerechte und faire Lösungen voraus, dass der Sachverhalt, über den man gerecht und fair entscheiden soll, in seinen wesentlichen Umrissen feststeht.[10] Zweitens verlangt Washington Principle Nr. 8,[11] gerechte und faire

---

5   *M. Weller*, Nachwehen des Holocaust: 10 Jahre Washingtoner Raubkunst-Richtlinien, Umgang mit Raubkunst in Europa – Tagung am Europa Institut Zürich, 10. Juni 2009; KunstRSp2009, 74; *M. Weller*, Zehn Jahre Umsetzung der Washington Principles in Deutschland, KunstRSp 2009, 3; *Renold*, The Adoption of the Terezin Declaration on June 30, 2009, KunstRSp 2009, 63. Die Erklärung von Theresienstadt – Terezin Declaration – hat die Washington Principles im Jahre 2009 bekräftig und fortgeführt, http://www.eu2009.cz/en/news-and-documents/news/terezin-declaration-26304/ (10.09.2012), abgedruckt in KunstRSp 2009, 68; vgl. auch Müller, Raubkunst – Rückblick und Ausblick, in Odendahl et al. (Hrsg.), Kulturgüterschutz – Kunstrecht – Kulturrecht, Festschrift für Kurt Siehr zum 75. Geburtstag aus dem Kreise des Doktoranden- und Habilitandenseminars „Kunst und Recht", Baden-Baden 2010, S. 147, 149 ff.

6   Beratende Kommission im Zusammenhang mit der Rückgabe NS-verfolgungsbedingt entzogener Kulturgüter, insbesondere aus jüdischem Besitz, http://www.lostart.de/Webs/DE/Kommission/Index.html (04.10.2012).

7   Der Beitrag konnte für den Tagungsband leider nicht rechtzeitig fertiggestellt werden und ist unveröffentlicht geblieben.

8   Unter der Leitung von RA Dr. Christian Duve, Frankfurt, diskutierten auf dem Podium RAin Dr. Imke Gielen, Berlin, RA Prof. Dr. Peter Raue, Berlin, sowie der Verfasser dieser Zeilen, http://www.davblog.de/?p=1520 (10.09.2012).

9   Advisory Committee on the Assessment of Restitution Applications for Items of Cultural Value and the Second World War (Restitutions Committee), Symposium 27 november 2012 "International symposium 'Fair and Just Solutions? Alternatives to litigation in Nazi looted art disputes: status quo and new developments' ", http://www.restitutiecommissie.nl/en/symposium_introduction.html (04.10.2012); vgl. *M. Weller*, Key Elements of Just and Fair Solutions, Den Haag 2013, im Erscheinen.

10 Vgl. hierzu *Probst*, German Sales 1930 – 1945. Eine neue Quellenbasis für die Provenienzforschung, in diesem Band.

Lösungen jenseits des Rechts zu erzeugen. Drittens schließlich müssen diesseits und innerhalb des geltenden Rechts gleichermaßen gerechte und faire Lösungen gefunden werden. Dieser letzten Frage wendet sich der folgende Text zu. Denn das restitutionsrechtliche Großereignis des Jahres in Deutschland ist die Entscheidung des Bundesgerichtshofs im Fall der Plakatsammlung von Hans Sachs zum dogmatischen Grundlagenstreit darüber, ob das spezielle Rückerstattungsrecht mit Ablauf seiner kurzen Anmeldefristen auch allgemein-zivilrechtliche Ansprüche ausschließt.[12]

II.   Sachverhalt

Der jüdische Zahnarzt und Kunstsammler Dr. Hans Sachs hatte seit 1896 eine einzigartige Sammlung von 12.500 Plakaten und 18.000 kleinere Grafiken zusammengetragen – unter anderen die „Dogge". 1938 musste Hans Sachs mit seiner Frau Felicia und dem gemeinsamen Sohn Peter aus Deutschland fliehen. Noch vor der Flucht hatte das Reichspropagandaministerium die Sammlung – ohne förmlichen Beschlagnahme- oder Enteignungsakt[13] – an sich genommen. Nach 1945 ging Hans Sachs davon aus, dass die Sammlung unwiederbringlich verloren sei. Nach dem damals geltenden Rückerstattungsrecht machte er Entschädigungsansprüche geltend. Mit Vergleich vom 06.03.1961 erhielt er von der Bundesrepublik Deutschland DM 225.000 als Wiedergutmachung. 1966 erfuhr Hans Sachs, dass sich Teile der Sammlung im Berliner Zeughaus Unter den Linden im „Museum für Deutsche Geschichte" der DDR befanden.[14] Hans Sachs schrieb hierüber in einem Brief an einen Freund, dass er eine „äußerst ansehnli-

---

11   Washington Principle Nr. 8: "If the pre-War owners of art that is found to have been confiscated by the Nazis and not subsequently restituted, or their heirs, can be identified, steps should be taken expeditiously to achieve a just and fair solution, recognizing this may vary according to the facts and circumstances surrounding a specific case", abgedruckt in KunstRSp 2009, 38.

12   BGH, Urt. v. 16.03.2012 – V ZR 279/10, NJW 2012, 1796 = KunstRSp 2012, 19.

13   AaO., Tz. 32. Ob diese tatrichterliche Feststellung, an welche die Revisionsinstanz gebunden ist, zutrifft, muss hier dahinstehen, erscheint allerdings eher unwahrscheinlich. Nach den Feststellungen der Beratenden Kommission lag dem Zugriff eine Beschlagnahme durch die Gestapo zugrunde. Solchenfalls müsste man sich mit der Frage nach der Nichtigkeit solcher Hoheitsakte auseinandersetzen.

14   „Von 1952 bis 1990 hatte das vom ZK der SED gegründete "Museum für Deutsche Geschichte" seinen Sitz im Zeughaus. Die Zielsetzung des Museums war die Vermittlung des marxistisch-leninistischen Geschichtsbildes. Als zentrales Geschichtsmuseum der DDR entfaltete es eine entsprechende Ausstellungs- und Sammlungsaktivität. Im September 1990 wurde das Museum von der letzten Regierung der DDR aufgelöst", Selbstbeschreibung der Geschichte des Deutschen Historischen Museums, http://www.dhm.de/orga/zeughaus.htm (10.09.2012).

che" und durch mehrere unabhängige Gutachten bestätigte Entschädigung in Höhe eben jener DM 225.000 erhalten habe. Er betrachte damit seine materiellen Ansprüche als ausgeglichen. Der ideelle Verlust sei zwar niemals auszugleichen. Gleichwohl wolle er aber bei der Pflege und Erschließung der Sammlung helfen. Anfang der 1970er Jahre äußerte sich Hans Sachs nochmals zu seiner Sammlung: „West- und Ostdeutschland werden – dessen bin ich sicher – ihre Schätze zu hüten wissen". 1974 verstarb Hans Sachs, beerbt durch seine Frau Felicia, sie wiederum 1998 beerbt durch den Sohn Peter. Das Berliner Zeughaus Unter den Linden beherbergt heute das Deutsche Historische Museum, getragen von einer Stiftung des öffentlichen Rechts. Dort sind nach wie vor mehr als 4.000 Plakate der ursprünglichen Sammlung vorhanden. Peter Sachs erhebt seit 2006 Ansprüche auf Herausgabe.

III.   Die unverbindliche Empfehlung der Beratenden Kommission

Die Parteien legten den Fall zunächst der Beratenden Kommission vor. Diese stellte den Sachverhalt im Wesentlichen wie oben wiedergegeben fest und entschied im Januar 2007: „Angesichts des deutlich zum Ausdruck gebrachten Willens des Sammlers Dr. Hans Sachs empfiehlt die Kommission, die Sammlung im Deutschen Historischen Museum zu belassen".[15]

IV.   Der Rechtsanspruch aus § 985 BGB

Mit dieser Empfehlung wollte sich Peter Sachs nicht abfinden. Er klagte deswegen gegen das Deutsche Historische Museum vor dem Landgericht Berlin auf Herausgabe zunächst zweier Plakate, nämlich „Die blonde Venus" und die „Dogge".[16] Anspruchsgrundlage: § 985 BGB. Dieser Anspruch berührt nun einige der kontroversesten Fragen des Restitutionsrechts:

---

15   Zweite Empfehlung der Beratenden Kommission für die Rückgabe NS-verfolgungsbedingt entzogener Kulturgüter, Pressemitteilung vom 25.01.2007 (www.lostart.de, sub „Beratende Kommission").
16   LG Berlin, Urt. v. 10.02.2009 – 19 O 116/08, KunstRSp 2009, 11 = ZOV 2009, 77 = KUR 2009, 57.

1. Verjährung

Zunächst darf der Anspruch auf Herausgabe nicht verjährt sein. Trotz rechtspolitischer Kritik[17] hat der deutsche Gesetzgeber in der Schuldrechtsreform in § 197 Abs. 1 Nr. 1 BGB die Verjährung des Herausgabeanspruchs aus Eigentum nach Ablauf von 30 Jahren beibehalten.[18] Abstrakt lässt sich hierzu daran erinnern, dass die Verjährungsfrist nicht nur dem Dieb zugutekommt, sondern auch dem Schutz des Erwerbers dient. Denn er wird dadurch ab 30 Jahren nach dem Erwerbsvorgang von der Last befreit, seinen Erwerb gegen den Vorhalt des fehlenden Eigentums des Veräußerers und der Bösgläubigkeit zu verteidigen.[19] Konkret kam es im vorliegenden Fall darauf nicht an, weil das beklagte Deutsche Historische Museum sich nicht auf die Verjährungseinrede berufen hat.[20] Ebenso wenig kam es auf die umstrittene Frage an, ob die öffentliche Hand durch die

---

17 *Siehr*, Verjährung der Vindikationsklage, ZRP 2001, 346; *de lege ferenda* für Änderungen *Armbrüster*, Verjährbarkeit der Vindikation? – Zugleich ein Beitrag zu den Zwecken der Verjährung, FS H. P. Westermann (2008), S. 53, 65 f.

18 Eigentumsherausgabeansprüche unterlagen zuvor der Regelverjährung von 30 Jahren (a.A. *Siehr*, ZRP 2001, 346, 347: Vindikation nach altem Recht unverjährbar). Die Reform der Regelverjährung erforderte die Sonderregel in § 197 Abs. 1 Nr. 1 BGB für Eigentumsherausgabeansprüche, um den vormaligen Rechtszustand aufrecht zu erhalten, vgl. *Grothe*, MüKo-BGB, 6. Aufl. 2012, § 197 Rz. 1.

19 Rechtsausschuss, BT-Drucks. 14/7052, S. 179. Wer sich auf Eigentumserwerb beruft, muss die tatsächlichen Erwerbsvoraussetzungen beweisen. Wer den Eigentumserwerb bestreitet, muss das fehlende Eigentum des Veräußerers und die tatsächlichen Umstände für die Bösgläubigkeit des Erwerbers beweisen, vgl. nur *Bassenge*, Palandt, BGB, 71. Aufl. 2012, § 932 Rz. 15.

20 Die Washington Principles verhalten sich nicht ausdrücklich zur Frage, ob der Besitzer von Raubkunst auf den Einwand der Verjährung verzichten sollte. Ebenso vage bleibt die Gemeinsame Erklärung (Nachweise zu ihr sogleich im Folgenden), wenn dort ausgeführt wird, dass „Kulturgüter, die als NS-verfolgungsbedingt entzogen identifiziert und bestimmten Geschädigten zugeordnet werden können, nach individueller Prüfung den legitimierten früheren Eigentümern bzw. deren Erben zurückgegeben werden" sollen, im Einzelnen hierzu z.B. *Rudolph*, Restitution von Kunstwerken aus jüdischem Besitz (2007), S. 289 f. Ob im konkreten Fall 30 Jahre i.S.v. § 197 Abs. 1 Nr. 1 BGB bereits verstrichen waren, ist unsicher: Die Verjährungsfrist beginnt nach § 200 BGB mit Anspruchsentstehung in der Person des aktuellen Besitzers. Bei abgeleitetem Besitzerwerb wird die während des Vorbesitzes verstrichene Verjährungszeit auf den in der Person des aktuellen Besitzers neu entstandenen Herausgabeanspruch angerechnet, *Jauernig*, BGB, 14. Aufl. 2011, § 198 Rz. 1; ein Rechtspflegestillstand im Ausland kann allerdings verjährungshemmend wirken, *Grothe*, Palandt, BGB, 71. Aufl. 2012, § 206 Rz. 7 a.E.; *Schoen*, Kulturgüterschutz bei – illegaler – Rückkehr kriegsbedingt verbrachter Kulturgüter aus Russland nach Deutschland, NJW 2001, 537, 543 (zu russischer Beutekunst). Zu berücksichtigen ist ferner, dass die vorzitierten Vorschriften erst mit der Schuldrechtsreform eingeführt wurden.

Gemeinsame Erklärung von 1999[21] zur Umsetzung[22] der Washington Principles in Deutschland auf die Erhebung der Verjährungseinrede verzichtet hat oder ob die Erhebung durch den Sinngehalt der Gemeinsamen Erklärung zur moralischen Verantwortung Deutschlands jenseits des Rechts widersprüchliches Verhalten i.S.v. § 242 BGB wäre.[23] Nachdem allerdings Kulturstaatsminister *Bernd Neumann* auf der eingangs erwähnten Tagung zum zehnjährigen Jahrestag der Umsetzung der Washington Principles in Deutschland erklärte: „Verjährung kann es nicht geben",[24] ist die Erhebung der Verjährungseinrede durch die öffentliche Hand auch im Rechtsstreit wohl nicht zu erwarten.

2.   Verwirkung

Der Einwand der Verwirkung ist ein Spezialfall des Einwands widersprüchlichen Verhaltens.[25] Voraussetzung ist, dass der Schuldner infolge Zeitablaufs und kraft der Umstände des Einzelfalls nicht mehr mit der Forderung des Gläubigers rechnen muss. Immerhin gab es verschiedene Äußerungen von Hans Sachs darüber, dass er seine materiellen Ansprüche als ausgeglichen betrachte. Seine Frau und Erbin Felicia Sachs hat von 1974 bis zu ihrem Tod 1998 ebenfalls keinerlei Ansprüche geltend gemacht, der Sohn Peter Sachs hat bis 2006 ebenso wenig Ansprüche erhoben. Solche langen „Inkubationszeiten" bis zur Restitutionsforderung sind häufig und mögen nicht zuletzt darauf beruhen, dass die betroffenen Kunstwerke regelmäßig eine erhebliche Wertsteigerung über die Zeit erfahren haben.

---

21   Erklärung der Bundesregierung, der Länder und der kommunalen Spitzenverbände zur Auffindung und zur Rückgabe NS-verfolgungsbedingt entzogenen Kulturgutes, insbesondere aus jüdischem Besitz, KunstRSp. 2009, 38. Danach sollen „Kulturgüter, die als NS-verfolgungsbedingt entzogen identifiziert und bestimmten Geschädigten zugeordnet werden können, nach individueller Prüfung den legitimierten früheren Eigentümern bzw. deren Erben zurückgegeben werden".

22   *Ernst*, FS Schrage (2010), S. 143, Fn. 102, kritisiert den Sprachgebrauch „Umsetzung" im Zusammenhang mit der Gemeinsamen Erklärung. Es könne von Umsetzung „doch im Rechtssinne keine Rede sein". Dies versteht sich bei der Umsetzung international formulierter narrativer Normen bzw. „soft law" nun allerdings von selbst. Gerade deswegen ganz zu Recht spricht auch die „Handreichung" des Beauftragten der Bundesregierung für Kultur und Medien in ihrem Untertitel von der Umsetzung der Gemeinsamen Erklärung.

23   Hierzu z.B. *Rudolph*, Restitution von Kunstwerken aus jüdischem Besitz (2007), S. 288 ff. m.w.N.

24   *Bernd Neumann*, Eröffnung, in: Koordinierungsstelle für Kulturgutverluste Magdeburg, Verantwortung wahrnehmen (2009), S. 15 und 19.

25   BGH, Urteil v. 20.10.1988 – VII ZR 302/87, NJW 1989, 836, 838; *Roth/Schubert*, MüKo-BGB, 6. Aufl. 2012, § 242 Rz. 285.

96

Der Bundesgerichtshof entschied im vorliegenden Fall gegen die Verwirkung. Der relevante Zeitraum begann erst mit der Wiedervereinigung. Vorher bestand faktisch keine Möglichkeit zur Klageerhebung.[26] Der Zeitraum der unterlassenen Rechtsverfolgung umfasste also 16 Jahre – ein eher schwaches Zeitmoment bei einer dreißigjährigen Verjährungsfrist des Anspruchs.[27] Zugleich relativiert der fehlende effektive Rechtsschutz bis 1990 die früheren Äußerungen des ursprünglichen Eigentümers: Wer keine realistische Möglichkeit sieht, in den Besitz seiner Sache zurückzugelangen, der ist mit einer Entschädigung eher zufrieden, als wenn die Vindikation als reale Alternative im Raum steht. Das Umstandsmoment ist also auch schwach. Schwaches Zeitmoment und schwaches Umstandsmoment können aber keine Verwirkung begründen. Das Signal des Bundesgerichtshofs ist also: Verwirkung tritt hier – wie auch sonst – nur ganz ausnahmsweise ein.

3.   Wiedergutmachungsrechtlicher Vergleich

Ferner stellt sich die Frage, welche Rechtswirkung ein Vergleich mit der Bundesrepublik Deutschland über eine Entschädigung wegen Eigentumsverlusts hat. Der Wortlaut des Vergleichs ist nicht öffentlich bekannt. Der typische Wortlaut solcher Vergleiche verhält sich nicht zur Frage, ob das Eigentum an der zu entschädigenden Sache auf den Entschädiger im Ausgleich zur Entschädigungszahlung übergehen soll.

Möglicherweise vergleichbare Konstellationen kennt man allerdings aus dem Sachversicherungsrecht: Der Dieb stiehlt das versicherte Gemälde. Das Gemälde ist zunächst unauffindbar. Die Versicherung kompensiert den Wert, wird aber damit nicht zum Eigentümer des gestohlenen Gemäldes. Taucht nun das Gemälde wieder auf und gelingt dem Eigentümer die Vindikation, dann entfällt der Rechtsgrund für die Zahlung der Versicherungssumme. Wenn solchenfalls die Rückzahlung nicht schon vertraglich vereinbart ist,[28] dann ergibt sich jedenfalls

---

26   BGH, Urt. v. 16.03.2012 – V ZR 279/10, NJW 2012, 1796 Tz. 26 ff.
27   Grundsätzlich kann Verwirkung auch vor Verjährung eintreten, vgl. zuletzt BGH, Beschl. v. 21.02.2012 – VIII ZR 146/11, ZMR 2012, 616, 617. Verwirkung nach Verjährung wird dann relevant, wenn sich der Schuldner nicht auf Verjährung beruft. Denn Verwirkung ist von Amts wegen als Erscheinungsform unzulässiger Rechtsausübung zu beachten, *Roth/Schubert*, MüKo-BGB, 6. Aufl. 2012, § 242 Rz. 348 m.w.N.
28   Häufig wird dem Versicherten ein Wahlrecht eingeräumt, vgl. z.B. Ziff. 1.4.3 Versicherungsbedingungen für die HUK-Hausratversicherung (Stand 01.04.2011): „Wenn Sie den Besitz einer abhanden gekommenen Sache zurückerlangen, nachdem wir die volle Entschädigung dafür gezahlt haben, können Sie wählen: Entweder Sie zahlen uns die Entschädigung in Höhe des Verkaufspreises, der für diese Sache zu erzielen ist (= Gemeinwert) zurück oder Sie stellen uns die Sache zur Verfügung. Dieses Wahlrecht müssen Sie

ein Kondiktionsanspruch *ob causam finitam* nach § 812 Abs. 1 S. 2, 1. Alt. BGB.[29] Wer die Bundesrepublik Deutschland als für den Verlust des feststellbaren Vermögensgegenstands unmittelbar verantwortlichen Rechtsnachfolger des Reiches oder gleich als „teilidentisch" mit dem Reich sieht,[30] der gelangt nach dem Rechtsgedanken des § 255 BGB zu entsprechenden Lösungen.[31] Die Bundesrepublik Deutschland hätte also bei Rückgabe der Plakatsammlung durch das Deutsche Historische Museum einen dem Teil der Sammlung entsprechenden anteiligen Anspruch auf Herausgabe der zuvor als Entschädigung gezahlten Geldsumme. Wenn die Bundesrepublik Deutschland solche bereicherungsrechtlichen Herausgabeansprüche nicht geltend macht,[32] ist das ihre Sache. Jedenfalls aber wirkt sich der Vergleich im wiedergutmachungsrechtlichen Entschädigungsverfahren über die Entschädigung verfolgungsbedingt verlorenen Eigentums nicht auf die Eigentümerstellung des Entschädigten aus. Eine Verwirkung des Herausgabeanspruchs erwächst aus dem Vergleich über die Entschädigungssumme auch nicht. Denn die Ersatzleistung für den Besitzverlust schafft keinen Vertrauenstatbestand zugunsten des aktuellen Besitzers, dass der Eigentümer seinen Anspruch auf Herausgabe nicht mehr geltend machen werde. Die Kompensation des Schadens ist immer nur hilfsweise Wiedergutmachung und tritt hinter der Naturalrestitution zurück, sofern und sobald diese möglich ist.[33]

Diese Grundwertung trägt auch für die Frage, wann eine Lösung in einem Restitutionsstreit jenseits des Rechts gerecht und fair im Sinne der Washington Principles ist. Der Vergleich über eine Entschädigungssumme steht der Restitution nicht entgegen, aber die Entschädigungssumme muss typischerweise zurückgewährt werden. Zugleich wiegt allerdings bereits in Geld kompensiertes Unrecht weniger schwer als noch gar nicht kompensiertes Unrecht. Auch mag es Fälle geben, in denen die Entziehung der Sache für den Verfolgten allein Vermögensschaden war. Dann spricht dieser Umstand dafür, den Schaden zu kom-

---

innerhalb eines Monats nach Empfang unserer schriftlichen Aufforderung ausüben. Lassen Sie diese Frist ungenutzt verstreichen, wählen wir". Keine ausdrückliche Regelung findet sich hingegen in den Fine Art Hiscox Kunstversicherungsbedingungen 1/2011, vielmehr ist der Versicherte lediglich zur Anzeige der Wiederauffindung des versicherten, aber abhanden gekommenen Kunstwerks verpflichtet. Daraus folgt dann freilich der bereicherungsrechtliche Anspruch auf Herausgabe der Versicherungsleistung nach § 812 Abs. 1 S. 2, 1. Alt. BGB *ob causam finitam*, Nachweis sogleich in folgender Fn.

29   Vgl. nur *Jauernig*, BGB, 14. Aufl. 2011, § 812 Rz. 14 m.w.N.
30   BVerfG, Beschl. v. 31. 07.1973 – 2 BvF 1/73, BVerfGE 36, 1.
31   Vgl. etwa *Oetker*, MüKo-BGB, 6. Aufl. 2012, § 255 Rz. 14 m.w.N. zum Streitstand.
32   Vgl. VG Magdeburg, Urt. v. 17.01.2012 – 7 A 326/10, Juris Tz. 29.
33   BGH, Urt. v. 16.03.2012 – V ZR 279/10, NJW 2012, 1796 = KunstRSp 2012, 19, Juris Tz. 19, zum alliierten Rückerstattungsrecht. Der Vorrang der Naturalrestitution ist aber ebenso Prinzip des geltenden Rechts, wie bereits §§ 249 ff. BGB systematisch erkennen lassen.

pensieren, anstatt die Sache zu restituieren, selbst wenn die Restitution möglich wäre. Die moralische Bewertung von wiedergutmachungsrechtlichen Vergleichen hat erhebliche praktische Bedeutung. Über 50% der rückerstattungsrechtlichen Verfahren endeten in Vergleichen.[34]

4.　Ausschlusswirkung des Wiedergutmachungsrechts

Die brisanteste aller Fragen ist aber die folgende: Bei verfolgungsbedingtem Verlust von Eigentum kommt auch ein spezieller Anspruch auf Rückerstattung nach den alliierten Rückerstattungsgesetzen[35] bzw. für die Beitrittsgebiete nach § 1 Abs. 6 VermG i.V.m. diesen in Betracht.[36] Die Fristen für diese speziellen Wiedergutmachungsansprüche waren allerdings sehr kurz[37] und waren bei Klageerhebung durch Peter Sachs längst abgelaufen. Dass sich nach Ablauf dieser Fristen niemand mehr auf die Vergünstigungen in diesen speziellen Wiedergutmachungsgesetzen berufen kann, steht außer Streit. Kein Verfolgter und kein Erbe eines Verfolgten kann sich also etwa heute noch auf die Entziehungsvermutung nach Art. 3 US-REG,[38] das besondere Anfechtungsrecht nach Art. 4 US-

---

34　*König*, Claims for the Restitution of Holocaust Era Cultural Assets and Their Resolution in Germany, Art, Antiquity & Law 2007, 59, 61; Bundesministerium der Finanzen in Zusammenarbeit mit Walter Schwarz (Hrsg.), Die Wiedergutmachung nationalsozialistischen Unrechts durch die Bundesrepublik Deutschland Bd. I: Rückerstattung nach den Gesetzen der Alliierten Mächte, München 1974, S. 176, 264 Fn. 4, 356.

35　Zu Geltungsgrund und Geltungsdauer der alliierten Rückerstattungsgesetze heute vgl. *Ernst*, FS Schrage (2010), S. 120 ff.

36　Hierzu jüngst z.B. BVerwG, Urt. v. 04.04.2012 – 8 C 9/11, ZOV 2012, 208.

37　Art. 30a VermG; für die alliierten Rückerstattungsgesetze vgl. etwa Art. 56 Abs. 1 US-REG (Rückerstattungsgesetz der Amerikanischen Zone – Gesetz Nr. 59: Rückerstattung feststellbarer Vermögensgegenstände, ABl. der Militärregierung AZ Ausgabe G v. 10. November 1947): 31.12.1948 – materielle Ausschlussfrist, *Schwarz*, Rückerstattung nach den Gesetzen der Alliierten Mächte (1974), S. 265: „Säumnis hatte totalen Rechtsverlust zur Folge". Das US-REG hatte Modellcharakter für die Rückerstattungsgesetze der britischen (Rückerstattungsgesetz der Britischen Zone – Gesetz Nr. 59: Rückerstattung feststellbarer Vermögensgegenstände an Opfer der nationalsozialistischen Unterdrückungsmaßnahmen, ABl. der Militärregierung BZ 1949 Nr. 28 S. 1169) und französischen Besatzungszone (Rückerstattungsverordnung der Französischen Zone – Verordnung Nr. 120 vom 10. November 1947 über Rückerstattung geraubter Vermögensobjekte, abgeändert durch die VOen Nr. 156, 186 und 213, Journal Officiel 1949, S. 2060), sowie für den von den Westalliierten besetzten Teil von Berlin. Dort galt die für den vorliegenden Fall einschlägige REAO (Rückerstattungsanordnung für das Land Berlin der Alliierten Kommandantur Berlin – Rückerstattung feststellbarer Vermögensgegenstände an Opfer der nationalsozialistischen Unterdrückungsmaßnahmen BK/O (49) 180 v. 26. Juli 1949, VOBl. I S. 221).

38　Die ganz zentrale Vorschrift des Art. 3 US-REG lautet: „Entziehungsvermutung: (1) Zugunsten des Berechtigten wird vermutet, dass ein in der Zeit vom 30. Januar 1933 bis 08.

REG oder die Vermutung für eine Verwahrung bzw. ein Treuhandverhältnis anstelle einer Schenkung nach Art. 5 US-REG oder die entsprechenden Vorschriften in den Rückerstattungsgesetzen der anderen Besatzungszonen berufen.

Die entscheidende Frage ist aber: Sind durch den Ablauf dieser materiellen Ausschlussfristen auch die Herausgabeansprüche nach allgemeinem Zivilrecht erloschen? Zugespitzt gefragt: Wenn ein Verfolgter schlicht den Besitz an seinem Eigentum verfolgungsbedingt verloren hat – das Reichspropagandaministerium entzieht eine Postersammlung durch schlichte Wegnahme –, verliert dann der Verfolgte seinen zunächst unzweifelhaft bestehenden Eigentumsherausgabeanspruch aus § 985 BGB, wenn und weil die Fristen für die Anmeldung spezieller rückerstattungsrechtlicher Herausgabeansprüche abgelaufen ist? Wenn dies so wäre, dann hätte das Rückerstattungsrecht einen ganz janusköpfigen Charakter. Einerseits böte es den Opfern zwar – zeitlich eng begrenzte – Rechtswohltaten. Andererseits nähme das Rückerstattungsrecht nach Ablauf der Anmeldefrist nicht nur diese Rechtswohltaten, sondern brächte überdies jegliche Ansprüche des Verfolgten aus § 985 BGB und anderen allgemein-zivilrechtlichen Anspruchsgrundlagen zum Erlöschen.

Mai 1945 abgeschlossenes Rechtsgeschäft eine Vermögensentziehung im Sinne des Artikels 2 darstellt: a) Wenn die Veräußerung oder Aufgabe des Vermögensgegenstands in der Zeit der Verfolgungsmaßnahmen von einer Person vorgenommen worden ist, die Verfolgungsmaßnahmen aus Gründen des Artikels 1 unmittelbar ausgesetzt war; b) wenn die Veräußerung oder Aufgabe eines Vermögensgegenstands seitens einer Person vorgenommen wurde, die zu einer Gruppe von Personen gehörte, welche in ihrer Gesamtheit aus Gründen des Artikels 1 durch Maßnahmen des Staates oder der NSDAP aus dem kulturellen und wirtschaftlichen Leben Deutschlands ausgeschaltet werden sollte. (2) Vorausgesetzt, dass keine andere Tatsachen für das Vorliegen einer Entziehung im Sinne des Artikels 2 sprechen, kann die Vermutung des Absatzes 1 durch den Beweis widerlegt werden, dass dem Veräußerer ein angemessener Kaufpreis bezahlt worden ist. Dieser Beweis allein widerlegt jedoch die Vermutung nicht, wenn dem Veräußerer aus Gründen des Artikels 1 das Recht der freien Verfügung über den Kaufpreis verweigert worden ist. (3) …". Die Entziehungsvermutung bilden zugleich den Kern der Maßgaben zur Handhabung von außerrechtlichen Restitutionsforderungen gegen die öffentliche Hand nach der „Handreichung zur Umsetzung der Erklärung der Bundesregierung, der Länder und der kommunalen Spitzenverbände zur Auffindung und zur Rückgabe NS-verfolgungsbedingt entzogenen Kulturgutes, insbesondere aus jüdischem Besitz" des Beauftragten der Bundesregierung für Kultur und Medien, Berlin 2007, S. 29. Faire und gerechte Lösungen jenseits des Rechts sollen in Deutschland also ganz bewusst in Anlehnung an das alliierte Rückerstattungsrecht entwickelt werden. So bezieht sich die Handreichung zur Erläuterung ihrer selbst auf Normen und Rechtsprechung zum alliierten Rückerstattungsrecht, vgl. S. 81 ff.; kritisch gegenüber dieser normethisch Legitimation erzeugende Kontinuität in den wertenden Prinzipien, die natürlich keine Kontinuität in der Rechtsgeltung umfasst, *Ernst*, FS Schrage (2010), S. 143, Fn. 102.

a) Wortlaut

Eine derart radikale *tabula rasa*-Regel zu Lasten des Verfolgten lassen Rückerstattungsgesetze zur Wiedergutmachung von Unrecht gegenüber dem Verfolgten
nicht unmittelbar erwarten. Deswegen müsste eine solche, für den Verfolgten
einschneidende Regel mit enteignender Wirkung zumindest klipp und klar geregelt sein. Dies aber ist nicht der Fall. Art. 57 S. 1 US-REG lautet vielmehr sibyl-
linisch:

> „Ansprüche, die unter dieses Gesetz fallen, können, soweit in diesem Gesetz nichts ande-
> res bestimmt ist, nur im Verfahren nach diesem Gesetz und unter Einhaltung seiner Fristen
> geltend gemacht werden".

Damit ist lediglich klar, dass diejenigen Ansprüche, die unter das Gesetz fallen,
nach Ablauf der Anmeldefrist nicht mehr geltend gemacht werden können, gerade aber nicht, welche dies sind. Gleiches gilt nach S. 2 für deliktische Ansprüche
des Verfolgten.[39]

b) Entstehungsgeschichte

Einigkeit bestand von Anfang an darüber, dass das nationalsozialistische Unrecht
zu einer Vielzahl von allgemein-zivilrechtlichen Ansprüchen führte.[40] Allerdings
erwies sich das allgemeine Zivilrecht letztlich als begrenzt leistungsfähig zur be-
friedigenden Aufarbeitung des Unrechts bei Entziehung durch Rechtsgeschäft.
Dieses Gerechtigkeitsdefizit sollten die Rückerstattungsgesetze beseitigen. In
den Materialien sind, soweit ersichtlich, keine greifbaren Belege dafür zu finden,
dass die Rückerstattungsgesetze zugleich eine Totalbereinigung zu Lasten der
Verfolgten nach Ablauf der Anmeldefristen herbeiführen sollten.[41] Jedenfalls
führen diejenigen, die eine solche Bereinigungswirkung heute behaupten, keine
entsprechenden Nachweise: *Hess* stellt die behauptete Ausschlusswirkung
schlicht fest.[42] *Ernst* beruft sich auf Sekundärnachweise ohne eindeutigen Aus-
sagegehalt.[43] Die zeitgenössischen Kommentatoren waren geteilter Auffassung.[44]

---

39 Art. 57 S. 2 US-REG: „Ansprüche aus unerlaubter Handlung, die nicht unter die Bestim-
    mungen dieses Gesetzes fallen, können jedoch im ordentlichen Rechtsweg geltend ge-
    macht werden".

40 *Böhm*, Reden und Schriften (1960), S. 204 f.; *Ernst*, FS Schrage (2010), S. 121 ff.

41 Vgl. etwa die umfassende Darstellung der Entstehungsgeschichte bei *Armbruster*, Rück-
    erstattung der Nazi-Beute (2008), S. 452 ff.; ebenso *Anton*, Rechtshandbuch Kulturgüter-
    schutz und Kunstrestitutionsrecht Bd. I: Illegaler Kulturgüterverkehr (2010), S. 621 ff.

42 *Hess*, Intertemporales Privatrecht (1998), S. 260.

43 *Ernst*, FS Schrage (2010), S. 124: „Zutreffend heißt es bei Schwarz: ‚Dieses Verfahren
    trug notwendig Ausschließlichkeitscharakter' ". Dieser Satz legt entgegen der Interpreta-

Nach derzeitigem Erkenntnisstand kann damit die Entstehungsgeschichte der Rückerstattungsgesetze nicht für die These herhalten, allgemein-zivilrechtliche Ansprüche seien mit Fristablauf zur Anmeldung ausgeschlossen.[45]

c)   Systematik

Ernst stellt sich auf den Standpunkt, das Rückerstattungsrecht bediene sich der vorhandenen allgemein-zivilrechtlichen Ansprüche und gewähre lediglich punktuell daran anknüpfende Rechtswohltaten.[46] Der spezielle Rückerstattungsanspruch im Fall der Wegnahme sei kein anderer als der Vindikationsanspruch aus § 985 BGB. Wenn dann der Fristablauf zum Erlöschen der Restitutionsansprüche („RE-Ansprüche") führe, dann erfasse dieser Ausschluss gerade die allgemein-zivilrechtlichen Ansprüche (samt ihrer punktuellen Modifikationen). Diese Systematik ist natürlich denklogisch widerspruchsfrei möglich.[47] Sie hat aber nicht den Charakter einer gleichsam ontologisch notwendigen Struktur, sondern ist lediglich eine unter anderen möglichen dogmatischen Rekonstruktionen. Ebenso denklogisch möglich ist die Vorstellung, das Rückerstattungsrecht habe eigenständige Ansprüche nach dem Vorbild des allgemeinen Zivilrechts (nach-) geschaffen und gewähre nur für diese ihre eigenen Ansprüche bestimmte Rechtswohltaten.[48] Die zuletzt genannte Sichtweise entspricht der Rechtsintuition nicht

---

tion von *Ernst* vielmehr nahe, dass die im Verfahren gewährten Rechtswohltaten ausschließlich in diesem Verfahren mit seinen Anmeldefristen verfügbar waren.

44   Gegen Ausschlusswirkung *Mosheim*, BB 1949, 27: "Meistbegünstigungs-Prinzip"; *van Dam*, Rückerstattungsgesetz für die Britische Zone, 1949, Einleitung, S. 15; *v. Godin/v. Godin*, Rückerstattung feststellbarer Vermögensgegenstände in der amerikanischen Besatzungszone, Militärregierungsgesetz Nr. 59 vom 10. November 1947 mit Ausführungsvorschriften, Berlin 1948, Art. 57, S. 203: „Es ist nicht anzunehmen, dass dieses dem Verfolgten so gewogene Gesetz die Rechtsstellung schmälern wollte, welche er nach bürgerlichem Recht innehat"; a.A. *Blessin/Wilden*, Bundesrückerstattungsgesetz, 1958, Einleitung, Rz. 26; *Goetze*, Die Rückerstattung in Westdeutschland und Berlin, 1950, Art. 57 US-REG; *Harmening/Hartenstein/Osthoff*, Rückerstattungsgesetz, 2. Aufl. 1952, Einleitung, Bl. Nr. 53; *Kubuschok/Weißstein*, Rückerstattungsrecht, 1950, Art. 49 BR-REG / Art. 57 US-REG Rz. 2; *Muller*, Rückerstattung in Deutschland, 1948, S. 10; *Korth*, Die materiellrechtliche und prozessuale Ausgestaltung des Rückerstattungsanspruchs, SJZ 1948, 377, 383.
45   Vgl. auch *Rudolph*, Restitution von Kunstwerken aus jüdischem Besitz (2007), S. 70 ff.
46   *Ernst*, FS Schrage (2010), S. 125.
47   Ähnlich *Anton*, Illegaler Kulturgüterverkehr, in Rechtshandbuch Kulturgüterschutz und Kunstrestitution Bd. 1 (2010), S. 694: „spezifische Regelung des Eigentümer-Besitzer-Verhältnisses"; ferner aaO., S. 695: „temporal befristete inhaltliche Modifizierung des allgemeinen Eigentümer-Besitzer-Verhältnisses zur speziellen Wiedergutmachung".
48   Damals etwa *v. Godin*, Rückerstattung feststellbarer Vermögensgegenstände in der amerikanischen Besatzungszone (1950), Art. 14 Anm. 1; *Schwarz*, Rückerstattung nach den

weniger Kommentatoren,[49] die von *Ernst* vorgeschlagene erscheint eher kontra-intuitiv. Intuition ist freilich weder für die eine noch für die andere Strukturvor-stellung der entscheidende Maßstab. Vielmehr muss es im Sinne einer Wertungs-jurisprudenz darum gehen, das Normtelos zu ergründen und dieses dann durch eine entsprechende Strukturvorstellung zu transportieren. Dies ist die Funktion von Rechtsdogmatik, nicht etwa darf Dogmatik und Struktur die zu treffende Wertung bestimmen, bevor diese Dogmatik nicht durch Wertungen verlässlich bestätigt ist, so dass dann Dogmatik zur Entscheidung neuer Fälle helfend heran-gezogen werden kann.

d)   Normtelos

Art. 1 Abs.1 S. 1 US-REG definiert das Normtelos des Rückerstattungsgesetzes wie folgt:

> „Zweck des Gesetzes ist es, die Rückerstattung feststellbarer Vermögensgegenstände (...) an Personen, denen sie in der Zeit vom 30. Januar 1933 bis 8. Mai 1945 aus Gründen der Rasse, der Religion, Nationalität, Weltanschauung oder politischen Gegnerschaft gegen den Nationalsozialismus entzogen worden sind, im größtmöglichen Umfange beschleunigt zu bewirken."

Der Ausschluss allgemein-zivilrechtlicher Ansprüche widerspricht unmittelbar dem Ziel, entzogene Vermögensgegenstände „im größtmöglichen Umfange" zu restituieren. Dass die Restitution beschleunigt vollzogen werden soll, zielt er-sichtlich allein auf die zügige Wiederherstellung der beeinträchtigten Rechtspo-sitionen der Verfolgten ab. Eine Totalbereinigung zu Lasten der Verfolgten lässt sich der autoritativen Normzweckbeschreibung durch den Gesetzgeber nicht einmal als Sekundärzweck entnehmen.

Gesetzen der Alliierten Mächte (1974), S. 176; heute z.B. *Graf*, Rückgabe von Vermö-genswerten an Verfolgte des nationalsozialistischen Regimes im Beitrittsgebiet (1999), S. 102.

49   Vgl. etwa heute *Armbruster*, Rückerstattung der Nazi-Beute (2008), S. 468: „Der Rück-erstattungsanspruch wurde der rei vindicatio, dem Anspruch des Eigentümers gegen den bloßen Besitzer, nachgebildet"; damals bereits *Korth*, Die materiellrechtliche und pro-zessuale Ausgestaltung des Rückgabeanspruchs, SJZ 1948, 377, 383: zwei voneinander unabhängige Ansprüche, zugleich verdrängende Spezialität des Rückerstattungsan-spruchs postulierend: „Unter dem Gesichtspunkt der *lex specialis* muss der sich aus der Nichtigkeit ergebende Herausgabe- oder Bereicherungsanspruch nach bürgerlichem Recht zugunsten des Rückerstattungsanspruchs zurücktreten".

e)   Rechtsprechung

Rechtsprechung hat lediglich den Charakter von Rechtserkenntnis, schafft also nicht selbst Recht.[50] Nachfolgende (Fach-) Gerichte sind hierzulande in keiner Weise an eine zuvor von einem anderen Gericht gewonnene Erkenntnis zum Verständnis von Recht und Gesetz gebunden.[51] Dies ist vorauszuschicken, wenn nun diejenigen Urteile betrachtet werden, die zur Entscheidung der gestellten Auslegungsfrage – Totalausschluss allgemein-zivilrechtlicher Ansprüche durch Fristablauf ja oder nein – üblicherweise herangezogen werden:[52]

(1)   Court of Restitution Appeals 1951

Der Court of Restitution Appeals hatte zunächst folgende Frage des Amerikanischen Hohen Kommissars für Deutschland, vorgelegt gemäß Art. 2 der AusfVO 7,[53] zu begutachten:[54]

> „Bleibt eine nach REG anspruchsberechtigte Person weiterhin im Besitz ihres Anspruchs, nachdem eine Nachfolgeorganisation auf Grund des Art. 11 Abs. 2 des genannten Gesetzes ihre Rechtsstellung erworben hat?".

Das Gutachten betrifft also unmittelbar nur die Frage nach dem Verhältnis zwischen dem einzelnen Anmeldenden und der an seine Stelle tretenden Nachfolgeorganisation. Gleichsam per *obiter dictum* stellte der CORA zur Vorbereitung seiner gutachterlichen Antwort fest:

> „Hatten weder der Berechtigte noch die Nachfolgeorganisation einen Anspruch bis zum 31.12.1948 angemeldet, so gingen sie ihres Rechts auf RE nach dem REG verlustig".

Diese Feststellung enthält keine Aussage darüber, ob dem Berechtigten zugleich Ansprüche nach allgemeinem Zivilrecht „verlustig" gehen. Die spezielle, allein auf das Rückerstattungsrecht (REG) bezogene Terminologie der Feststellung legt nahe, dass allgemein-zivilrechtliche Ansprüche nicht erfasst sind. Die einleitend anlässlich des allerersten Rechtsgutachtens gegebene Analyse zu den Zwecken des Rückerstattungsrechts enthält im Übrigen keinerlei Hinweis darauf, dass eine schnelle Totalbereinigung auch zu Lasten der Verfolgten Ziel des Gesetzes sei. Dies hätte man aber gegebenenfalls in einem Gutachten, dem der Court of Restitution Appeals selbst wegweisenden Grundsatzcharakter beimisst, erwarten dürfen.

---

50   BVerfG, Beschl. v. 19.02.1975 – 1 BvR 418/71, NJW 1975, 968, 969.
51   Z.B. BVerfG, Beschl. v. 26.06.1991 – 1 BvR 779/85, NJW 1991, 2549, 2550.
52   *Ernst*, FS Schrage (2010), S. 125 ff.
53   Official Gazette 27 der AHK v. 20.07.1950.
54   CORA (Nürnberg), Rechtsgutachten Nr. 1 v. 27.07.1950, RzW 1949/50, 364.

(2)   BGH, Urt. v. 11.02.1953

Der Zweite Senat des Bundesgerichtshofs hatte sodann über die Klage eines Verfolgten gegen eine schweizerische Versicherung zu entscheiden.[55] Dem Verfolgten war diese Versicherung entzogen worden. Die Versicherung war nach § 3 der
11. Durchführungsverordnung zum Reichsbürgergesetz – nach der Radbruch'schen Formel Nichtrecht[56] – an das Reich verfallen. Die Versicherung hatte an das Reich auf dessen Verlangen den Rückkaufswert gezahlt. Der Bundesgerichtshof entschied, dass die Versicherung aufgrund dieser Zahlung erloschen
sei. Welche Ansprüche sich aus der Unrechtmäßigkeit der Entziehung der Versi-
cherungsforderung ergeben, sei durch die Wiedergutmachungsgesetze geregelt.
Zu diesen führte der erkennende Senat aus:

> „Dadurch dass der natsoz. Staat in der Lage gewesen war, seine Akte des Unrechts viele
> Jahre lang mit allen ihm zur Verfügung stehenden Machtmitteln durchzusetzen, waren de-
> ren Auswirkungen auf alle Lebensgebiete so weittragend und tiefgreifend, dass nur ein
> neuer Rechtswirrwarr entstanden wäre, wenn die Rechtsordnung über die nun einmal ent-
> standenen Tatsachen einfach durch Nichtbeachtung hinweggegangen wäre. Die Entwir-
> rung des durch jene Unrechtsakte geschaffenen Chaos konnte vielmehr nur durch eine be-
> sondere gesetzliche Regelung vorgenommen werden. Diese Regelung wurde dann auch
> durch die Rückerstattungs- und Entschädigungsgesetze getroffen. Es können deshalb die
> Ansprüche der Betroffenen, die aus der Unrechtmäßigkeit der natsoz. Akte von Vermö-
> gensentziehungen hergeleitet werden, nur noch nach Maßgabe dieser Gesetze und nur in
> den dort hierfür vorgesehenen Verfahren geltend gemacht werden (vgl. auch Art. 57 ame-
> rik. REG; Art. 49 brit. REG; Art. 51 Berliner REG; § 4 der EntschädigungsGes. der Län-
> der der amerik. Zone)".

Diese Begründung, gegeben per *obiter dictum*,[57] enthält offensichtlich einen
Sprung. Es ist eine durch nichts gedeckte *petitio principii*, dass es Zweck der
Rückerstattungsgesetze sei, das „durch die nationalsozialistischen Unrechtsakte
geschaffene Chaos" zu „entwirren". Die bisher hier geführte Untersuchung hat
vielmehr ergeben, dass es Zweck des Rückerstattungsrechts war, den Verfolgten
feststellbare Vermögensgegenstände in größtmöglichem Umfang beschleunigt
zurückzuerstatten. Von einer allgemeinen Entwirrung oder gar Bereinigung der
Vermögensverhältnisse (auch) zu Lasten der Verfolgten ist nirgendwo die Rede.
Vielmehr steht die Wiedergutmachung im Vordergrund. Gleichermaßen *petitio
principii* ist es, dass die angeblich angestrebte „Entwirrung" „nur [!] durch eine
besondere gesetzliche Regelung" vorgenommen werden konnte und nur durch
die Rückerstattungsgesetze tatsächlich vorgenommen werden sollte. Es handelt
sich bei dieser Argumentation also nicht etwa um eine hermeneutisch plausible

---

55   BGH, Urt. v. 11.02.1953 – II ZR 51/52, NJW 1953, 542.
56   BVerfG, Urt. v. 14.02.1968 – 2 BvR 557/62, BVerfGE 23, 98, 106.
57   Für die Abweisung der Klage des ehemals Versicherten gegen die Versicherung bildeten
     die zitierten Erwägungen keinen tragenden Grund.

Ableitung aus dem Gesetz, sondern gleichsam um eine Mutation in der Deutung des Normtextes. Erst auf der Grundlage der vom erkennenden Senat aufgestellten, aber in den Grenzen der Methoden der Gesetzesauslegung nicht tragfähigen Behauptungen lässt sich der Schluss ziehen, es könnten deshalb „die Ansprüche" – verstanden als jegliche Ansprüche – „der Betroffenen … nur noch nach Maßgabe dieser Gesetze und nur in den dort vorgesehenen Verfahren" geltend gemacht werden. Es ist bezeichnend, dass der erkennende Senat für seine Behauptungen keinerlei Nachweise erbringen kann – mit Ausnahme des Verweises auf Art. 57 US-REG und deren Entsprechungen in den weiteren Restitutionsgesetzen.[58] Dass diese Vorschriften den gezogenen Schluss aber nicht zu tragen vermögen, wurde bereits dargelegt.

(3)   BGH, Urt. v. 08.10.1953

Nur scheinbar verfestigte sich die in einem *obiter dictum* entstandene Sinnmutation zum tragenden Grund im Urteil des Vierten Senates kurze Zeit später.[59] In diesem Fall klagte der frühere jüdische Inhaber einer Firma auf Herausgabe von Vermögensgegenständen des Betriebs,[60] das der „Staatskommissar in der Privatwirtschaft und Leiter der Vermögensverkehrsstelle" in Wien nach „Arisierung" des Betriebs als Treuhänder an einen Erwerber veräußert hatte. Der Kläger berief sich auf die allgemein-zivilrechtliche Sittenwidrigkeit der zugrunde liegenden Rechtsgeschäfte. Außerdem hatte der Kläger den Kaufvertrag angefochten. Das Berufungsgericht hatte hierauf entschieden:

> „Ansprüche, die sowohl nach dem REG wie nach allgemeinem Recht begründet seien, können nur im RE-Verfahren geltend gemacht werden, wenn das REG die Folgen aus dem gegebenen Tatbestand abschließend regeln wolle".[61]

Dies sei z.B. der Fall, wenn eine ungerechtfertigte Entziehung und gleichzeitig die Nichtigkeit wegen Sittenwidrigkeit oder wegen Drohung oder Zwang geltend gemacht werden. Dem schloss sich der erkennende Vierte Senat ausdrücklich an. Diese vom Berufungsgericht übernommene und ausdrücklich als zutreffend bestätigte Gesetzesauslegung ist aber ersichtlich sehr viel enger, als das *obiter dictum* des Zweiten Senates. Denn nach dem Berufungsgericht im hier geführten

---

58   Ohne neue Argumente diese Rechtsprechung fortführend BVerwG, Urt. v. 18.05.1995 – 7 C 19/94, BVerwGE 98, 261, Tz. 21 f.; BGH, Urt. v. 09.01.2003 – III ZR 121/02, BGHZ 153, 258, Tz. 10 f. Nicht überzeugend deswegen die Kritik von *Pufendorf/Michelbring*, Herausgabe um jeden Preis, FAZ v. 14.11.2012, am von dieser Rechtsprechung abweichenden Urteil des V. Senats im Fall Hans Sachs.
59   BGH, Urt. v. 08.10.1953 – IV ZR 30/53, NJW 1953, 1909.
60   Konkret ging es um 110 Kesselwagen.
61   BGH, Urt. v. 08.10.1953 – IV ZR 30/53, NJW 1953, 1909, 1910, li.Sp.

Verfahren ist für jeden einzelnen Tatbestand zu prüfen, ob das REG die Folgen aus dem gegebenen Tatbestand abschließend regeln wolle oder nicht. Von einer globalen Sperrwirkung des REG gegenüber sämtlichen allgemein-zivilrechtlichen Ansprüchen nach Ablauf der Anmeldefristen ist zunächst nicht die Rede.

Allerdings stützt sich der Vierte Senat sodann zusätzlich auf die vorzitierte Entscheidung des Zweiten Senats. Der Vierte Senat beruft sich damit bei Lichte besehen auf zwei verschiedene Begründungen, die einander widersprechen. Hierüber geht der erkennende Vierte Senat hinweg, indem er abschließend behauptet, die Rechtsprechung des Zweiten Senats werde durch die Entstehungsgeschichte der Rückerstattungsgesetze und den Wortlaut einzelner Bestimmungen gerechtfertigt und entspreche überdies „der allgemeinen Forderung nach Rechtssicherheit und baldiger Beruhigung des Wirtschaftsleben".[62] Letzteres mag für die deutsche Rechtsgemeinschaft der Nachkriegszeit zutreffen.[63] Nur ist dies gerade nicht der primäre Zweck des von den Besatzungsmächten geschaffenen Rückerstattungsrechts. Ersteres – Wortlaut und Entstehungsgeschichte – tragen die Rechtsbehauptung wie dargelegt ohnehin nicht. Dies zeigen in besonders schlagender Weise die Materialien, welche der Senat zur Stützung seiner Behauptung heranzieht. Diese Materialien bestehen nämlich ausschließlich aus früheren Urteilen, die sich um angemessene Rückerstattung nach allgemein-zivilrechtlichen Regeln bemühen, denen dies in der Tat und allseits unbestritten aber nur unter Schwierigkeiten gelang.

> „Diese Schwierigkeiten führten zu der weit verbreiteten Auffassung, dass diese Fragen nur durch ein besonderes Gesetz zufriedenstellend gelöst werden könnten".

Völlig zutreffend – nur trägt dies gerade nicht den Schluss auf eine globale Sperrwirkung zugunsten von Rechtssicherheit und Beruhigung des Wirtschaftslebens, sondern erklärt lediglich, dass in besonderen Gesetzen spezielle Rechtswohltaten für die Verfolgten zur Verfügung gestellt wurden, um eine zufriedenstellende Wiedergutmachung zu erreichen.

---

62 AaO.
63 Von deutscher Seite wollte man die Rückerstattung zunächst auf Vermögensgegenstände in den öffentlichen Händen beschränken. Die Alliierten setzten als Besatzungsmacht hingegen die Rückerstattung aus privater Hand gegen zahlreiche Versuche zur Beschränkung der Reichweite der Rückerstattung durch, vgl. *Anton,* Illegaler Kulturgüterverkehr (2010), S. 637 m.w.N.; *Goschler,* Wiedergutmachung: Westdeutschland und die Verfolgten des Nationalsozialismus 1945-1954 (1992), S. 105; *Goschler,* Die Politik der Rückerstattung, in: *Goschler/Lillteicher,* „Arisierung" und Restitution. Die Rückerstattung jüdischen Eigentums in Deutschland und Österreich nach 1945 und 1989 (2002), S. 99, 105 ff.; *Graf,* Rückgabe von Vermögenswerten an Verfolgte des nationalsozialistischen Regimes im Betrittsgebiet (1999), S. 21; *Schwarz,* Rückerstattung nach den Gesetzen der Alliierten Mächte (1974), S. 31.

Der Vierte Senat erweitert nun allerdings noch das Argumentarium mit folgender Erwägung:[64] Die gegenüber der allgemeinen dreißigjährigen Verjährungsfrist „verhältnismäßig kurzen" – in Wahrheit müsste man sagen: extrem kurzen – Anmeldefristen seien

> „gesetzt worden (…), um im Interesse einer baldigen Beruhigung des Wirtschaftslebens die durch die Rückerstattung neuerdings veranlassten und umfangreichen Vermögensverschiebungen innerhalb einer angemessenen Frist zum Abschluss zu bringen. Mit diesem Gesetzeszweck wäre es unvereinbar, wenn der RE-Berechtigte auch außerhalb eines RE-Verfahrens Ansprüche nach allgemeinen Grundsätzen geltend machen könnte. Eine solche Möglichkeit würde für die RE-Pflichtigen einen Schwebezustand und damit eine starke Rechtsunsicherheit herbeiführen, die bei Abwägung der beiderseitigen und auch allgemeiner Belange nicht gerechtfertigt wäre".

Baldige Beruhigung des Wirtschaftslebens sowie Beendigung des belastenden Schwebezustands für den Verpflichteten sind nur eben keine Zwecke, die das Rückerstattungsrecht verfolgt, jedenfalls nicht primär oder mit gleichwertigem Gewicht gegenüber der Wiedergutmachung des Vermögensverlustes des Verfolgten. Die Interessen des Rückerstattungsverpflichteten sind ja bereits dadurch berücksichtigt, dass die besonderen Rechtswohltaten nur äußerst kurz zur Verfügung stehen. Der Vierte Senat beschneidet also in tiefgreifender Weise den Wiedergutmachungszweck des Rückerstattungsrechts, indem er diesem Zweck andere, gegenläufige und eigenmächtig für durchschlagend erklärte Gesetzeszwecke entgegenstellt, für die sich im Gesetz gar kein Anhalt findet.

Dies zeigt sich nicht zuletzt in Folgendem: Der Senat betont, dass die rückerstattungsrechtlichen Rechtswohltaten demjenigen Verfolgten nicht zugutekommen sollen, der zufällig Opfer eines (all-) gemeinen Vermögensdelikts wurde. Das Opfer eines Diebstahls, das zufällig Jude war, konnte und kann also solchenfalls mangels globaler Sperrwirkung allgemein-zivilrechtliche Ansprüche geltend machen. Die Rechtsprechung des Vierten Senats drängt damit den kollektiv Verfolgten dazu, vorzutragen, sein Vermögensverlust habe ausnahmsweise nichts mit Verfolgung zu tun gehabt. Denn nur dann bleiben dem Opfer seine allgemein-zivilrechtlichen Ansprüche erhalten. Der Verfolgte muss also behaupten, er sei nicht etwa bestohlen worden, weil er verfolgt gewesen sei, sondern „nur so", um seinen nach allgemeinem Zivilrecht bereits bestehenden Anspruch vor dem Ausschluss durch Fristablauf eines Gesetzes zur Wiedergutmachung besonderen Unrechts zu retten. Diese Konsequenz ist rechtsethisch absurd.

---

64   BGH, Urt. v. 08.10.1953 – IV ZR 30/53, NJW 1953, 1909, 1910, re.Sp.

(4)   BGH, Urt. v. 28.02.1955

Dass eine globale Sperrwirkung an anderer Stelle ebenfalls rechtsethisch absurde Ergebnisse erzeugt, zeigt die nachfolgende Entscheidung des Großen Zivilsenates.[65] Der Kläger machte allgemein-zivilrechtliche Ansprüche auf Herausgabe von Wertpapieren gegen seine Verwahrbank geltend. Das Wertpapierdepot hätte infolge der Verfallerklärung nach § 3 der 11. Durchführungsverordnung zum Reichsbürgergesetz dem Reich zufallen sollen. Jedoch handelte es sich, wie bereits erwähnt, nach der Radbruch'schen Formel um Nichtrecht. Die Besonderheit des Falles bestand nun darin, dass das nationalsozialistische Regime es versäumt hatte, das Wertpapierdepot gemäß dem (Nicht-) Recht des Reichsbürgergesetzes auf das Reich umzuschreiben. Dieses Versäumnis war nicht selten. Denn die Fülle der Vermögensgegenstände, die dem Reich auf der (Nicht-) Rechtsgrundlage des Reichsbürgergesetzes hätten zufallen sollen, stellte das Reich vor „Vollzugsprobleme". Man kam mit den Umschreibungen schlicht nicht nach oder übersah, dass dies eigentlich notwendig wäre. Zahlreiche Wertpapierdepots und Grundbücher blieben deswegen „unberichtigt" (in Wahrheit richtig). Nach dem Ende des Reichs befand sich damit der Inhaber bzw. der Eigentümer materiell und formell unmittelbar in der Rechtslage wie vor dem Unrechtseingriff. Es hätte in dieser Konstellation nun wirklich niemand mehr verstanden, wenn man dem Verfolgten gesagt hätte, dass er dennoch das Rückerstattungsverfahren eröffnen müsse, oder gar, dass der Anspruch nach Ablauf der Anmeldefrist hierfür ausgeschlossen sei.[66] Dies erkennen selbst diejenigen an, die im Übrigen für eine globale Sperrwirkung plädieren.[67]

Ernst grenzt nun allerdings diese Fälle der „restitutionsverfahrenslos aufrechterhaltenen Rechtspositionen" ab z.B. von Fällen wie des vorliegenden von Hans Sachs, in denen dem Opfer durch schlichte Wegnahme eine Sache entzogen wurde.

> „Wenn das Opfer der Entziehung etwa eine Mobilie begehrt, die ein anderer besitzt, so führt, da Selbsthilfe ausscheidet, gar kein Weg an einem der gerichtlichen ,Restitutions'-Verfahren vorbei".[68]

Konsequenz: hier Sperrwirkung, dort nicht. Diese Unterscheidung leuchtet nicht ein. Ebenso wenig wie der Eigentümer einer Mobilie darf der Inhaber eines Wertpapierdepots gegen die Verwahrbank oder der Eigentümer eines Grundstücks gegen den Grundstücksbesitzer Selbsthilfe üben. Die Rechtsposition des

---

65   BGH, Beschl. v. 28.02.1955 – GSZ 4/54, NJW 1955, 905.
66   So prägnant *Schwarz*, Rückerstattung nach den Gesetzen der Alliierten Mächte (1974), S. 263.
67   *Ernst*, FS Schrage (2010), S. 130.
68   AaO.

Eigentümers einer ihm durch einfache Wegnahme entzogenen Mobilie bleibt ebenso „restitutionsverfahrenslos aufrechterhalten" wie die Rechtsposition des Grundeigentümers gegenüber dem Besitzer oder die Rechtsposition des Wertpapiereigentümers gegenüber der Verwahrbank. Damit lässt sich die Entscheidung des Großen Senates dahingehend verallgemeinern, dass allgemein-zivilrechtliche Ansprüche aus restitutionsverfahrenslos aufrecht erhaltenen Rechtspositionen nicht ausgeschlossen sind – alles andere wäre rechtsethisch offensichtlich unhaltbar. Zu diesen restitutionsverfahrenslos aufrecht erhaltenen Ansprüchen gehören aber entgegen *Ernst* auch Ansprüche des Eigentümers aus § 985 BGB, dem der Besitz an der beweglichen Sache durch schlichte Wegnahme entzogen wurde.

Damit zeichnet sich eine Unterscheidungslinie ab, die sich bereits in der Rechtsprechung des Vierten Senats andeutete. Dieser hatte ja das Berufungsgericht insoweit bestätigt, als Ansprüche, die sowohl nach dem REG wie nach allgemeinem Recht begründet seien, nur im Rückerstattungsverfahren geltend gemacht werden können, wenn denn das Rückerstattungsrecht die Folgen aus dem gegebenen Tatbestand abschließend regeln wolle,[69] und dies sei z.B. der Fall, wenn eine ungerechtfertigte Entziehung und gleichzeitig die Nichtigkeit wegen Sittenwidrigkeit oder wegen Drohung oder Zwang geltend gemacht werde. Dies lenkt den Blick auf die Entziehung durch Rechtsgeschäft. Hierauf konzentriert sich das Rückerstattungsrecht mit seinen Kerntatbeständen zugunsten des Verfolgten. Wenn überhaupt eine Ausschlusswirkung vom Rückerstattungsrecht auf allgemein-zivilrechtliche Ansprüche ausgeht, dann wäre diese nach Sinn und Zweck jedenfalls auf rechtsgeschäftliche Entziehungstatbestände zu beschränken. Restitutionsverfahrenslos bestehende Rechtspositionen wie im vorliegenden Fall – der Verfolgte bzw. sein Erbe ist schlicht nach wie vor Eigentümer i.S.v. § 985 BGB – können demgegenüber bei wertender Betrachtung schlechterdings nicht durch ein Rückerstattungsgesetz zur Wiedergutmachung ausgeschlossen sein.[70]

(5)   BGH, Urt. v. 16.03.2012

Der V. Zivilsenat schlägt nun in seinem aktuellen Urteil zum Fall Hans Sachs eine weitere Bresche in die These vom Bereinigungszweck und von der allge-

---

69   BGH, Urt. v. 08.10.1953 – IV ZR 30/53, NJW 1953, 1909, 1910, li.Sp.
70   Im Ergebnis ebenso *Hartung*, Kunstraub in Krieg und Verfolgung, 2005, S. 169; *Rudolph*, Restitution von Kunstwerken aus jüdischem Besitz (2007), S. 94 ff.; *Schulze*, Kunstrechtsspiegel 2010, 8, 9; IPRax 2010, 290, 297.

meinen Beruhigungsfunktion des Rückerstattungsrechts und dem daraus angeblich folgenden Ausschluss allgemein-zivilrechtlicher Ansprüche:

> „Den alliierten Rückerstattungsvorschriften kommt jedenfalls dann kein Vorrang gegenüber einem Herausgabeanspruch nach § 985 BGB zu, wenn der verfolgungsbedingt entzogene Vermögensgegenstand – wie hier und anders als in den bislang durch den Bundesgerichtshof entschiedenen Fällen – nach dem Krieg verschollen war und der Berechtigte erst nach Ablauf der für die Anmeldung eines Rückerstattungsanspruchs bestimmten Frist von seinem Verbleib Kenntnis erlangt hat".[71]

Dies begründet der Fünfte Senat mit dem Normtelos, wie er auch hier erhoben wurde, nämlich dem Schutz der Interessen des Verfolgten:

> „Die alliierten Rückerstattungsbestimmungen hätten dem Berechtigten [sonst] jede Möglichkeit genommen, die Wiederherstellung des rechtmäßigen Zustands zu verlangen und auf diese Weise das nationalsozialistische Unrecht perpetuiert. Ein solches Ergebnis ist mit dem Sinn und Zweck dieser Bestimmungen, *die Interessen des Geschädigten zu schützen*, nicht zu vereinbaren".[72]

Wäre Sinn und Zweck des Rückerstattungsrechts mindestens auch die Totalbereinigung und Beruhigung des Wirtschaftslebens nach Fristablauf zulasten der Verfolgten, dann hätte der erkennende Senat gerade keinen Anspruch für den Fall zulassen dürfen, dass der entzogene Vermögensgegenstand bis zum Fristablauf verschollen war. Denn gerade solche Sachverhalte hätte eine umfassende Bereinigungswirkung erfassen müssen.

Offen ist nach der aktuellen Rechtsprechung derzeit noch, ob allgemein-zivilrechtliche Ansprüche dann ausgeschlossen sind, wenn entsprechende Rückerstattungsansprüche sinnvoll innerhalb der Anmeldefristen hätten geltend gemacht werden können. Die besseren Gründe sprechen gegen einen solchen Ausschluss: Die Voraussetzungen allgemein-zivilrechtlicher Ansprüche darzutun war schon damals schwierig. Eben deswegen kam es zu den alliierten Rückerstattungsgesetzen. Heute ist dies noch viel schwieriger. Die allgemein-zivilrechtliche Anfechtung scheitert selbst bei Individualdrohung[73] jedenfalls an der längst abgelaufenen Zehnjahresfrist des § 124 Abs. 3 BGB. Im Übrigen käme allenfalls die Nichtigkeit von Rechtsgeschäften wegen Sittenwidrigkeit in Betracht. Die aus solchen Restansprüchen verbleibende Beunruhigung des Wirt-

---

71 BGH, Urt. v. 16.03.2012 – V ZR 279/10, NJW 2012, 1796 = KunstRSp 2012, 19, Tz. 16.
72 AaO., Tz. 20 (kursive Hervorhebung hinzugefügt).
73 „Kollektivdrohung" gegen verfolgte Personengruppen, insbesondere Juden, reichte für eine Anfechtung nach § 123 Abs. 1, Alt. 2 BGB nach überwiegender Auffassung gerade nicht aus – ein entscheidender Grund für den Erlass der alliierten Rückerstattungsgesetze, vgl. OLG Hamburg, Beschl. v. 12.06.1947 – 2 W 30/47, MDR 1947, 253; Oberster Gerichtshof in Zivilsachen, Beschl. v. 09.05.1949 – II ZS 64/48, zitiert nach *Delbrück*, MDR 1949, 469; *Schwarz*, Rückerstattung nach den Gesetzen der Alliierten Mächte (1974),S. 98; anders allerdings KG Berlin, Urt. v. 29.10.1946 – 2 U 595/247.46, SJZ 1946, 257, für die Zeit nach 08.11.1938 („Reichskristallnach").

schaftslebens und der Erwerber bzw. Besitzer ist jedenfalls heute zu verkraften. Selbst wenn die Rechtsprechung also damals Gründe dafür sah, eine Ausschlusswirkung anzunehmen, bestehen diese Gründe heute nicht mehr. Im Übrigen hätte die Rechtsprechung dem Gesetzeszweck besser entsprochen, wenn sie schon damals nach dem Meistbegünstigungsprinzip entschieden hätte.

Eines verbietet sich freilich selbst heute, nämlich die Konkretisierung allgemein-zivilrechtlicher Generalklauseln durch Rückgriff auf alliiertes Rückerstattungsrecht. Dessen Rechtswohltaten sollten dem Verfolgten ersichtlich nur innerhalb eines bestimmten und durch die Alliierten bewusst klein gehaltenen Zeitfensters zugutekommen. Dies sperrt den Transfer dieser Wohltaten in allgemein-zivilrechtliche Generalklauseln hinein. Die Nichtigkeit des Rechtsgeschäfts, mit dem der Verfolgte sein Eigentum verloren hat, muss sich schon aus allgemein-zivilrechtlichen Wertungen ergeben.[74] Wenn also beispielsweise das allgemeine Zivilrecht für die Nichtigkeit eines Rechtsgeschäfts des Verfolgten Kenntnis oder Kennenmüssen des anderen Teils verlangt und dieses subjektive Element dem Erwerber etwa bei einer regulären Auktion kurze Zeit nach der Machtübernahme 1933 noch fehlt, dann muss der Verfolgte bzw. müssen seine Erben dies heute hinnehmen.[75] Der Verfolgte kann nicht damit gehört werden, dass das Rechtsgeschäft nach der Vermutungsregel in Art. 3 US-REG als Entziehung gegolten hätte und allein schon deswegen heute sittenwidrig sein müsse. Hierin manifestiert sich gerade auch der allgemein-zivilrechtliche Schutz des Erwerbers. Ebenso wenig lassen sich global jegliche Rechtsgeschäfte mit im Sinne des Rückerstattungsrechts Verfolgten nach § 138 BGB für nichtig erklären.[76] Gleiches gilt für die Beweislastverteilung, die nach allgemeinem Zivilrecht denjenigen trifft, der sich auf die Sittenwidrigkeit beruft.[77]

V. Schluss

Das restitutionsrechtliche Großereignis des Jahres 2012 in Deutschland ist nach alledem ein erfreuliches, weil es – für einen derzeit noch kleinen Bereich – faire und gerechte Lösungen innerhalb des geltenden Rechts entgegen früherer Rechtsüberzeugung schafft. Das Heidelberger Institut für Kunst und Recht IFKUR e.V. darf sich dabei zugleich darüber freuen, dass zahlreiche Institutsmitglieder in der einen oder anderen Weise hieran mitgewirkt haben.

---

74 *M. Weller*, KunstRSp 2009, 42, 44; a.A. *Rudolph*, Restitution von Kunstwerken aus jüdischem Besitz (2007), S. 153 ff.
75 Vgl. etwa KG Berlin, Urt. v. 29.10.1946 – 2 U 595/247.46, SJZ 1946, 257.
76 So aber *Anton*, Illegaler Kulturgüterverkehr (2010), S. 458 Rz. 82.
77 *Armbrüster*, MüKo-BGB, 6. Aufl. 2012, § 138 Rz. 132.

German Sales 1930 – 1945: Auktionskataloge als neue Quellenbasis für die Provenienzforschung

Veit Probst[*]

Dieser Beitrag ist kein fachwissenschaftlicher Aufsatz, sondern die Vorstellung eines deutsch-amerikanischen Projektes, das die Quellenlage für die Erforschung des Kunsthandels in den Jahren von 1930 – 1945, also in der ausgehenden Weimarer Republik und in der Zeit des Nationalsozialismus, grundlegend verbessern soll. Bei unseren Planungen haben wir vorausgesetzt, dass der Kunstmarkt dieses Zeitraumes nicht nur Kunsthistoriker interessiert, sondern wegen der systematischen Enteignung und der staatlich betriebenen Vermarktung des jüdischen Kunstbesitzes auch Politologen, Historiker und Juristen. Neben rein wissenschaftliche Fragestellungen sind bekanntlich seit geraumer Zeit praktische Fragen der Restitution sowie ihrer juristischen und politischen Abwicklung getreten. Noch immer befinden sich Abertausende von Kunstwerken, Büchern und Artefakten aller Art aus Sammlungen jüdischer Familien unerkannt in den Museen, Bibliotheken und Archiven vieler Länder.

Für die Relevanz der Provenienzforschung sei an dieser Stelle nur an die so genannten „Washington Conference Principles on Nazi-Confiscated Art" von 1998 erinnert. Auf dieser Konferenz haben sich 44 Staaten, darunter die Bundesrepublik Deutschland, dazu verpflichtet, die während des Dritten Reiches enteigneten Kunstwerke und ihre ursprünglichen Eigentümer zu identifizieren und jene im Wege eines fairen Ausgleichs entweder zurückzuerstatten oder Schadenersatz zu leisten. Der seitdem massiv intensivierten privaten und öffentlichen Forschung fehlte jedoch bisher häufig geeignete Rechercheinstrumente zur Identifizierung der Kunstgegenstände.

Ausgangspunkt für das hier vorzustellende Projekt war die Überlegung, dass sich die Entwicklung des Kunstmarktes im Vorfeld und während des Dritten Reiches am besten in den Verkaufs- und Versteigerungskatalogen der Auktionshäuser verfolgen ließe, wenn man sie denn - am besten online im Internet - zur Verfügung hätte. Diese Kataloge bieten in der Regel detaillierte, häufig mit Abbildungen versehene Beschreibungen der zur Versteigerung angebotenen Kunst-

---

[*]   Dr. Veit Probst, Direktor der Universitätsbibliothek Heidelberg.

werke. Nicht selten verzeichnet der Katalog auch Provenienzen. Den höchsten Quellenwert erreichen Kataloge, die außerdem Preise nennen, entweder in nachträglich beigelegten gedruckten Ergebnislisten oder in Form handschriftlicher Annotationen, in denen die Zuschlagspreise, manchmal sogar die Käufer während der Auktion festgehalten wurden.

Ihrem hohen heutigen Stellenwert steht jedoch der ursprünglich ephemere Charakter der Kataloge gegenüber. Nach Abschluss einer Versteigerung und der Geschäfte bestand an den zugehörigen Katalogen naturgemäß wenig Interesse. Kaum eine Bibliothek hat sie je systematisch gesammelt. Wo es dennoch nennenswerte Bestände gibt, sind diese häufig noch nicht in modernen Online-Katalogen erschlossen und damit für Interessenten, zumal aus dem Ausland, nicht zugänglich. Und schließlich sind viele Auktionshäuser der damaligen Zeit untergegangen, so dass es auch keine Überlieferung am Entstehungsort selbst mehr gibt. Für eine eigentlich höchst ergiebige Quellengattung fehlte bei durchaus bestehender und weiter steigender Nachfrage von Seiten der Wissenschaft, Justiz und Politik bisher eine systematische und komfortable Recherche-Möglichkeit. Die wissenschaftliche Forschung ist deshalb bisher kaum über punktuelle Studien zu einzelnen Auktionshäusern oder einzelnen Sammlungen hinausgekommen. Für ehemalige Eigentümerfamilien und ihre juristischen Sachwalter war bislang jede Recherche mit erheblichem Aufwand an Zeit und Kosten verbunden.

Bei dieser Ausgangslage musste ein Projekt, das die gegebene Situation maßgeblich verbessern wollte, die folgenden Herausforderungen meistern:

- Die systematische Erfassung und bibliographische Verzeichnung möglichst aller noch vorhandener Auktionskataloge an zahlreichen Standorten;
- Ihre Digitalisierung und Präsentation in Form von Bilddateien im Internet;
- Die Umwandlung der Bilddateien in maschinenlesbaren Text per OCR (Optical Character Recognition) -Bearbeitung; damit Schaffung der Voraussetzung für Volltext-Recherchen;
- Präsentation der Ergebnisse in einer Datenbank, die komfortable und strukturierte Recherchen nach jedem denkbaren Details ermöglicht.

Heute, am Ende des Jahres 2012, stehen die Projektpartner kurz vor dem erfolgreichen Abschluss eines zweijährigen Unternehmens, zu dem sich seit dem 1. November 2010 drei Projektpartner zusammengefunden haben. Das Getty Research Institute in Los Angeles hat nicht nur die ursprüngliche Initiative eingebracht, sondern auch den „Getty Provenance Index", die maßgebliche Datenbank für die Geschichte des Kunsthandels vom 16. bis ins frühe 20. Jahrhundert. Nach Projektabschluss sollen dort alle Daten der Auktionen von 1930 – 1945 für jede denkbare Recherche zur Verfügung stehen und die historische Reichweite der Datenbank weit ins 20. Jahrhundert hinein erweitern. Die Kunstbibliothek der Staatlichen Museen zu Berlin verfügt in ihren Beständen über die größte Sammlung von Auktionskatalogen. Neben dem Einbringen von über 800 Katalogen fiel der Berliner Kunstbibliothek die Aufgabe zu, die Kataloge anderenorts möglichst vollständig aufzufinden und bibliographisch zu erfassen. Die Universitätsbibliothek Heidelberg war und ist in mehrfacher Hinsicht für ihre Mitwirkung prädestiniert: Als jahrzehntelang von der Deutschen Forschungsgemeinschaft geförderter Sammelschwerpunkt verfügt sie über die bundesweit wohl größten Bestände kunsthistorisch relevanter Literatur, darunter auch über 450 Auktionskataloge aus dem entsprechenden Zeitraum. Daneben gehört die UB Heidelberg seit dem Aufbau eines eigenen Digitalisierungszentrums im Jahr 2003 zu den führenden deutschen Bibliotheken auf dem Feld der Bestandsdigitalisierung. Die von ihr entwickelte Software DWork, über die der Workflow bei der Digitalisierung und die Präsentation der virtuellen Bücher im Internet gesteuert wird, gehört zu den leistungsstärksten Programmen auf diesem Feld.

Auf Heidelberg fiel damit die Aufgabe der Digitalisierung aller gefundenen Auktionskataloge, die aus 33 Bibliotheken zu diesem Zweck in das Heidelberger Digitalisierungszentrum transportiert wurden. Neben zahlreichen deutschen Bibliotheken stellten auch ausländische Einrichtungen ihre Kataloge zur Verfügung wie z.B. das Historische Museum Basel, das Kunsthaus Zürich, das Bundesdenkmalamt Wien oder das Rijksbureau voor Kunsthistorische Documentatie in Den Haag. Im Rahmen der Digitalisierung erfolgte eine OCR-Bearbeitung der zuvor erzeugten Bilddateien, d.h. ihre Überführung in maschinenlesbare Texte. So wurden die Kataloge als elektronische Volltexte einerseits für die großen allgemeinen Suchmaschinen wie Google recherchierbar gemacht, außerdem aber auch für die genannte Spezialdatenbank des Getty Provenance Index aufbereitet. Daneben sorgt die UB Heidelberg für die regelgerechte bibliothekarische Katalogisierung im Südwestdeutschen Bibliotheksverbund, der dann wiederum den Heidelberger Onlinekatalog HEIDI speist. Von Heidelberg aus fließen alle Daten über OAI-Schnittstellen an die großen nationalen und internationalen Portale wie die Deutsche Digitale Bibliothek oder die Europeana.

Gefördert wird das Projekt „German Sales 1930 – 1945" bis Ende Februar 2013 im „Bilateral Digital Humanities Programme", das die Deutsche Forschungsgemeinschaft gemeinsam mit ihrem US-amerikanischen Pendant, dem National Endowment for the Humanities, aufgelegt hat.

Was ist nun kurz vor Abschluss der Stand der Dinge? Ende 2012 stehen in Form von Bilddateien sowie Volltexten 2.743 Auktionskataloge mit über 186.000 Seiten online im Internet zur Verfügung. Bis zum offiziellen Förderende am 28.02.2013 werden es knapp 3.000 Kataloge sein. Als Recherche-Einstieg empfiehlt sich zunächst die entsprechende Seite in der Virtuellen Fachbibliothek Kunst (arthistoricum.net), die von der Universitätsbibliothek Heidelberg zusammen mit der Staats- und Universitätsbibliothek Dresden betrieben wird: http://www.arthistoricum.net/themen/themenportale/german-sales/.

Den ambitionierten Anspruch auf Vollständigkeit hoffen die Projektpartner zumindest für die deutschsprachigen Länder mit Deutschland (1.521 Auktionen), Österreich (632) und der Schweiz (276) zu über 95 % erfüllt zu haben. Arrondiert wurde dieser Kernbestand durch Auktionskataloge aus den von Deutschland im 2. Weltkrieg besetzten Ländern Belgien, Dänemark, Frankreich, Italien, den Niederlanden, Polen und die Tschechien. Die bislang im Projekt dokumentierten Versteigerungen wurden von 192 Auktionshäusern in 44 europäischen Städten durchgeführt. (vgl. die Städte mit ihren Auktionshäusern: http://www.arthistoricum.net/themen/themenportale/german-sales/auktionskata-loge/).

Bei der Projektbeantragung waren wir auf der Basis unserer Hochrechnungen noch von lediglich rund 2.200 Katalogen ausgegangen. Diese Größenordnung konnte durch die extensiven Forschungen der Berliner Kunstbibliothek deutlich übertroffen werden. Es ist vorgesehen, Eigentümern von Katalogen, die uns erst künftig bekannt werden, eine Digitalisierung und Inserierung in das Projekt anzubieten.

Zurzeit bestehen auf der Plattform arthistoricum.net bereits vielfältige Recherche-Möglichkeiten, von denen hier einmal drei beliebige Fallbeispiele durchgeführt seien. Die Volltext-Recherche nach einem kunstgewerblichen Objekt wie z.B. einer historischen „Tabakdose" erbringt in einer auf Wunsch nach Jahren aufsteigenden Kurztitelliste insgesamt 168 Tabakdosen, die in den Auktionskatalogen der Jahre 1930 – 1945 versteigert wurden. Von der Kurztitelliste erfolgt die Verlinkung auf die Einzelbeschreibungen. Der einschlägige Eintrag des bekannten Wiener Auktionshauses Dorotheum etwa bietet in seiner Versteigerung vom Samstag, den 7. Dezember 1940, unter der Losnummer 614 folgende präzise Informationen: „Biedermeier-Tabakdose aus Gold, reich ziseliert, mit blauem Emailornament, die Seitenflächen mehrfach gebaucht, mit gravierten Blumensträußen, Gesamtgewicht 86 g." Der Ausrufpreis betrug 500 Reichsmark, der Schätzpreis 1.000 Mark.

Möchte man wissen, ob die Sammlung des Wiener Bankiers Dr. Viktor Bloch geschlossen in den Verkauf kam, ergibt eine Recherche unter „Viktor Bloch" den Link auf den detaillierten, mit Abbildungen versehenen Auktionskatalog der Firma H. Gilhofer & H. Ranschburg in Luzern mit der Titelbezeichnung "Sammlung Dr. Viktor Bloch. Wien. Gemälde alter Meister des 14. bis 18. Jahrhunderts. Italienische Bronzen und Terrakotten der Renaissance. Holzskulpturen des 13. bis 17. Jahrhunderts. Marmor- und Elfenbeinskulpturen". Die Versteigerung über insgesamt 111 Lose wurde auf dem Titelblatt für den 30. November 1934 angekündigt. Die Frage, ob ein beliebiges Gemälde dieser Sammlung, z.B. die zwischen 1615 und 1617 entstandene Skizze von Rubens mit dem Titel „Die Töchter des Kekrops und der kleine Erichthonios" (Nr. 40 des Auktionskataloges mit Tafel 18), nach dieser Auktion noch einmal zur Versteigerung gelangt ist, beantwortet eine Recherche, in der man nach „Kekrops" sucht. Man findet nun, antwortet eine Recherche, in der man nach „Kekrops" sucht. Man findet nun, dass die Firma Hans W. Lange aus Berlin dasselbe Werk auf ihrer Versteigerung am 18./19. November 1938 angeboten hat. Die ausführliche Beschreibung trägt im Lange-Katalog die Nr. 180 mit der Abbildung 4. Hatte das Luzerner Auktionshaus die Sammlung „Dr. Viktor Bloch" klar benannt, werden bei Lange auf dem Titelblatt mehrere Provenienzen genannt, darunter kryptisch die „Sammlung B., Wien". Ein Besitzerverzeichnis auf Seite 4 nennt als erste Provenienz „B. Wien" und führt dann insgesamt 72 Katalognummern über Kunstwerke auf, die größtenteils schon vier Jahre zuvor von Gilhofer & Ranschburg in Luzern angeboten worden waren. Als Anmerkung findet sich außerdem der Eintrag „Nichtarischer Besitz". Angesichts der damals wohl bewussten Unterschlagung des Namens „Viktor Bloch" wäre eine Zusammensicht der Luzerner mit der Berliner Auktion wohl kaum möglich gewesen.

Die Datenbank lädt aber auch zu vielen anderen Recherchen ein. So können z.B. die Marktpositionen einzelner Auktionshäuser an der Anzahl und der Bedeutung ihrer Versteigerungen abgelesen werden. Die größte Berliner Firma, Rudolph Lepke's Kunst-Auctions-Haus, das seinerseits 1935 arisiert worden war, brachte es zwischen Februar 1930 und November 1938 auf wenigstens 102 Auktionen, deren Kataloge nun in digitaler Form vorliegen.

Diese wenigen konkreten Anregungen und Beispiele mögen genügen. Jeder einzelne der knapp 3.000 Kataloge wird als virtuelles Buch angeboten, das am Bildschirm komfortabel durchblättert oder auch komplett heruntergeladen werden kann. Eine Vorschau präsentiert Miniaturbilder, sogenannte „Thumbsnails", die einen Überblick über die Disposition des einzelnen Kataloges gewähren. Der interessierte Leser erkennt dabei z.B. auf einen Blick, wie sich die Relation zwischen Text und Abbildungen verhält. Eine Scroll-Funktion ermöglicht das zügige horizontale Navigieren in der Seitenabfolge, während ein Inhaltsverzeichnis den Sprung von Kapitel zu Kapitel erlaubt. Über eine Zoom-Funktion können Abbildungen und schwer lesbare kleingedruckte Texte vergrößert werden. In einigen Wochen sollte als krönender Abschluss auch die Recherche im Provenance Index des Getty Research Institute bereitstehen, der noch weitere raffinierte Such- und Verknüpfungsmöglichkeiten wie z.B. nach Preisen oder ggf. die ältere Provenienzgeschichte eines Kunstwerkes im 18. oder 19. Jahrhundert eröffnet.

Aber auch heute schon zeigt die internationale Nachfrage nach den Digitalisaten, dass unser Projekt erfolgreich ist. Die Universitätsbibliothek Heidelberg protokolliert die Nutzung der auf ihren Servern präsentierten Kataloge genau. Im ersten Projektjahr 2011 haben 26.350 Interessierte aus aller Welt einen Auktionskatalog aufgerufen und dabei über 160.000 Einzelseiten an ihrem Bildschirm durchblättert. Bei stetig wachsendem Angebot und dem Bekanntwerden des Projekts wuchsen die Aufrufzahlen im Jahr 2012 auf 72.309 Kataloge und 347.389 Seiten, im Durchschnitt also auf täglich rund 200 Auktionskataloge und ca.

1.000 Seiten. Diese Zahlen sprechen für sich selbst. Zurzeit befindet sich ein Fortsetzungsprojekt im Bewilligungsverfahren bei der Deutsche Forschungsgemeinschaft. Geplant ist, in den nächsten drei Jahren über 6.000 Auktionskataloge aus der Zeit von 1900 – 1929 in der beschriebenen Art und Weise zu digitalisieren und im Internet bereitzustellen.

The Spoliation Advisory Panel and Holocaust-related Cultural Objects

*Norman Palmer**

I.   Introduction

The Spoliation Advisory Panel was established by the Minister for the Arts in June 2000 to consider claims brought against publicly funded museums by those who lost possession of cultural objects between the years 1933 and 1945. The Panel's Terms of Reference include a commitment to pay regard to moral considerations. By Paragraph 12(e) the Panel must "give due weight to the moral strength of the claimant's case". Paragraph 12(g) further requires the Panel to "consider whether any moral obligation rests on the institution".[1]

The recommendations that the Panel is empowered to make include the restitution of an object, the payment of compensation, the payment of an *ex gratia* sum of money, and the publication of formal commemoration of the circumstances in which an object was taken from its holder during the Nazi era.[2] It is to be noted that these powers are not generally cumulative. For example, there is no explicit power to recommend a financial payment in addition to the return of the object, or to recommend a counter-payment by the recipient when an object is recommended for return. Commemoration, on the other hand, may be recommended wherever the Panel recommends that the object remains in the museum, whether or not the claimant is to receive financial redress.

---

*   Prof. Dr. Norman Palmer, CBE QC, Barrister, Lincoln's Inn, London, Expert Advisor to Spoliation Advisory Panel. The views expressed in this article are those of the author alone.

1   See also Paragraph 5(b): "The Panel's proceedings are an alternative to litigation, not a process of litigation. The Panel will therefore take into account non-legal obligations, such as the moral strength of the claimant's case (paragraph 7(e)) and whether any moral obligation rests on the institution (paragraph 79(g))."

2   The Panel has construed 'compensation' as the redress granted to a claimant with an enduring legal right to the object, and 'ex gratia payment' as the redress applicable where there is no such legal right. In fact there has been no claim where the Panel has not found the legal title to have expired, whether the Panel has reached this conclusion through its own direct reasoning or through concession by the relevant parties.

Certain aspects of the Panel's jurisdiction appear distinctive if not unique when compared to the scope of similar bodies in other countries. The fact that the Panel is empowered to recommend money awards in place of the specific return of works distinguishes it from at least one of its European counterparts. Further, the Panel may pronounce upon a wide range of acts of dispossession, which can in principle extend from the Allied looting of cultural objects from neutral or Axis states to the direct and official victimisation of Jews in Nazi Germany. A further distinctive feature of the Panel's remit is that until some four years ago there existed long-standing statutory prohibitions on disposal that threatened to frustrate claims against national museums and posed a seemingly impregnable barrier to restitution, irrespective of the wishes of the institution.[3] Those prohibitions have now been relaxed,[4] but only where the Panel recommends restitution and the Minister approves that recommendation. There is a further condition, which is that no disposal can occur where this would contravene any trust or condition upon which the museum received the object.[5] Moreover, the 2009 Act contains a ten-year sunset clause.[6]

The Holocaust (Return of Cultural Objects) Act 2009 can be invoked only where the museum owns the object. The Act does not create in the museum or its transferee greater property rights than the museum already has. Divestment of a Holocaust-related object is therefore generally open to a national museum only (i) under the Act, where it is an *owning* museum that satisfies the Act, or (ii) outside the Act, where the museum is satisfied that no third party has title to the object claimed. Local authority museums, governed by the Public Libraries and

3   *Attorney-General v Trustees of the British Museum* [2005] EWHC 1089 (Ch), considering the Charities Act 1993 s. 27. But see now Holocaust (Return of Cultural Objects) Act 2009. Other (non-statutory) prohibitions can affect restitution by non-national collections.
4   By section 1, the Act applies to the following bodies—The Board of Trustees of the Armouries, The British Library Board, The Trustees of the British Museum, The Trustees of the Imperial War Museum, The Board of Trustees for the National Galleries of Scotland, The Board of Trustees of the National Gallery, The Trustees of the National Library of Scotland, The Trustees of the National Maritime Museum, The Board of Trustees of the National Museums and Galleries on Merseyside, The Board of Trustees of the National Museums of Scotland, The Board of Trustees of the National Portrait Gallery, The Trustees of the Natural History Museum, The Board of Trustees of the Royal Botanic Gardens, Kew, The Board of Trustees of the Science Museum, The Board of Trustees of the Tate Gallery, The Board of Trustees of the Victoria and Albert Museum, The Board of Trustees of the Wallace Collection.
5   Holocaust (Return of Cultural Objects) Act 2009 section 2(6).
6   *Ibid*, section 2(4).

Museums Act 1964, are subject to no general constraint on disposal, though individual local Acts may dictate otherwise. [7]

A last general point to be made about the Panel is that although the claims process bears some resemblance to mediation it is by no means a conventional form of mediation. During the time that the Panel deliberates upon a claim it makes no formal attempt to explore with the parties themselves the reaching of any agreement as such. The pronouncements of the Panel, though they have only the status of recommendations, are not consensually derived from an exploration of common ground between the claimant and the respondent. They are delivered *ex cathedra* and are in that sense 'non-negotiable'.

II.   Advantages of proceeding before the Spoliation Advisory Panel

There are several reasons why claimants might prefer to present their case to the Panel, rather than embark on litigation. Some of these incentives apply with comparable force to respondent institutions.

The first is that, unless parties have conceded the legal position, the Panel will express an expert opinion on the contemporary legal status of the claim. In common with the services of the Panel generally, this opinion will be provided without charge. While not binding on the parties, such a pronouncement can be beneficial in serving to clarify the position and to divert the parties from a legal dead-end. The Panel must however consider the moral as well as the legal position. In evaluating the latter it will be alive to the fact that a clear legal title in the museum may not necessarily imply a superior moral standing. So much is implied by Clause 7(g) of the Panel's Terms of Reference, which charges the Panel with considering "whether any moral obligation rests of the institution taking into account *in particular* the circumstances of its acquisition of the object, and its knowledge at that juncture of the object's provenance." (Emphasis added). The wording seems to concede that there may be circumstances other than those relating to the museum's acquisition of an object that affect the moral quality of the museum's position. One such circumstance may be the fact that the object, however innocently acquired, was stolen in the first place: a fact now known to the museum. A creditable acquisition may not denote a creditable retention.

Secondly, as we have seen, the Panel can recommend a wide range of remedies including *ex gratia* payments (awardable where there is no surviving legal

---

7   Cf the Ipswich Corporation Act 1948 section 17, which relaxes certain restraints on disposal that were imposed by the Felix Cobbold bequest. And see for further examples Manisty and Smith, loc cit, 63 – 65.

entitlement) and the commemoration of wrongs. Moreover, a remedy may lie where a legal claim does not lie, for example where an original legal title has ceased. Limitation periods do not eliminate the prospect of redress from the Panel, regardless of whether their expiry would eliminate any redress at law.

Thirdly, recommendations may be made to both the minister and the respondent museum. The minister may be invited to produce the funds required for an *ex gratia* payment or, on a more general plane, to initiate necessary legislative change. The latter form of recommendation occurred in the case of the Benevento Missal, resulting in the enactment of the Holocaust (Return of Cultural Objects) Act 2009.

Fourthly, the Panel must show pragmatic sensitivity on certain points, such as the fading of evidence as to the claimant's original title.[8] This suggests an adjustment to the normal standard of proof: stricter standards must yield to the realities of the situation. Other legal conventions (such as the normal location of the burden of proof on the party seeking relief) might also be neutralised or mitigated. At the same time legal parallels might be adopted in situations where reference to law by analogy would inject logic, authority and constructive guidance into the Panel's deliberations. Law may offer solutions even though the claim itself has no legal force.

Fifthly, the Panel's recommendations appear to carry a high degree of moral cogency. With the single exception of the Burrell claim, where the museum's own legal advisers remained unconvinced that the object could be lawfully released from the collection in accordance with the Panel's recommendation, no museum has ever failed to adopt a recommendation of the Panel. Moreover, no minister has ever refused to adopt any of the Panel's recommendations.

Sixthly, no contribution by way of direct counter-payment has ever been required from the claimant in a case where the Panel has recommended the return of the object. The position is otherwise where money payment has been recommended. In the Griffier case, for example, the Panel adjusted the sum of the base market price to account for the facts that Tate had expended money in restoring

---

8   This appears from Clause 7(d) of the Panel's Terms of Reference, which requires the Panel to "evaluate, on the balance of probability, the validity of the claimant's original title to the object, *recognising the difficulties of proving such title after the destruction of the Second World War and the Holocaust and the duration of the period which has elapsed since the claimant lost possession of the object*" (emphasis added). While no such qualification is expressed in regard to other factual elements in the inquiry, it would seem right in principle to extend this recognition of the evidence-destroying effect of the War and the Holocaust upon other material questions, such as the willingness or otherwise with which the original owner yielded possession of the object.

the work (thus increasing its value) and that the claimants had been spared the costs of insurance. But a departure from the market price will not necessarily operate only to reduce the sum recommended. In the Griffier case the Panel also allowed a sum to reflect the public enjoyment of the work over the three decades of the Tate's possession.

Seventhly, the Panel has limited but not ineffective powers of independent inquiry. While constrained by limited funding it has on rare occasions pursued inquiries of its own, for example in the Benevento case where the secretariat corresponded at the Chairman's request with the descendant of one of the original actors. The Panel also questions the parties in order to test their versions of events.

Eighthly, dissatisfaction with the Panel's recommendation(s) is not a barrier to later court action. It is open to the parties to pursue their dispute through the courts should the solution proposed by the Panel not commend itself to either of them. Realistically it seems unlikely that such alternative action will be taken by a respondent museum, although a museum might in theory provoke court action either positively, (for example) by seeking a declaration on title, or even negatively by declining to follow a recommendation that it relinquish the work in dispute. A claimant at law might find that there are disadvantages to having previously claimed before the Panel, for example through having shown his or her hand evidentially or having given the holding museum insights into the claimant's confidence in the claim.

Ninthly, the Panel will on request maintain confidentiality about the identity of claimants. That was the position, for example, with the Tate-Griffier claim. The children of the woman who went into hiding in Brussels, and who gave up the painting by Griffier the Elder in return for enough money to buy an apple and an egg, asked not to be identified. The Panel honoured this request and their identity remains a secret.

Tenthly, as we have already observed, a recommendation by the Panel can unlock a national museum's anti-disposal statute. This is the effect of the Holocaust (Return of Cultural Objects) Act 2009, which requires such a recommendation as one of the two conditions on which a national museum may now relinquish an object from its collections, the other condition being that the minister approves the recommendation.

III.   Disadvantages of appearing before the Spoliation Advisory Panel

First, the Panel's jurisdiction is limited both as to chronology and as to parties. For example, a displaced person whose home was ransacked and whose goods were stolen or confiscated in 1946, before he or she could return home after a term of forced labour in a foreign country, might be unable to invoke the aid of the Panel because the dispossession will have occurred post-1945.[9] This would be so even where the post-war wrong was due to anti-semitic or other persecution. The Panel has also declined to hear a claim by the daughter of parents whose art works became national property under legislation relating to enemy aliens, and were later transferred to a national museum. Moreover jurisdiction may be lost when a borrowing museum loses possession of a loaned object following a third party claim. If the lender repossesses the work the museum is by definition no longer "in the possession of a UK national collection or in the possession of another UK museum or gallery established for the public benefit". [10]

Secondly, the Panel makes a report which will have to mention at least some particulars of the case. This may not be congenial to claimants, especially perhaps in cases of ambiguity. There may be cases where families are not keen to have wartime activities publicly analysed, or where for understandable and reputable reasons a victim's descendants wish simply to leave matters undisturbed.

Thirdly, the range of recommendations open to the Panel, though not illiberal, is has its limits. It is arguable that the range could usefully be enhanced, for example, by specifically empowering the Panel to recommend that the restitution of an object should be conditional on the repayment to the awarding authority of any post-War compensation paid in respect of the original loss.

Fourthly, despite the stated objective that the Panel be an alternative to litigation, parties to claims may still feel that they need legal advice to protect their interests. For example, a pronouncement by the Panel may not necessarily settle the question of title. While leaving an object in the possession of a museum, the Panel's recommendation might in theory leave the object morally or commercially tainted. Such a situation might arise where the object is shown to have left its original owner in circumstances of persecution but where for whatever reason the Panel does not recommend restitution. This could have a negative effect on the willingness of other museums to accept the object on loan or the willingness of commercial entities to buy in the event of a proposed sale. It is worth quoting in this context the Fifth Resolution of the Expert Legal Committee at the Salzburg Global Forum in 2008 according to which special attention should be given to the challenges that unlawfully removed cultural objects present to the increased mobility and sharing of cultural objects at large:

A. Clear and independent ethical provision should be made for the exclusion of illicit cultural material from involvement in the negotiation, conduct and resolution of cross-border loans. Such distinct provision should recognise that loans

---

9   *Quaere*, however, whether the dispossession might not be deemed to have occurred at the moment of flight. It would be unfortunate if relief were to hinge upon such technicalities as the meaning of possession.

10 Spoliation Advisory Panel, Terms of Reference, Paragraph 3 'Functions of the Panel'.

are different in principle from outright acquisition by sale, gift or exchange and require special treatment, separate from the more general treatment accorded to other forms of museum acquisition.

B. There should be effective early warning systems to prevent recently looted cultural objects from being loaned or borrowed. Lending and borrowing museums should be pro-active in seeking to identify and isolate such material and should embody strict undertakings, which demand such vigilance and active inquiry from their loan partners, into their loan agreements.

C. Museums must recognize that the existence and continuation of unresolved repatriation and restitution disputes can, in the absence at least of serious efforts at conciliation, paralyse the circulation and sharing of significant cultural objects. Museums that are seriously committed to the more liberal circulation of cultural material must act positively and resourcefully to resolve or neutralize such disputes and bring such objects into circulation.

D. Urgent and earnest consideration should be given as to whether there are any justifiable circumstances in which a museum might acceptably acquire outright or receive on loan a tainted cultural object when it knows or has reason to suppose that the object has been unlawfully removed from another country.

Fifthly, as we have seen, the Panel's powers of research and independent investigation are limited. There is no independent research body supporting the Panel's deliberations, and no specific research fund. In theory this means that hypothetical scenarios put forward by either party (for example as to whether a particular object was voluntarily released on to the market or extracted under duress) may remain unresolved. Unlike its Dutch counterpart, the Panel has no formal guidance by way of presumption on which it can fall back in cases of evidentiary vacuum."

Sixthly, as we have suggested, an appearance before the Panel could in theory involve revealing too much. It could thus prove prejudicial in the event that the claimant later considers that litigation is necessary. The risk of such prejudice might fairly be considered remote, in that to date no party to a proceeding before the panel has subsequently sought judicial relief, and there is (perhaps inevitably) no evidence that claimants are side-stepping the Panel and resorting instead to court, whether for this or any other reason.

Seventhly, where a Panel recommendation is accepted, there will remain some tidying-up to do, and for this legal advice may be needed. This is particularly so where the claimant agrees to accept a sum of money from the respondent museum, which retains the object. In that event it is prudent for the museum to require the claimant to acknowledge title in the museum. Indeed it should be made clear that acceptance of the recommendation constitutes a full and final settlement of all issues as between the claimant and the museum. While Clause 5(d) of the Panel's Terms of Reference states that "If the claimant accepts the recommendation of the Panel and that recommendation is implemented, the claimant is expected to accept the implementation in full and final settlement of his claim", this clause make no express reference to the quietening of title. This is to be compared with section 5 of the Torts (Interference with Goods) Act 1977, under which a court judgment awarding damages based on the value of a chattel (or the settlement of a litigated claim on similar terms) extinguishes the title of the party to whom the payment is to be made. Given the recent concern expressed in Germany consequent upon the *Sachs* decision, express agreement on the future location of title appears highly advisable. Of course there remains the limiting factor that an agreement to surrender title binds only the parties thereto.

Eighthly and finally, there is no formal appeal process available under the Panel's claim system,[11] and no dedicated international regime for the enforcement of those Panel recommendations that the parties accept. Comparison may be drawn in this respect with the EU Mediation Directive.[12] Panel recommendations that lead to an agreed settlement must be enforced as contracts and cannot be enforced as mediation settlements or arbitration awards.

IV.   Some further questions

The experience of the Panel has brought to light certain further questions, which might usefully be considered by all decision-making bodies in this field. Some of these suggest a ready answer, while others require more thought. What follows is merely a sample.

First, can legal principle offer helpful guidance in non-law claims, where the Panel can find no surviving title in the claimant and thus no actionable case at law? The answer to this, it is submitted, is affirmative: legal solutions can inform non-legal claims.[13] An example might be the parallel between the occasional ability of a party, whose chattel has been detained without his consent, to recover a reasonable hiring charge at law, and the award in the Griffier case of a modest

---

11   The Minister who responds to a recommendation by the Panel, whether by adopting or rejecting the recommendation, may be subject to judicial review.
12   The Directive 2008/52/EC of the European Parliament and the Council on certain aspects of mediation in civil and commercial matters was adopted on 21 May 2008 and came into force on 13 June 2008. It is binding on all the Member States of the European Union, apart from Denmark, which has opted out. The Directive applies only to cross-border disputes, but the Member States are free to extend its application to domestic mediation processes.
13   For further discussion on this point see the author's article in (2007) 12 *Art Antiquity and Law* 1.

sum to represent the benefit of public enjoyment accruing from the presence of the painting in the Tate.[14]

Secondly, should advisory panels pronounce on law? That will depend in part on national circumstances, but the Panel has found this power advantageous. The Panel's ability to state opinions on law increases the value of the process as a one-stop shop and extends to the parties the benefits of advice that it would otherwise be expensive to obtain. That said, it should be noted that many parties do take legal advice in pursuing claims and have legal representation at Panel hearings. Further, the Panel's Terms of Reference make it clear that "In exercising its functions, while the Panel will consider legal issues relating to the object (see paragraph 7(d) and (f)), it will not be the function of the Panel to determine legal rights, for example as to title."[15]

Thirdly, it is a question whether failure to resort to the Panel should result in adverse consequences to a litigant who proceeds instead directly to court and who expends what might be termed disproportionate resources in pursuing his claim at law. English courts have repeatedly warned that a successful litigant who could reasonably have been expected to explore alternative dispute resolution might fail to recover the full measure of costs incurred in litigation.[16] There is at least a prospect that a court will view an unreasonable refusal to agree to submit the claim to the Panel as a matter affecting liability for costs. On the other hand the intransigent party might in theory point to particular features of the Panel's (for example its limited jurisdiction and limited powers of evidential inquiry) as indicating that his refusal to invoke the Panel was reasonable.[17]

Fourthly, should the removal of an object from a UK museum by a lender deprive the Panel of jurisdiction that it has already assumed over that object? At present, as we have seen, the Panel's jurisdiction depends on the possession of the object by a UK museum, which suggests that once that possession ceases the jurisdiction evaporates. It might fairly be argued that the Panel should have a

---

14 Both in assessing the *ex gratia* sum, and in later recommending that that sum be paid from public funds rather than by the Tate, the Panel took account of the benefit that had accrued to the Tate and the public from having access to the picture over the past forty years. One question is whether this potential resemblance between the latter proposition and the common law doctrine of the reasonable hiring charge should be pushed to the point where a claimant who *recovers* the object should also receive a sum to represent the value of its use over the period during which he was dispossessed of it?

15 Spoliation Advisory Panel, Terms of Reference, Paragraph '5(a) Functions of the Panel'.

16 See for example *Tavoulareas v Lau* [2007] EWCA Civ 474, noted by Bristow (2008) 13 *Art Antiquity and Law* 99, and other cases discussed by Palmer, 'Waging and Engaging – Reflections on the Mediation of Art and Antiquity Claims' in *Geneva* forthcoming at pp 91 *et seq*. See also now the author's note on the *Khaira* case in (2012) 17 *Art Antiquity and Law* 173.

17 Note also Paragraph 5(b): footnote 1 above.

continuing jurisdiction if a relevant museum was in possession at the time when the Panel took jurisdiction, even though that possession is later vacated.[18] On the other hand, such a prospect might be thought to raise questions about the potential utility (or futility) of any recommendation that the Panel makes once the object has left the museum (particularly if it has also left the country). Such futility might in turn reflect on the general authority of the Panel.

Fifthly, one might ask what should be the approach of the Panel where it is asked to opine on an object that is subject to immunity from seizure. In England such immunity may exist under Part VI of the Tribunals, Courts and Enforcement Act 2007. Of course it will extend only to objects on loan from foreign countries, which immediately makes any assumption of jurisdiction by the Panel vulnerable to the withdrawal of the object by the lender. That prospect might itself discourage the Panel from embarking on deliberations that could become peremptorily aborted. Aside from such matters, there seems no reason in principle why the application of anti-seizure should automatically rule out the consideration of the object by the Panel. It might be wise in that event to secure the lender's consent to engage in the process. Such consent might persuade the Panel that if the lender later withdrew from the process the Panel's deliberations might legitimately continue.

Sixthly, one might ask whether Panel recommendations should be enforceable under the EU Mediation Directive once the parties have agreed them. The question of enforcement against a recalcitrant party has not arisen in the United Kingdom, but it might seem strange if the parties' reciprocal acceptance of a Panel's recommendation were not to benefit from the enforcement machinery available to settlements that derive from conventional mediation.

There are numerous other questions, the discussion of which must await another occasion: for example, whether and to what extent a claimant's receipt of prior compensation, and of an objectively representative market price in the event of a sale tainted by duress, should impact negatively on his claim; whether a national panel should take jurisdiction over internment-related confiscations, or deprivations related to war conditions but occurring post-1945; whether there should be international treatment enabling the pursuit up-stream or consequential claims when redress is visited on a museum in one country which has directly or indirectly acquired it in good faith from a supplier in another (perhaps belligerent) country; and whether a national panel should recommend, or be empowered to recommend, the return of an object from a museum if it is not convinced that the museum owns the object.

---

18   For example by police seizure or withdrawal by the lender. Such a case has occurred.

V.   What makes a solution fair and just: tenets for decision-making bodies

Rather than explore these further questions in the present paper, I propose to end with a glance (no more) at the notion of the just and fair solution to Holocaust-related claims. The concept of the just and fair solution was of course espoused at the Washington Conference in 1998. It was analysed in some depth at the magisterial conference convened by the Dutch Restitutions Commission at The Hague in November 2012, organised by Evelien Campfens, Secretary to the Commission. My purpose here is merely to identify certain fundamental tenets that should, in my opinion, inform all restitution panels which seek a just and fair solution, and to offer them both as guidance for present decision-making bodies and as material for consideration by those nations and international organisations that might in future contemplate the foundation of similar decision-making bodies. It will be seen that some of them draw upon legal principles governing the administration of justice.

The tenets or principles upon which such bodies should operate are:
- A speedy resolution of issues: justice delayed is justice denied
- An impartial resolution of issues: *nemo iudex sua causa*
- Each side to be heard fairly and equally: *audi alteram partem*
- A level playing field, which allows no inside track to privileged disputants, and no advantage to those commanding superior resources
- A secure, accessible, neutral and capable forum
- A forum that is not only impartial but would reasonably be regarded by fair observers as impartial
- Renouncing technicality and approaching claims on their merits
- Approaching evidence realistically with regard to such factors as time and trauma
- Weighing all relevant factors, excluding all irrelevant factors
- Giving reasoned decisions that can be rationally challenged and where appropriate used as meaningful precedents
- Fitting the remedy to the specific case
- Treating like cases alike: *in consimili casu consimile debet esse remedium.*

This is not a *numerus clausus*. No doubt others could supplement this list, or condense it, or suggest revisions to the tenets here stated. Such additions and revisions are, I submit, best hammered out – evolved and resolved – in the foundry of international debate.

ANNEX – Selected claims before the Spoliation Advisory Panel[19]

1.   Tate

The case of the painting 'View of Hampton Court Palace' by Jan Griffier the El-der in the Tate Gallery, which was the subject of a report by the Panel in January 2001, is now well known. The children of a woman whose husband had been shot by the Nazis and who, in hiding from the Nazis in Belgium, was compelled to part with a treasured object in return for enough money to buy an apple and an egg, were awarded an *ex gratia* payment to reflect, with certain adjustments, the current market value of the work. This resolution was acceptable to the claimants and to the Tate Gallery, which was and remains debarred by law from disposing of objects vested in the Trustees as part of its collection. No less convenient to the Gallery was the Panel's further proposal that the payment be drawn from public funds and not from the Gallery's own resources. The award of money was supplemented by a recommendation that a commemorative notice be installed in the space adjacent to the painting, recalling the circumstances in which it was lost.

Among the significant features of the Griffier recommendation was the em-phasis by the Panel on the public benefit derived from the Tate's forty-year pos-session of the work. This was regarded as relevant to two distinct questions: the identity of the payer of the *ex gratia* sum and the computation of the sum itself. On the first point, as we have seen, the Panel held that the payment should be made from general funds and not from the Tate's own resources. On the second point, the Panel held that the sum payable should include an amount for the past public enjoyment of the work.

Between 2004 and 2009 the Panel reported on seven further claims for the res-titution of objects in museums. In two of them – the Burrell and British Library claims – the Panel recommended the specific restitution of the work. Both rec-ommendations were made despite the fact that a legal bar existed on the relin-quishment of the work from the collection in which it resided. In the Burrell case the object was not eventually relinquished to the claimants while in the Beneven-to case it was.

---

19   In addition to the cases discussed below there is a further report from the Panel, on the claim by descendants of Professor Curt Glaser against the Courtauld Institute. I have not included an account of this matter because part of the Panel's response was embodied in correspondence which has not been published.

2.   Burrell

In 1936 a German Jewish family, who were shareholders in a prominent and reputable firm of art dealers, were subjected to a penal and discriminatory tax demand by a newly appointed tax inspector with Nazi sympathies. Being forced to sell their stock at very short notice, they consigned it to auction in Berlin. The sale arguably yielded normal market prices, but would never have occurred but for the victimisation of the family. The receipts vanished immediately into the maw of the tax authorities. One senior member of the family, acutely distressed, had died of a stroke in a taxi after leaving an interview with the inspector. The rest of the family discharged the fictitious debt and fled to the United States.

One picture, thought at the time of the sale to be the work of Chardin but later discredited by Pierre Rosenberg, was knocked down to a dealer. The dealer re-sold it in Berlin shortly after the auction. The buyer was Sir William Burrell, the Scottish shipping magnate and a distinguished collector. Sir William took the work to Scotland and in 1944 he and Lady Burrell donated it, along with some eight thousand other works, to the Corporation of the City of Glasgow. The gift was made subject to an express prohibition (apparently contractual in nature) on any disposal from the collection. It denied to the donees any entitlement whatever to "sell or donate or exchange" works from the collection.

The Panel noted the sizeable volume of works donated by Sir William and the difficult conditions under which the gift was executed. It exonerated the City of moral blame and accepted that the Jewish family's legal title was now defunct, but held that the moral argument for redress had been amply established. Notwithstanding Sir William's embargo on disposal, the Panel recommended the return of the work to surviving members of the family. It took the view that it was arguable that the prohibition on disposal should not apply to an act of restitution in circumstances such as these, and it recommended that the City take legal advice on this question.

Contrary to the Panel's expectation, the legal advice received by the City of Glasgow did not recognise any liberty in the City to dispose of the painting in the circumstances or on the grounds stated by the Panel. In the event the parties agreed on an *ex gratia* payment and the work remained with the City.

3.   British Library

In 1946 a British army officer named Captain D G Ash offered to the British Museum a twelfth century missal in Benevantan script. He said that he had bought it from a Naples bookseller while on active duty in 1944. In fact, the missal belonged to the Archdiocese of Benevento. It had been removed from Benevento in unidentified circumstances, not necessarily by Captain Ash. Dr Collins, the curator to whom the officer showed the missal, recommended that he investigate whether it was war loot. In 1947 the missal was offered for auction at Sotheby's in London and the Museum, having conducted no further independent investigation of its provenance, acquired it.

In a claim by the Archbishop, whose predecessor had first requested its return in 1978, the Panel concluded that on a balance of probabilities the missal was removed from the possession of the Archdiocese during or shortly after the hostilities that affected the region in 1944. It followed that the removal occurred within the time span (1933 – 1945) stipulated in the Panel's terms of reference. The Panel further concluded that the Museum had paid insufficient regard to the prospect of unlawful removal when it acquired the work, and that the moral case for restitution was made out.

As with the Burrell claim, the Panel took the view that neither the admitted extinction of the Archdiocese's legal title by lapse of time, nor the existence of a legal bar to disposal (in this case, a statutory bar imposed by the British Library Act 1972) should inhibit it from recommending that the object be returned. The Panel proposed not only (i) that the missal be returned, but also (ii) that the British Library Act 1972 be amended to make this possible, and (iii) that until such amendment was made the missal should be sent to Benevento on loan.[20]

Both the terms of the preliminary loan to Benevento, and the form of the required statutory amendment to the British Library Act 1972, continued to be debated over a long period after the Panel's report. In the event the Missal did not finally return to Benevento until early in 2011. Meanwhile the subtle and delicate political considerations that bear upon any prospective amendment of UK national museum statutes had led the British Museum in another case to explore an alternative route to achieve the power to renounce objects from its collection.[21] The occasion for this development was a claim for the restitution of four Old Master drawings bought by the Museum in 1946. The Gestapo had in 1939 seized the drawings from Dr Feldmann, a Jewish lawyer in Brno in Czechoslovakia, who was later murdered by the Nazis. The Chancery Division of the High Court, though sympathetic to the claim and to the Museum's desire to honour it, held that the provision on which the Museum relied (section 27 of the Charities Act 1993) did not grant to the Museum any overriding power of relinquishment,

---

20　It will be seen from this claim that both the historical sweep and the material scope of the Panel's jurisdiction are wide. The victim was a religious institution, there was no direct element of racial persecution, and it is at least as likely that the work was removed by Allied as by Axis forces.

21　See below.

such as to enable the Museum to disregard the prohibitions on disposal in the British Museum Act 1963.

4.   Ashmolean

In 2000 descendants of the deceased Jewish banker Jakob Goldschmidt laid claim to a work by Mair von Landshut, 'Portrait of a Young Girl in a Bow Window', now held by the Ashmolean Museum. Goldschmidt had owned the painting in Germany before World War II. The Ashmolean had accepted it as a bequest from the estate of William Spooner in 1967, knowing at the time that it had belonged to Goldschmidt between the wars.

The inter-war history of the work was one of the matters in dispute. Following the economic crisis of 1929, Goldschmidt had been obliged to commit many of his art objects towards the discharge of debts incurred on the collapse of the Danatbank, which he had founded. The relevant instruments of commitment were made first with the Danatbank itself and latterly with the Thyssen Iron and Steel Works. The Ashmolean contended that the von Landshut was among the committed works, and that its sale at auction in 1936, far from being an involuntary effect of Nazi policy and/or Goldschmidt's Jewish identity, followed from the agreement made by Goldschmidt in 1932 with the Thyssen, by which Thyssen were to manage Goldschmidt's debts. By the time of that sale, Goldschmidt himself had already (in 1933) departed for the USA.

The heirs alleged that Goldschmidt had continued to own the work until its sale in 1936, that it was not among the works secured towards the payment of his debts, that even if it was thus secured it had been secured only by a pledge, which did not transfer ownership to his creditors, that the sale of the object that was Goldschmidt's enduring property was a forced sale vitiated by material duress and/or the generally oppressive conditions afflicting Jews in Germany, and that those general conditions had prevented Goldschmidt from redeeming his financial position and discharging whatever debts (if any) the work had been sold to satisfy. On the strength of these assertions, the heirs argued that the proper moral outcome was the return of the work to them from the Ashmolean.

The Spoliation Advisory Panel rejected this analysis, holding in effect that the work was among those secured in favour of Goldschmidt's creditors, that the security executed by Goldschmidt gave to the creditors both ownership of the work and the right to sell it on default, that the sole occasion for the sale was the failure of Goldschmidt to discharge the secured debts by other means, and that both Goldschmidt's inability to redeem his finances and the consequent sale of the von Landshut were causally unconnected with and untainted by the generally oppressive conditions afflicting Jewish people in Germany over the period in question.

The Panel further held that the Ashmolean, having been aware on its acquisition that the work had once belonged to Goldschmidt, had reasonably and properly concluded that his cessation of ownership stemmed from general and personal financial crises. It followed that the Ashmolean could not be visited with any moral censure in respect of the manner of its acquisition, or indeed in respect of its response to the claim. "When the Painting was bequeathed to the Ashmolean in 1967 there was no reason to suspect that it could be the subject of a spoliation claim. It must also be remembered that the circumstances of the Danatbank's collapse and Goldschmidt's liabilities were internationally known and easy to reference. Thus it would have been natural to assume that the Painting had been sold in 1936 to meet Goldschmidt's debts."

The Panel accordingly recommended that no action be taken in response to the claim.

5.   The Koenigs-Courtauld claim

This case involved a claim by Mrs Christine Koenigs (the Claimant) against the Courtauld Institute (the Institute) to three Rubens paintings that were once owned by her grandfather, Franz W Koenigs (Koenigs). The Claimant was the grand-daughter of Koenigs. The claim was made on behalf of the heirs of Koenigs, excluding his son, who did not support it. The identity of the Paintings was not in dispute and the Institute accepted that Koenigs had originally owned the Paintings. Having held them as part of his collection in the Netherlands, he later bailed them to the Boymans Museum at Rotterdam (the Museum), and eventually used them as collateral security for a loan he had taken in 1931, formalized in 1935, from a Jewish-owned bank based in Germany. The paintings remained thereafter in the Netherlands until the Nazi occupation in 1940. In anticipation of that occupation, the bank went into voluntary liquidation and sought repayment of the loan.

Prior to the liquidation, Koenigs had been negotiating with the Museum about the donation of part of his collection to the Museum in return for its purchase of the remainder, the purchase money to be used to repay the loan. With Koenigs's knowledge, as evidenced by a letter from him to the Museum written in April 1940, the bank liquidators informed the Museum of the change of ownership of the paintings in consequence of their being committed as security for the loan. In May 1940 a collector (the donor) bought them from an art dealer who claimed to have authority to sell them on the liquidator's behalf. The collector gave them to the Home House Society in 1978 and they continued thereafter in the possession of the successor entity, the Samuel Courtauld Trust, for the Courtauld Institute's benefit.

The Claimant alleged that senior officials of the Museum conspired to take advantage of the circumstances arising from Nazi-related conditions by acquiring on their own behalf certain parts of the collection following the liquidation. But the Paintings were in fact entrusted to an art dealer, who was to be solely responsible for negotiation of sales on the bank's behalf, and who sold the Paintings to the donor in 1940. The Claimant raised many challenges to the donor's title, including allegations that the art dealer's authority to sell the Paintings was questionable in light of unclear correspondence between it and the donor, that the donor did not take possession until 1945, that the paintings were sold only because of the Nazi invasion and without Koenigs's or the bank's direct consent, that the donor did not make payment to the bank directly, that Koenigs was murdered in 1941 (probably for his anti-Nazi views), that he would otherwise have nullified the sales after the war ended, and that the Paintings were illegally removed from Holland in 1945 without an export licence. The Claimant also asserted that there was no known reason for Koenigs to take a loan, as by 1935 he did not need additional funds, and that therefore any sale must have been precipitated by duress.

A claim in respect of works formerly owned by Koenigs had already been before the Dutch Restitution Committee. The Institute cited in its support the acceptance by the Dutch Committee (i) that the art dealer was acting on behalf of Koenigs and in the bank's interest, (ii) that Koenigs acknowledged the requirement under the terms of his loan agreement that he must sell the paintings in his letter of 1940 to the Museum, and (iii) that Koenigs was not motivated by the possibility of Nazi occupation. Any predatory conspiracy on the part of Museum staff was irrelevant, as was the motivation of the donor, given that he paid a fair price and there was no compelling evidence that he acted other than in good faith. Relying on the Inter-Allied Declaration against Acts of Dispossession of 1943 the Institute submitted that the purchase of the Paintings by the donor could not be considered to be looting or plunder, and not, therefore unlawful spoliation. In the case before the Dutch Committee, the fact that Koenigs had disposed of the works in question during the Nazi era was held not be determinative, the Committee holding that his reasons for ceasing to hold them were exclusively economic or commercial. Whilst recognizing that it was not binding upon them, the Spoliation Advisory Panel substantially adopted the view taken by the Dutch Committee, holding the loss of the instant paintings to be a commercial consequence of Mr Koenigs's loan and not a consequence of Nazi spoliation or duress or a sale at undervalue, the Claimant having accepted that a fair price had been paid. It was the bank, and not Koenigs, that suffered any direct brunt of Nazi policies. The Panel further upheld the Institute's contention that any claim as to legal title, whether founded on Dutch law or any other connected system, was time-barred by the Limitation Act 1939 which was the governing statute at the time of the donation of the Paintings to the Home House Society in 1978.

The Panel held that the reason that the loan was not discharged was that Koenigs did not have money available to do so and was not in a position to do anything other than allow the sale of the collection. Even if the donor did not pay the bank directly, this was irrelevant as the loss was to the bank and not to Koenigs. Koenigs's political sympathies did not affect the claim. There was no requirement on the Panel to consider the moral character of the donor as ultimate acquirer, as opposed to the Institute now holding the object, so the illegal removal need not be considered. Ultimately, the Claimant did not have a moral claim, given that Koenigs did not intend that his heirs should benefit, and any loss was either to the bank, or to the Museum. The Panel accordingly recommended that the claim be rejected and that no criticism be made of the Institute regarding the manner and circumstances of its acquisition of the Paintings.

6.   The Rothberger porcelain claims: British Museum and Fitzwilliam Museum

On the application of the Claimant, Mrs Bertha Gutmann of New Jersey, and with the consent of the museums concerned, the Panel considered jointly two separate claims concerning porcelain items. The first item was held in the collection of the British Museum, and the second in the collection of the Fitzwilliam Museum. Both items had allegedly been taken by the Gestapo in 1938 from the Claimant's uncle, Heinrich Rothberger, in a seizure supported by authoritative historical research published in 2003 on Mr Rothberger's art collection. Neither Museum disputed the Claimant's assertion of entitlement to the items. The Claimant was able to produce for the Panel a series of wills of family members that established her sole entitlement to the objects.

a)   Identity of the British Museum item.

The British Museum Curator of Pre-History and Europe advised the Panel that she considered it very likely that the piece in the museum collection was the piece owned by the Claimant's uncle. Her opinion was based, among other factors, on the description of the object in a publication of the time, the rarity of the object and the fact that no others similar to it had been traced to date. It was, in her view, also unlikely that the piece would have been disposed of before the Gestapo seized the collection. The piece had been presented to the British Museum by a member of staff in 1939 and, though it was not known how he acquired it, the Museum accepted that he might have seen it in Vienna and known the Rothberger collection. Accepting the curator's reasons, the Panel accepted that the Museum piece was the piece formerly owned by Mr Rothberger.

b)   Identity of the Fitzwilliam item:

The Director of the Fitzwilliam Museum advised the Panel that a former director had bequeathed the item to the Museum in 1960. The former director had bought it prior to October 1948, when it was valued by Sotheby's valuation at his home in Cambridgeshire, and stated by Sotheby's to be from the Rothberger Collection. The exact circumstances in which the donor acquired the item were unknown. While inconsistencies in the references to the Rothberger item and the Fitzwilliam item in the 1938 sale catalogue meant that the two items could not conclusively be said to be the one and the same, the Panel concluded that it was likely that the Fitzwilliam item, having regard to its size, form, decoration, label and Sotheby's statement, had indeed belonged to Rothberger. The Panel therefore accepted that the museum piece had formerly belonged to, and had been taken from, Heinrich Rothberger.

The Panel went on to conclude that both museums now had unchallengeable legal title to the porcelain in their possession. The foundation for this view was that any once-existent claim was now time-barred under the Limitation Act 1939. Further, in the Panel's view the museums had acquired the objects in good faith. The British Museum had exercised acceptable museum practices characteristic of the era, while the Fitzwilliam Museum, while perhaps under a heavier obligation by the 1960s to inquire into provenance, was under-resourced and could not therefore be criticised for the measures and practices that it exercised at that time. The Panel further observed that, whereas any relinquishment of the British Museum piece was prohibited under the British Museum Act 1963, no similar statute prevented the Fitzwilliam Museum from relinquishing the item in its possession.

Having concluded that there was no claim at law, the Panel went on to consider the moral position. It acknowledged that the moral basis for each claim was substantial. As to the British Museum item, the Panel acknowledged that the claimant would ideally have preferred specific restitution, as she had sought for the Fitzwilliam piece. In the circumstances, however, it accepted that the preferable solution was to recommend (i) an *ex gratia* payment reflecting the contemporary value of the item as appraised by independent valuers, combined with (ii) a public acknowledgement of the item's provenance, and of the goodwill of the successor to Mr Rothberger, in any future display or publication of the item. The Panel took account of three independent capital valuations, and of the likely insurance costs had the items remained with the claimant's family, in reaching a recommended valuation of £18.000. It further recommended that such payment be made by the state from central funds and not by the Museum. This recommendation was considered to conform to the general advice of the Lord Chancellor, and to reflect a fair solution, given that the tax paying public will be able to continue to study the item and derive benefit from it. In relation to the Fitzwilliam item, the Panel concluded that, while the piece was of considerable importance to the Museum's collection, the moral demands of specific restitution outweighed this consideration and that specific restitution should be made.

7.   The Gutmann-Courtauld claim

This case involved a claim by the descendants of Herbert M Gutmann (Gutmann), a prominent German banker and art collector, to *The Coronation of the Virgin*, an oil sketch by Rubens now in the possession of the Samuel Courtauld Trust ('the Courtauld'). The work was first sold at auction in April 1934 and later bequeathed to the Courtauld in 1978 as part of the Princes Gate Collection amassed by Count Seilern. There were no disputes in relation to any intermediate transactions of the work between the auction in 1934 and its bequest to the Courtauld. The claim before the Panel related to the alleged forced sale of the work in 1934. The Panel concluded that the Courtauld acquired the work in good faith and had unchallengeable legal title to it. Any potential claims were now time-barred under the Limitation Act 1939. The effect of the expiry of the limitation period was to extinguish any prior title.

Given that there was no claim founded on legal ownership, the Panel proceeded to consider the moral strength of the claimants' case. The claimants alleged that the sale of the work in 1934 was a forced sale (i) conducted to satisfy fictitious debts imposed by the Dresdner Bank against Gutmann following the Nazi's seizure of power and (ii) precipitated by a decrease of a significant portion of Gutmann's income following his dismissal, as a result of anti-semitic policies, from a number of supervisory boards. In addition, the claimants asserted that, as Gutmann was unable to sell the work at his discretion (including the option of selling the work outside Germany) the work was sold below market value in comparison to other works by Rubens.

The Courtauld opposed these assertions and contended that Gutmann's decision to sell the works was neither forced upon him nor a result of anti-semitic persecution. The work was auctioned to satisfy genuine debts incurred owing to the 1931 banking crisis in Germany. In relation to loss of income following Gutmann's declining memberships on boards, the Courtauld cited the reorganisation of German Bank boards and a 1931 Presidential decree limiting the number of memberships of supervisory boards that an individual could hold. Furthermore, the Courtauld contended the work did not sell below market value, as the final amount paid was significantly above the auction estimate.

The Panel upheld the Courtauld's position and concluded that the work was indeed sold to satisfy legitimate financial debts incurred prior to Nazi rule. There was no evidence to suggest Gutmann was treated differently in regard to such debts because he was Jewish. While the Panel acknowledged Gutmann's classification as a Jew may have led to the decline of his membership on some boards (and consequently a loss of some income), the Panel found this was 'subsidiary and causally insignificant'. Finally, the Panel conceded the work was sold for a fair market price (that is a price unaffected by any circumstance arising from the Nazification of Germany and the persecution of Jewish or other victims). Accordingly, the Panel concluded that the moral force of the claim was insufficiently strong to justify a recommendation that the painting be returned to the claimants. The Panel therefore recommended neither that nor any other form of relief.

8.   The Koch claim against the British Museum

This the first case in which the Panel has recommended the commemoration of a family's former association with the claimed object without any accompanying recommendation of an *ex gratia* payment. It is also the first case in which the Panel was called on to consider an alleged "forced sale" conducted in England following the sellers' flight from a Nazi country, rather one conducted in a foreign country where the relevant oppression and persecution originated[22] or was maintained.[23]

A Jewish family fled from Nazi Germany. Its jewellery firm was "Aryanised" in 1938 and the account containing the proceeds was blocked. The claimant Eric Koch was one of those famly memberswho came to England. His mother Ida Netter managed to procure the sending to London of around 161 watches and clocks which she had inherited from the claimant's father on his death in 1919 (she had remarried in 1930). These items were sold on her instructions at Christie's in London in June 1939. There was evidence that the family was in reduced circumstances and that the sale was occasioned (at least in part) by the need to provide for the claimant's fees at Cambridge University, which he attended from 1937 to 1940. In January 2011 the son claimed 14 items from the sale which were by now in the possession of the British Museum.

---

22   As in the Burrell case, above.
23   As in the Griffier case, above.

Mr Koch sought to advance no legal claim founded on an enduring legal title to the items, and the Panel (while not doubting the family's original title) observed that there was no reason to doubt the efficacy of the Christie's sale or the later passage of title to the Museum.

The Panel concluded that the sale was a "forced sale" but that its circumstances were at the lower end of the scale of gravity in contrast to those sales by Nazi victims and others that were driven by dire necessity, such as the procurement of freedom or purchase of the necessities of life. In addition the sale appeared to have yielded normal market prices, untainted by any evidence of depression owing to Nazi-related conditions, and thus inflicting no disposal under fair and substantial value. No discredit attached to Christie's in conducting the sale or to the British Museum in accepting a gift of the items in 1958. The Museum had investigated the origins of the items in the 1990s, identified Mrs Netter as the former owner, entered this information on the spoliation section of its website, and notified the Panel of the circumstances.

In these circumstances the Panel declined to recommend either physical restitution or any monetary payment in favour if the claimant, but recommended that the circumstances of the case be commemorated by the Museum.

"We conclude that the moral strength of the claim is, despite the impact of the Nazi era on the claimants' circumstances, insufficient to justify a recommendation that the timepieces be transferred to them, or that an ex gratia payment be made to them. However, we do recommend the display alongside the objects, or of any of them whenever they are displayed, of their history and provenance during the Nazi era, with special reference to the claimants' interest therein."

Immunity from seizure for illegally taken cultural objects on loan?

Nout van Woudenberg[*]

I.   Introduction

It is safe to say that borrowing and lending cultural objects is not a new phenomenon. In the beginning of the 1960s, for instance, it had been agreed that Leonardo da Vinci's masterpiece the *Mona Lisa* would be loaned by France to the United States. Questions ensuing from such an art loan concerned packing, securing, shipping, insuring, handing, *etc.* But there were no concerns about immunity from seizure: nobody seemed to worry that an individual or a company might think of seizing the painting. However, meanwhile, the issue of immunity from seizure for travelling cultural objects has become more and more a concern for States and museums. This is mainly due to an increasing number of legal disputes over the ownership of cultural objects, particularly as a result of claims made by heirs to those objects expropriated by Communist regimes in Eastern Europe, as well as Holocaust-related claims. But also financial disputes[1] between a claimant (an individual or a company) and a State lead to a growing number of legal disputes, whereby the claimant might try to seize cultural State property.

During the course of time, it occurred to me that it was not clear whether States actually knew what the current state of affairs was with regard to immunity from seizure of cultural objects belonging to foreign States while on loan abroad.[2] In 2004 the UN Convention on Jurisdictional Immunities of States and Their Property had been established,[3] addressing, among other things, immunity

[*]   Dr Nout van Woudenberg is Legal Counsel at the Ministry of Foreign Affairs of the Kingdom of the Netherlands. In May 2012, he published his PhD research, entitled 'State Immunity and Cultural Objects on Loan' (Martinus Nijhoff Publishers, Leiden/Boston 2012, ISBN 9789004217041). This article has been written in his personal capacity and is based on the aforementioned research.
1   Not necessarily related to the object.
2   When I refer to 'immunity from seizure', I refer to the legal guarantee that cultural objects on temporary loan from another State are protected against any form of seizure during the loan period. This definition stems from the 2006 Action Plan for the EU Promotion of Museum Collection Mobility and Loan Standards.
3   2 December 2004, UNGA Resolution A/Res/59/38.

for cultural State property on loan.[4] That convention, however, has not yet entered into force. I thus considered it necessary to investigate whether another rule of international law was already applicable: a rule of customary international law. And so I did: during more than three years, I investigated whether a rule of customary international law exists, to the effect that cultural objects belonging to foreign States are immune from seizure while on loan to another State for a temporary exhibition. And if such a rule does exist, are there limitations to that rule?

II. Customary international law

Since I examined the question whether cultural objects belonging to foreign States are immune from seizure on the basis of customary international law while loaned to another State for a temporary exhibition, a short explanation in regard to customary international law cannot be absent. Customary law is one of the various sources of international law, next to, for instance, treaty law. It happens regularly that certain States are not a Party to important conventions. If the rules in those conventions can be considered as customary law, then those States are bound by these rules. Furthermore, there may be areas where a convention does not yet exist. It can thus be important to know whether a rule of customary international law exists.

In order to be considered as a rule of customary law, a rule needs to be based on a widespread, representative and virtually uniform practice of States. In principle, any act or statement by a State from which views about customary law may be inferred can serve as a source or evidence of State practice, as long as it is reasonably recognisable. However, State practice alone is not sufficient; it should be accompanied by the conviction that this practice is accepted as law, which is often referred to as *opinio juris*; States should not regard their behaviour as merely a political or moral gesture.

This all has been stated several times by the International Court of Justice (ICJ). The ICJ stated as well, that it is not necessary that a rule is entirely accepted worldwide. Practice should reflect wide acceptance among the States particularly involved in the relevant activity. In the words of the ICJ, "States whose interests are specially affected"[5] must belong to those participating in the creation of the rule. The absence of practice by other States does not prevent the creation of a rule of customary law. Thus, in determining whether a rule of customary international law exists with regard to immunity from seizure of loaned cultural

---

4   See Article 21(1)(e) read in connection with Article 19.
5   *North Sea Continental Shelf* cases, *Federal Republic of Germany* v. *Denmark*; *Federal Republic of Germany* v. *the Netherlands*, ICJ Reports 1969, pp. 3, 43.

objects belonging to foreign States, special attention needs to be paid to those States which are the most active and involved in the field of lending and borrowing cultural objects for temporary cross-border exhibitions.

III.   Primary conclusion of my study

As I am asked to concentrate on the topic of immunity for cultural State property on loan in relation to illicitly taken cultural objects,[6] I will not dig extensively into my investigation, but will immediately share my main findings and conclusions with you.

It is safe to say that the exchange of cultural property is an internationally recognised goal. There are different international agreements which promote the mobility of collections. Cultural exchanges support mutual understanding between States and immunity from seizure for cultural objects on loan without doubt contributes to this exchange of cultural property and collection mobility. Moreover, the promotion of the mobility of collections is a key issue within the European Union since 2003.

It occurred to me that in recent years, there is a growing State practice pointing towards protection against the seizure of cultural objects on loan belonging to foreign States. Based on extensive State practice, such as legislation, explanatory reports, rules and regulations, judgments, diplomatic correspondence, policy statements, the position of a State during international legal negotiations, legal advice by governmental legal counsels, *etc.*, I came to the conclusion that many States consider cultural objects belonging to foreign States and on temporary loan as State property in use or intended for use for government non-commercial purposes and already for that reason immune from seizure under customary international law. Moreover, a considerable number of States also count on the existence of a *specific rule* of international law immunising cultural State property on loan.

With regard to the existence of such a separate specific rule of customary international law, I would come to the conclusion that indeed a relatively young rule of customary international law exists, although not yet firmly established or well defined in all its aspects, stating that cultural objects belonging to foreign States and on temporary loan for an exhibition are immune from seizure. The rule only applies to cultural objects in use or intended for use by the State for

---

6   As I approach this topic from the perspective of public international law, my presentation is limited to obligations under public international law in respect of illicitly taken cultural objects.

government non-commercial purposes, so the objects should, for instance, not be placed or intended to be placed on sale.[7]

However, it also occurred to me during my study, that several States made clear remarks with regard to looted or illegally exported cultural objects. While enacting its own, rather comprehensive, legislation, Germany,[8] for instance, made clear that cultural objects which belonged to Germany and had been taken in the aftermath of World War II to the Soviet Union by the Red Army could never fall under its immunity from seizure legislation. Poland argued that cultural objects taken from Poland during and in the aftermath of World War II could never fall under a rule of customary international law protecting cultural objects from seizure. Italy has a similar way of thinking: it wants to exclude that a rule of customary international law would be interpreted as encompassing cultural objects which were illegally acquired and exported and of which Italy is the State of origin. And in general, it became clear to me that although States want to immunise cultural objects on loan, they also want to prevent and to combat illicit acquisition or unlawful removal of cultural objects and strive for the return to the State of origin. But what consequences does that have for my conclusions?

I have stated earlier, that in order to be considered as a rule of customary law, a rule needs to be based, among other things, on a widespread, representative and virtually uniform practice of States. With regard to some categories of cultural State property, this wide, virtually uniform acceptance is absent.

IV.   Cultural objects which have been the subject of a serious breach of an obligation arising under a peremptory norm of general international law

With regard to cultural objects which have been taken during armed conflict, one has to keep in mind that since the end of the 19th century, international agreements have been addressing the protection of cultural property from seizure during such armed conflict. I especially refer to the 1899 and 1907 Hague Conventions with respect to the Laws and Customs of War on Land, with annexed the Regulations concerning the Laws and Customs of War on Land.[9] These Regula-

---

7   For more background information, I warmheartedly refer to my book 'State Immunity and Cultural Objects on Loan'.

8   On 15 October 1998, Germany passed a law regarding the enforceability of an obligation to return cultural objects. On that date, the Act to Prevent the Exodus of German Cultural Property had been changed by means of the Law on the Alteration of the Act to Prevent the Exodus of German Cultural Property.

9   The Hague, 29 July 1899, to be found at:
     http://avalon.law.yale.edu/19th_century/hague02.asp#art56 and The Hague, 18 October 1907, to be found at: http://avalon.law.yale.edu/20th_century/hague04.asp.

tions prohibit the seizure, destruction or wilful damage of works of art and science, and provides that those responsible for such acts be prosecuted. The UNESCO Hague Convention of 14 May 1954 for the Protection of Cultural Property in the Event of Armed Conflict,[10] with its 1954[11] and 1999 Protocols,[12] continues following that path. The International Committee of the Red Cross (ICRC) identified certain rules of customary international law with regard to protection of cultural property in its highly estimated customary law study, dating from 2005.[13] The applicable rules refer back to either the Hague Regulations of 1907 or the 1954 UNESCO Hague Convention. ICRC stated that under customary international law, seizure, theft, pillage or misappropriation of cultural objects is prohibited and illicit export should be prevented by the occupying power; moreover, illicitly exported property should be returned to the authorities of the occupied territory.

Based on my study, I would say that, generally speaking, the main sentiment among States is indeed that cultural objects taken during armed conflict should not deserve protection. Although not legally but certainly morally binding, many States subscribed to the 1998 Washington Principles on Holocaust Era Assets,[14] the 2000 Vilnius Declaration on Holocaust Era Looted Cultural Assets[15] or the 2009 Terezin Declaration on Holocaust Era Assets and Related Issues.[16] Moreover, several States established Restitution or Spoliation Committees in order to restitute cultural objects to heirs of World War II victims. And currently in the United States of America, draft legislation is currently under assessment of the Senate which would make it impossible for cultural property taken during the Holocaust to enjoy immunity.[17]

I am very much aware of the fact that the International Court of Justice ordered in *Germany* v. *Italy*: *Greece* intervening, on 3 February 2012,[18] that the seizure by Italy of German non-commercial State property[19] is a violation of the Italian obligation to respect the immunity owed to Germany. However, in regard to cultural objects plundered during armed conflict, I certainly fail to see the

---

10 249 UNTS 240.
11 249 UNTS 358.
12 See: http://unesdoc.unesco.org/images/0013/001306/130696eo.pdf [last visited 4 October 2012].
13 'Customary international humanitarian law: questions and answers', ICRC Resource Centre, 15 August 2005. See Rule 38-41.
14 See: http://www.lootedartcommission.com/Washington-principles.
15 See: http://www.lootedartcommission.com/vilnius-forum.
16 See: http://www.holocausteraassets.eu/files/200000215-_35d8ef1a36/TEREZIN_DECLARATION_FINAL.pdf.
17 Foreign Cultural Exchange Jurisdictional Immunity Clarification Act, H.R. 4086.
18 General List No. 143.
19 *i.c.* Villa Vigoni.

widespread, representative and virtually uniform practice, necessary for the formation of a rule of customary international law.

V. Cultural objects subject to return obligations under international or European law

What is the approach of States when it comes to the relationship between immunity from seizure and return obligations under international and European law which might be at odds with immunity? Before, I stated that a number of international agreements exist, related to the topic of immunity from seizure of cultural objects of foreign States, especially propagating the promotion of international cultural exchanges and the mobility of collections. However, some of these agreements have a double function: not only do they promote international cultural exchange and collection mobility, they also try to stop the trafficking of cultural objects, and aim at the safe return of cultural objects illegally removed.

I specifically refer to return obligations under the 1970 UNESCO Convention on the Means of Prohibiting and Preventing the Illicit Import, Export and Transfer of Ownership of Cultural Property,[20] the 1995 Unidroit Convention on Stolen or Illegally Exported Cultural Objects,[21] and the Council Directive 93/7/EEC on the return of cultural goods unlawfully removed from the territory of a Member State.[22] It became clear to me during my investigations that there is no uniform, even sometimes contrary State practice in this regard: different States have different opinions (and act differently) as to whether immunity from seizure can be set aside by international or community law with which it may be at odds, or as to whether immunity from seizure for cultural objects on loan extends to objects which are subject to international or European return obligations. Some States (for instance Belgium, the United Kingdom, Finland, Italy and Hungary) are of the opinion that in case a return obligation to the State of origin exists under international or European law, the cultural objects concerned cannot be eligible for immunity, whereas other States (for instance the United States of America) are of the opinion that in such a situation the immunity as provided under its national legislation remains untouched. The German, Austrian and Swiss approach is somewhat complex: in case a return guarantee has not yet been issued to the

---

20 823 UNTS 231.
21 34 ILM 1322.
22 Official Journal L 74 of 27 March 1993, p. 74, amended by Directive 96/100/ EC of the European Parliament and of the Council of 17 February 1997, Official Journal L 60 of 1 March 1997, p. 59, and by Directive 2001/38/EC of the European Parliament and of the Council of 5 June 2001, Official Journal L 187 of 10 July 2001, p. 43.

lending State (or institution), return obligations under international law can prevent the issuance of such a return guarantee. However, as soon as a return guarantee has been issued by the State authorities, that guarantee is considered to prevail over the return obligations as foreseen under international law.

I also refer to the UN General Assembly resolutions on return or restitution of cultural property to the countries of origin, which have been adopted without a vote on a bi-annual basis and aim for the return to the country of origin of its "objects d'art, monuments, museum pieces, archives, manuscripts, documents and any other cultural or artistic treasures". Again, although not legally but certainly morally binding, these resolutions set a norm to be followed by the UN Member States.

It is thus clear that there is no uniform, even sometimes contrary State practice with regard to the relationship between immunity from seizure for cultural objects on loan and the obligation to return these to the lending State on the one hand, and return obligations under international or European law on the other. I would therefore come to the conclusion that a rule of customary international law does not extend to those cultural objects which are already subject to other return obligations under international or European law. This conclusion is purely based on the fact that I noted a lack of the virtually uniform State practice, necessary for the establishment of a rule of customary international law. I am not saying that these objects cannot be eligible for protection by definition; I am solely stating that under *customary* international law, immunity from seizure does in my view not extend to these objects.

I am very much aware that I identified rather large exceptions to the rule of customary international law immunizing cultural State property on loan. However, I do not think that this erodes the rule of customary international law to a great extent. After all, in practice, only a very small percentage of the actual art loans would be touched by these exceptions, although, of course, the cultural objects involved are the most vulnerable ones. Moreover, the financial legal disputes, not necessary related to the cultural object on loan, between claimants and States, as referred to in the beginning of this presentation would not undermine the immunity. The same can be said for (ownership) disputes which do not stem from one of the legal instruments I have referred to in this article; in those cases, the immunity remains untouched.

Allow me finally to refer to a different, but related matter. A 'block buster' or 'show stopper' at an international exhibition may not always be a cultural object belonging to a foreign State. It may very well be the case that the object is privately owned or given on loan by a private foundation. Those objects may be in need of immunity as well. A future global convention on immunity from seizure for all kinds of cultural property on loan, regardless whether it regards State property or private property, may be appropriate. The International Law Association (ILA) is currently assessing whether such a convention may possibly be viable, however, the assessment is still in its embryonic stage. A convention like that may provide more legal security, but also raises new questions such as a possible overlap or discrepancy with the aforementioned 2004 UN Convention. I am very pleased that I have been asked by the Cultural Heritage Law Committee of the ILA to make a further assessment in that regard.

Bilderraub – Raub des Abgebildeten: Fotografien als Vervielfältigung – Bearbeitung oder Umgestaltung von Performances

Matthias Leistner[*]

I. Einleitung und Hintergrund

Selten dürfte ein Rechtsstreit[1] schon auf der landgerichtlichen Ebene die deutsche Presselandschaft – von „Handelsblatt" bis „Bild"[2] – so bewegt haben wie der Streit um die Ausstellung einer *Beuys* Fotoserie in der Stiftung Museum Schloss Moyland, ohne dass freilich zum damaligen Zeitpunkt die Fachöffentlichkeit in nennenswertem Umfang hiervon Kenntnis genommen hatte[3]. *Joseph*

---

[*] Prof. Dr. jur., LL.M. (Cambridge). Lehrstuhl für Bürgerliches Recht, Recht des Geistigen Eigentums und Wettbewerbsrecht, Institut für Handels- und Wirtschaftsrecht der Rheinischen Friedrich-Wilhelms-Universität Bonn. Der Autor war im Vorfeld des oberlandesgerichtlichen Urteils aufgrund einer Anfrage aus der Praxis mit dem Rechtsstreit befasst. Den nachfolgenden Ausführungen lag neben der veröffentlichten Literatur auch ein Rechtsgutachten von Prof. Hertin v. 3. Dezember 2010 (im Folgenden: Gutachten Hertin) zugrunde. Eine Vorversion dieses Beitrags, der freilich grundlegend aktualisiert wurde, ist in ZUM 2011, 468 ff. veröffentlicht.

[1] S. LG Düsseldorf, Urt. v. 29. September 2010, 12 O 255/09, ZUM 2011, 77. Vgl. schon vorgehend im Verfügungsverfahren LG Düsseldorf, Urt. v. 15. Mai 2009, 12 O 191/09, ZUM 2009, 975.

[2] S. aus der Tagespresse statt vieler Berichte hier nur beispielsartig Handelsblatt v. 29. September 2010, Moyland unterliegt im Streit um Aktionsfotos, abrufbar unter http://www.handelsblatt.com/lifestyle/kunstmarkt/ausstellungen/moyland-unterliegt-im-streit-um-aktionsfotos/3550598.html (zuletzt besucht am 18.2.2013); Bild.de v. 29. September 2010, Schloss Moyland unterliegt Beuys-Witwe vor Gericht, abrufbar unter http://www.bild.de/BILD/regional/duesseldorf/dpa/2010/09/29/schloss-moyland-unterliegt-beuyswitwe-vor.html (zuletzt besucht am 18.2.2013); Spiegel online, Beuys-Witwe darf Performance-Fotos zensieren, v. 29. September 2010, abrufbar unter http://www.spiegel.de/kultur/gesellschaft/0,1518,720277,00.html (zuletzt besucht am 18.2.2013). Zuletzt ausführlicher *Ackermann*, Immer Ärger mit Joseph, in der Tageszeitung „Die Welt" v. 9.4.2011, abrufbar unter http://www.welt.de/print/die_welt/kultur/article13121650/Immer-Aerger-mit-Joseph.html (zuletzt besucht am 18.2.2013).

[3] Vgl. aber schon damals erste Besprechungen (bündig) von *Obergfell*, GRUR-Prax 2010, 513; ausführlich *Leistner*, ZUM 2011, 468 ff.; *Maaßen*, AfP 2011, 10 ff.

Beuys gelingt dieses Kunststück (zum wiederholten Male[4]) selbst posthum spielend. Mittlerweile hat das Oberlandesgericht entschieden[5]. Auch die Fachöffentlichkeit hat aufgemerkt, was die grundsätzliche Bedeutung des Rechtsstreits für die Fortentwicklung der Dogmatik von urheberrechtlicher Vervielfältigung, Bearbeitung, Umgestaltung und freier Benutzung unterstreicht[6].

Der ursprüngliche Anlass des hier näher vorzustellenden Rechtsstreits liegt mehr als 45 Jahre zurück und involviert einige der bekanntesten deutschen Fluxus- und Happening-Künstler des 20. Jahrhunderts. Am 11. Dezember 1964 präsentierten *Joseph Beuys, Bazon Brock* und *Wolf Vostell* in der ZDF-Sendung „Drehscheibe" eigene Beiträge, die in einer von *Wolf Vostell* zur Sendung verschickten Information getrennt für die einzelnen beteiligten Künstler ausgewiesen und mit „Fluxus-Demonstrationen", „Agit Pop" und „Dé-coll/age Happening" bezeichnet waren. Im Mittelpunkt des Rechtsstreits steht dabei die Fluxus-Aktion[7] von *Joseph Beuys,* in deren Rahmen er u.a. aus mitgebrachten Margarinewürfeln eine Fettecke in einem Bretterverschlag herstellte, einen Spazierstock mit einer Mischung aus Fett und geschmolzener Schokolade verlängerte, eine mitgebrachte Filzdecke in Fett tränkte und schließlich insbesondere ein Plakat mit der Aufschrift „Das Schweigen von Marcel Duchamp wird überbewertet", das sein Assistent mit Braunkreuzfarbe vorbereitet hatte, u.a. durch die Applizierung von Schokolade vollendete. Die Aktion wurde live übertragen; eine Aufzeichnung der zwischen 20 und 30 Minuten dauernden Kunstaktion existiert nicht. Gelegentlich der Aktion hatte aber der damals wie heute bekannte Künstlerfotograf *Manfred Tischer* eine ganze Serie von Fotografien gefertigt, von denen sich 22 Originale heute im Besitz der Stiftung Museum Schloss Moyland befinden.

Das Museum Schloss Moyland hat die – mit Ausnahme von zwei Einzelfotografien – bisher unveröffentlichte Fotoserie in einer am 9. Mai 2005 im Museum Schloss Moyland unter dem Titel „Joseph Beuys – Unveröffentlichte Fotografien von Manfred Tischer" eröffneten Ausstellung ausgestellt. Hiergegen erwirkte die VG Bild-Kunst, die in diesem Zusammenhang für die Witwe von *Joseph Beuys* als Rechteinhaberin agiert, eine einstweilige Unterlassungsverfügung. Im sich anschließenden Hauptsacheverfahren vor dem Landgericht Düsseldorf wurde die

---

4   Vgl. schon vor Jahren den Streit um die Urheberschaft an einer Beuys-Skulptur, OLG Düsseldorf GRUR-RR 2005, 1, 2 – *Beuys Kopf,* der allerdings auch für die Fachöffentlichkeit wesentliche Leitlinien zur Bestimmung der Urheberschaft an Werken der bildenden Künste festgelegt hat.

5   OLG Düsseldorf GRUR 2012, 173 ff.

6   Vgl. u.a. *Leistner,* ZUM 2011, 468 ff.; *Loschelder,* GRUR 2011, 1078 ff.; *Maaßen,* AfP 2011, 10; *Schulze,* in: Schierholz/Melichar (Hrsg.), FS für Pfennig, 2012, S. 217 ff.

7   Mit dieser zutreffenden kategoriellen Einordnung *Maaßen,* AfP 2011, 10, 11 (insoweit gegen die Entscheidung des Landgerichts, die darauf aber naturgemäß nicht beruht).

Stiftung Museum Schloss Moyland[8] verurteilt, es zu unterlassen, 19 im Urteil im Einzelnen bezeichnete Fotografien aus der Fotoserie „Das Schweigen von Marcel Duchamp wird überbewertet, 1964" im Museum Schloss Moyland auszustellen. Das Oberlandesgericht Düsseldorf hat dieses Urteil mit (insbesondere auch hinsichtlich des Streitgegenstands) präzisierter und sehr sorgsamer Begründung für zuletzt noch 18 streitgegenständliche Fotografien aufrecht erhalten[9]. Die Revision beim BGH ist anhängig.

Der durchaus ungewöhnlich gelagerte Rechtsstreit wirft neben seiner unleugbaren kunsthistorischen Dimension eine Reihe urheberrechtlich interessanter Fragen auf. Noch vergleichsweise einfach zu beantworten ist die Frage nach der Schutzfähigkeit der damaligen *Beuys*-Aktion (s. unten II.). Hier außen vor bleibt die in dem Rechtsstreit ebenfalls umstrittene Frage der Urheberschaft. Das Landgericht wie auch das Oberlandesgericht haben diese Frage vollkommen zu Recht zugunsten der Alleinurheberschaft von *Joseph Beuys* an seiner Aktion entschieden[10]; die diesbezüglichen Gründe bedürfen keiner eigenständigen Diskussion, könnten allenfalls bestätigend verfeinert werden. Viel interessanter, komplexer und – soweit ersichtlich – in Europa vollkommen neuartig ist die Problematik der genauen Einordnung des einschlägigen Verletzungstatbestands im Zusammenhang mit der Dokumentation einer dynamisch-prozesshaften Kunstaktion durch die Gesamtheit einer ganzen *Serie* von Fotografien (s. unten III.). Dabei sind – über den streitgegenständlichen Sachverhalt hinaus – allgemeine Fragestellungen angesprochen, die in der Zukunft die urheberrechtlichen Spielräume für bestimmte Formen dokumentarischer Fotografie mitgestalten werden[11] (s. unten IV.).

II.   Schutzfähigkeit der Fluxus-Aktion

1.   Ausgangspunkt

Bei der Betrachtung der Schutzfähigkeit der Fluxus-Aktion von *Beuys* ist zu unterscheiden: In Betracht kommt insoweit einerseits die (prozesshafte) Fluxus-Aktion in ihrem zeitlichen Verlauf als einheitliches Gesamtwerk (s. unten 2.). Andererseits sind aber auch die in diesem Zusammenhang aus bestimmten aus-

---

8   Durch Urteil des LG Düsseldorf v. 29. September 2010, 12 O 255/09, ZUM 2011, 77.
9   OLG Düsseldorf GRUR 2012, 173 ff.
10   S. LG Düsseldorf, Urt. v. 29. September 2010, 12 O 255/09, ZUM 2011, 77, 78 f.; OLG Düsseldorf, GRUR 2012, 173, 174.
11   Vgl. dazu *Leistner,* ZUM 2011, 468, 482 ff.; *Maaßen,* AfP 2011, 10, 11. Dieser Aspekt mag im Übrigen auch die vergleichsweise aufmerksame und ungestüme Reaktion der allgemeinen Tagespresse erklären.

gewählten Materialien (Margarinewürfel, Braunkreuzfarbe, Schokolade) und Requisiten (Filzdecke, Spazierstock, Bretterverschlag) entstandenen einzelnen Artefakte (d.h. insbesondere der gestaltete Bretterverschlag mit Fettecke, der mit Fett verlängerte Spazierstock sowie das Plakat mit der Aufschrift „Das Schweigen von Marcel Duchamp wird überbewertet") als potenziell schöpferische Einzelelemente des Gesamtwerks näher zu beurteilen. Schließlich kommt auch die Kombination und das (statische) bühnenmäßige Gesamtarrangement dieser Objekte zueinander als schöpferisches Element in Betracht (s. zu alldem unten 3.).

Dabei ist im Ausgangspunkt festzuhalten, dass der potenzielle urheberrechtliche Schutz der *gesamten* prozesshaften Fluxus-Aktion den je für sich betrachteten Schutz der einzelnen vorgenannten statischen Elemente in ihrer Kombination gerade nicht ausschließt oder relativiert. Diese (statischen) schöpferischen Elemente müssen vielmehr deshalb auch unabhängig im Hinblick auf ihre urheberrechtliche Schutzfähigkeit und das Vorliegen eines Verletzungstatbestands herausgearbeitet werden, weil im Rahmen des Schutzumfangs *Werkteile* grundsätzlich dann gegen Übernahmen geschützt sind, wenn sie *je für sich genommen* die urheberrechtliche Schutzvoraussetzung der Individualität erfüllen. Insoweit kommt es allein darauf an, ob der entlehnte Teil eines Werks *als solcher* die urheberrechtlichen Schutzvoraussetzungen verkörpert, selbst wenn sich der integrale Gesamtzusammenhang des überwölbenden, einheitlichen Werks in diesem Teil nicht offenbart[12]. Die Einbettung der genannten statischen Elemente in die Aktion und ihr mit prägender Charakter für den gesamten, prozesshaften zeitlichen Verlauf schmälert den zusätzlich je für sich genommen zu beurteilenden urheberrechtlichen Schutz dieser schöpferischen Teilelemente und ihrer arrangierten Kombination demnach jedenfalls nicht.

2. Schutzfähigkeit der Fluxus-Aktion als (prozesshaftes) dynamisches Gesamtwerk

a) Schutzfähigkeit, insbesondere Individualität (§ 2 Abs. 2 UrhG)

Die grundsätzliche Schutzfähigkeit einer künstlerischen Aktion (hier eines kinetischen Environments im Rahmen der Fluxusbewegung[13]) ist nach der grundlegenden *Happening*-Entscheidung des BGH unproblematisch zu bejahen, wobei

---

12 S. eindeutig schon BGH GRUR 1953, 299, 301 – *Lied der Wildbahn*; Fromm/ Nordemann-*A.Nordemann*, Urheberrecht, 10. Aufl. 2008, § 2, Rz. 52.
13 S. insoweit zutreffend *Maaßen*, AfP 2011, 10, 11; vgl. auch die Einteilung bei *Jacobs,* GRUR 1985, 531.

eine Einordnung in den nicht abschließenden Katalog der Werkarten nicht erforderlich ist[14]. Entscheidend ist allein das Vorliegen schöpferischer Individualität.

In diesem Zusammenhang ist im Ausgangspunkt festzuhalten, dass es nach dem *Happening*-Urteil des BGH für die schöpferische Grundlage eines urheberrechtlich schutzfähigen Happenings, das aufgrund der Erfindung und Gestaltung von Handlungsabläufen eine Art lebendes Bild im Zeitablauf schafft, gerade nicht darauf ankommt, dass die einzelnen Handlungsabläufe bis ins Detail (nach Art einer genauen Choreografie) minutiös festgelegt sind. Es genügt also hiernach für den urheberrechtlichen Schutz, wenn eine bestimmte Idee durch Verwendung neuer, eigenartiger Symbole und Ausdrucksmittel – selbst in nur grundsätzlicher, nicht ins Detail gehender Beschreibung – jedenfalls in einem bestimmten zeitlichen Ablauf prozesshaft bildnerisch (oder anderweitig) individualisiert wird[15].

Dabei werden (außerhalb der angestammten, heute im Übrigen gleichermaßen neu zu beurteilenden Abgrenzungsproblematik zum Geschmacksmusterschutz[16]) im Bereich der „reinen" bildenden Kunst, um den es sich hier (mindestens auch) handelt[17], von der Rechtsprechung gerade keine zu strengen Anforderungen gestellt. Die „kleine Münze" der bildenden Künste ist schutzfähig[18]. Erst bei bloßen *objets trouvés* oder *ready-mades*, bei denen über die Auswahl und Präsentation eines Alltagsgegenstandes als Objekt der Kunst hinaus keinerlei Individualisierung dieser grundsätzlichen Idee erfolgt, ist nach der herrschenden Meinung die Grenze urheberrechtlicher Schutzfähigkeit unterschritten[19]. In genau vergleichbarer Weise gilt im Übrigen auch hinsichtlich der weiteren, durch Kunstaktionen als Hybridform u.U. mit angesprochenen Werkarten (nämlich der literarischen und pantomimischen Bühnenwerke[20]) grundsätzlich eine niedrige Schutzschwelle[21].

---

14 S. BGH, GRUR 1985, 529 – *Happening*; *Schack,* Kunst und Recht, 2. Aufl. 2009, Rz. 221 f. Vgl. ausführlich zum hier vorliegenden Sachverhalt *Schulze,* in: Schierholz/Melichar (Hrsg.), FS für Pfennig, 2012, S. 217, 219 ff.

15 Vgl. auch KG GRUR 1984, 507, 508 – *Happening*; insoweit ausdrücklich bestätigt vom BGH, aaO.

16 Vgl. dazu hier nur Schricker/Loewenheim-*Loewenheim*, Urheberrecht, 4. Aufl. 2010, § 2, Rz. 159 ff.

17 Vgl. KG, aaO. – *Happening*. Der BGH, aaO., verzichtete dann auf eine „eindeutige" Zuordnung zu dieser Werkkategorie, da offenbleiben könne, ob „auch" Elemente eines Bühnenwerks vorhanden seien.

18 S. schon BGH GRUR 1995, 581, 582 – *Silberdistel*.

19 So jedenfalls nach der herrschenden Meinung (vgl. *Schack,* Urheberrecht, 5. Aufl. 2010, Rn. 189 ff. mwN.).

20 Vgl. BGH GRUR 1985, 529 – *Happening.*

21 S. für die allgemeine Meinung im Bereich rein literarischer Werke und ihrer konkretisierten Handlungsabläufe (Fabeln) nur Schricker/Loewenheim-*Loewenheim*, § 2, Rz. 89 mwN.

Vor diesem Hintergrund kann kein Zweifel bestehen, dass die 20- bis 30-minütige *Beuys*-Aktion als Gesamtheit der Handlungsabläufe, die u.a. zur Herstellung der Fettecke, des mit Fett getränkten Filzes, des Plakats und des mit Fett verlängerten Spazierstocks als symbolischen Ausdrucksformen führten, die Schwelle schöpferischer Individualität überschritt[22]. Angesichts der in Selbstzeugnissen, Berichten von Zeitzeugen und in der Fachliteratur[23] festgehaltenen grundsätzlichen Zielrichtung der prozesshaften Aktion (ihres gedanklichen Hintergrunds), des mindestens teilweise überlieferten zeitlichen Ablaufs und der teilweisen Dokumentation der wesentlich verwendeten symbolhaften Ausdrucksmittel und ihrer schöpferischen Gestaltung durch die streitgegenständliche Fotoserie muss der Begriff der „kleinen Münze" nicht einmal bemüht werden, um festzustellen, dass die Aktion jedenfalls nach ihrem Gesamtablauf und -eindruck ein urheberrechtlich schutzfähiges Werk verkörperte. Schon das Landgericht Düsseldorf hat dies im Ergebnis genau zutreffend gesehen. Weiterer Überlegungen bedarf es hinsichtlich dieser grundsätzlichen Frage nach der urheberrechtlichen Schutzfähigkeit der Gesamtaktion wahrlich nicht. Das Problem liegt an anderer Stelle, weil die notwendige konkrete Identifizierung der die Individualität der Aktion prägenden *Merkmale* vergleichsweise schwerer fällt.

---

22 S. LG Düsseldorf, Urt. v. 29. September 2010, 12 O 255/09, ZUM 2011, 77, 79; mit sorgsamer Begründung bestätigt von OLG Düsseldorf, GRUR 2012, 173, 174 f. Ausführlich zuletzt auch *Schulze,* in: Schierholz/Melichar (Hrsg.), FS für Pfennig, 2012, S. 217, 219 ff.

23 S. *Beuys,* in: Tisdall, Joseph Beuys, 1979, S. 92 und 94; *Schneede,* Joseph Beuys – Die Aktionen, Kommentiertes Werkverzeichnis mit fotografischen Dokumentationen, 1994, S. 80 ff.; *Paust,* Neues aus dem Joseph Beuys Archiv, in: Heft 22 der Schriften Museum Schloss Moyland (2009), S. 5 ff. (des Beitrags). Gegen eine Berücksichtigungsfähigkeit der „Bewertung der Fachwelt" in diesem Zusammenhang *Maaßen,* aaO., 12. Dies übersieht aber, dass der BGH in ständiger Rechtsprechung „die Beachtung, die das Werk in Fachkreisen ... gefunden hat" als Indiz in die Beurteilung der Gestaltungshöhe mit einbezieht, s. BGH GRUR 1987, 903, 905 – *Le Corbusier-Möbel*). Soweit im Übrigen *Maaßen,* aaO., kritisiert, die Art der Präsentation des hier in Rede stehenden Werks sei zu Unrecht berücksichtigt worden, ist auch dies so nicht ganz zutreffend. Berechtigt ist der Bezug auf die diesbezügliche Auffassung der Literatur zu *objets trouvés* u.ä., wo in der Tat die bloße Präsentation als Kunstwerk nicht zur Erlangung des Urheberrechtsschutzes genügen kann; geht es demgegenüber um Indizien für die Frage der Gestaltungshöhe kann die Art der Rezeption und Präsentation einer Handlung oder eines Gegenstandes (etwa die Aufnahme in die Bestände einschlägiger Kunstmuseen und Kunstausstellungen), wiederum nach der Rechtsprechung (s. BGH, aaO.) Berücksichtigung finden. Vor diesem Hintergrund sprechen nicht nur die Präsentation und Rezeption der Aktion in entsprechenden Foren, sondern insbesondere die streitgegenständliche museale Ausstellung selbst indiziell für den Werkcharakter der Aktion.

b) Konkret prägende individuelle Merkmale

Doch ist auch in diesem Zusammenhang dem Landgericht (mindestens teilweise) und insbesondere dem Oberlandesgericht (uneingeschränkt) zuzustimmen. Der schöpferische Wille dokumentiert sich in der Tat in den „prägenden Teilen des Werks" – der Fettecke und dem Plakat –[24], wobei sich diesen zweifellos prägenden Elementen u.a. noch der mit Fett verlängerte Spazierstock, das Gesamtarrangement der Elemente zueinander, die von *Beuys*[25] überlieferten Glockengeräusche sowie insgesamt die *Handlungsabläufe*, die zur symbolhaften Herstellung dieser Artefakte führten, den prägenden schöpferischen Elementen der Aktion beigesellen lassen[26].

Hierbei ist nun aber in der Folge zu unterscheiden. Einerseits könnten die Materialien und Requisiten in ihrer Kombination und Verarbeitung (Fettecke und Spazierstock als skulpturale Gestaltungen, Plakat mit begrifflich verbaler Aussage und ästhetischer Gestaltung, jeweils samt der *Vorformen* ihrer Entstehung und dem gesamten bühnenmäßigen *Arrangement* zueinander[27]) für sich genommen geschützt sein als ästhetische Mittel, die künstlerische Aussagen symbolhaft verknappen. Andererseits ist der *integrale Handlungsablauf*, der zur Herstellung dieser Artefakte führte, selbst eine individualisierte suggestiv bildnerische, im Wortsinne „lebhafte" Umsetzung der grundsätzlichen Idee, mit dem Aufführungscharakter der Aktionen im Sinne von Fluxus den Kunstbegriff zu erweitern und zu integrieren. Zeit und Bewegung sind in diesem Sinne zentrale, übergeordnete (die unterschiedlichen Einzelelemente und Gattungen integrierende) Gestaltungsfaktoren und symbolische Träger von künstlerischen Veränderungsimpulsen[28]. Es sind eben nicht nur „Fettecke" und „Plakat", die an dieser Stelle den schöpferischen Charakter tragen, sondern der gesamte *Prozess* ihrer Entstehung als solcher, der entsprechend den eben herausgearbeiteten Kriterien (insbesondere der *Happening*-Entscheidung des BGH[29]) urheberrechtlichen Schutz genießt[30].

Diese Grundüberlegung wird in der Folge für die Beurteilung des *Verletzungstatbestands* im Hinblick auf das „Ob" und das „Wie" einer Übernahme

---

24 S. LG Düsseldorf, Urt. v. 29. September 2010, 12 O 255/09, ZUM 2011, 77, 79.
25 *Beuys,* in: Tisdall, Joseph Beuys, 1979, S. 92 und 94.
26 Vollständiger OLG Düsseldorf, GRUR 2012, 173, 174 f.
27 S. zu alldem unten II 3.
28 Vgl. *Schneede,* Joseph Beuys – Die Aktionen, Kommentiertes Werkverzeichnis mit fotografischen Dokumentationen, 1994, S. 18.
29 BGH GRUR 1985, 529 – *Happening.*
30 S. ausführlich und zutreffend *Schulze,* in: Schierholz/Melichar (Hrsg.), FS für Pfennig, 2012, S. 217, 219 ff.; vgl. bündig auch *Obergfell,* GRUR-Prax 2010, 513. Demgegenüber kritisch *Maaßen,* AfP 2011, 10, 11 f.

schutzfähiger *integraler* Teile der *prozesshaften Aktion* noch entscheidend relevant werden[31].

3. Schöpferische (statische) Einzelelemente und deren Arrangement

a) Schutzfähigkeit einer Requisiten- und Materialienkombination und ihres gesamten Arrangements

Als schöpferische (statische) Einzelelemente der Aktion kommen insbesondere die Fettecke, der mit Fett und angeschmolzener Schokolade verlängerte Spazierstock, das Plakat mit der Aufschrift „Das Schweigen von Marcel Duchamp wird überbewertet" und den weiteren Applikationen von Schokolade[32] sowie auch das *Gesamtarrangement* dieser Elemente und der zugehörigen Ausgangsmaterialien und Requisiten (Filzdecke, Margarine, Schokolade, Farbe, Bretterverschlag etc.) in Betracht.

Dabei steht die Tatsache, dass die Fettecke aus Margarine geschaffen und der Spazierstock mit einer Mischung aus Fett und geschmolzener Schokolade verlängert wurde, einer Schutzfähigkeit nicht entgegen, da auch Werke, die aus in der Natur vorgefundenen (selbst vergänglichen) Materialien hergestellt werden, schutzfähig sein können[33]. Entscheidend ist vielmehr wiederum allein die Verkörperung schöpferischer Individualität in der Kombination dieser konkreten Materialien, Requisiten und Gestaltungen sowie in ihrem bühnenhaften Gesamtarrangement.

Angesichts der im Bereich der reinen Kunst keinesfalls strengen Maßstäbe[34] sind vom urheberrechtlichen Schutz als schöpferische Einzelelemente wiederum grundsätzlich auch einfache individuelle Gestaltungen erfasst. Die insoweit zugrunde liegenden bloßen Ideen, eine Ecke mit Fett zu füllen oder einen Spazierstock skulptural zu verlängern, können in diesem Zusammenhang aber für sich genommen keinen urheberrechtlichen Schutz genießen. Denn auch die bloße

---

31 S. unten III 3 und 4.
32 S. zu diesen einzelnen Elementen *Schneede,* Joseph Beuys – Die Aktionen, Kommentiertes Werkverzeichnis mit fotografischen Dokumentationen, 1994, S. 80.
33 S. OLG Düsseldorf GRUR 1990, 189, 191 – *Grünskulptur,* für die freilich im konkreten Einzelfall die Schutzfähigkeit verneint wurde, da der Entwicklungsstand der streitgegenständlichen Bepflanzung von Baumscheiben nicht hinreichend substantiiert worden war, um zu belegen, dass sich die Pflanzen tatsächlich nicht nur kümmerlich und letztlich im Hinblick auf den Gesamtplan ohne Originalität entwickelt hatten. Vgl. auch LG Frankenthal GRUR 2005, 577 – *Grassofa* sowie näher dazu im folgenden Text.
34 S. grundlegend BGH GRUR 1995, 581, 582 – *Silberdistel* sowie auch die weiteren Nachweise o. Fn. 18. Vgl. im Übrigen die weiteren Beispiele aus der obergerichtlichen Rechtsprechung bei *Schack,* Kunst und Recht, 2. Aufl. 2009, Rz. 226.

Idee, Alltagsgegenstände durch ihre kunstmäßige Präsentation zum Kunstgegenstand zu adeln, wie eben u.a. die *ready-mades* des *Marcel Duchamp,* kann entgegen *Kummers* Präsentationslehre nach der herrschenden Meinung nicht schutzfähig sein, da hiermit letztlich die Schutzfähigkeit nurmehr vom Willen des Künstlers abhinge, der Bereich resultierender Monopolisierung bloßer Präsentationsideen zu breit wäre.

Demgegenüber kommt ein Schutz für eine *individuelle Kombination* ganz bestimmter, ausgewählter Materialien in Betracht, wenn und *soweit* sich die bloße Idee hierdurch *konkretisierend individualisiert*[35]. In der hier zu beurteilenden Gesamtkonstellation liegt zweifelsohne bereits eine solche individualisierende *Auswahl und Kombination* ganz bestimmter Materialien und Requisiten sowie zudem auch eine individuelle Ausformung in Form des daraus hergestellten *Gesamtarrangements* vor.

So ist auch in der bisherigen Rechtsprechung anerkannt, dass das einer Fotografie zugrundeliegende, durch den Künstler arrangierte Motiv (anders als in aller Regel die bloße Auswahl und der Bildausschnitt im Hinblick auf ein vorgefundenes Motiv[36]) eine individuelle Schöpfung darstellen kann, insbesondere wenn schon das Motiv gewissen narrativen Charakter hat, Teil der Bildsprache des Künstlers ist und Raum für Interpretationen lässt[37]. Ebenso ist der Schutz von Bühnenbildern in der Rechtsprechung des BGH schon bejaht worden[38]. Vor diesem Hintergrund kann für den hier betrachteten Bereich der reinen Kunst – in dem die niedrigere (großzügige) Schutzvoraussetzung einfacher Individualität i.S.e. gewissen Mindestgestaltungshöhe gilt[39] – kein ernstlicher Zweifel bestehen, dass die hier ja nicht dienende, sondern die Gesamtaktion gerade wesentlich mit tragende vollkommen freie *individuelle Auswahl und Kombination* der einzelnen vorgenannten Materialien, Requisiten und Artefakte sowie insbesondere

---

35 So Dreier/*Schulze,* § 2, Rz. 154, gerade am Beispiel der Präsentation von Leichenbahren, Fett-Töpfen und anderen Utensilien in *Beuys'* Werk „Zeige Deine Wunde".

36 So zu Recht ausführlich *Bullinger/Garbers-von Boehm,* GRUR 2008, 24, 26 ff., gegen LG Mannheim GRUR-RR 2007, 265 L – *Karlssteg mit Münster,* das sogar insoweit unter bestimmten Voraussetzungen (besondere Belichtung, Standort- und Brennweitenwahl etc.) einen Schutz gegen die Nachstellung eines vorgefundenen Motivs annehmen wollte.

37 S. LG Düsseldorf, Urt. v. 08.03.2006, 12 O 34/05 – *TV Man* (Schutz der „Komposition" für ein fotografisches Arrangement von Modell und Fernseher); OLG Köln GRUR 2000, 43 – *Klammerpose* (für eine originale Körperhaltung zweier Tänzer); vgl. ausdrücklich zustimmend auch *Bullinger/Garbers-von Boehm,* GRUR 2008, 24, 30 für „Inszenierungen mit einem narrativen Charakter", die „Raum für Interpretation" lassen und „Teil der Bildsprache" des Künstlers sind.

38 Vgl. BGH GRUR 1986, 458 – *Oberammergauer Passionsspiele.*

39 Vgl. schon bezogen auf die Entscheidung des LG Düsseldorf *Obergfell,* GRUR-Prax 2010, 513: Bestätigung der großzügigen Praxis der Gerichte im Bereich der nicht anwendungsbezogenen Kunst.

auch deren bewusste bühnenmäßige Anordnung im Verhältnis zueinander urheberrechtlichen Schutz als Werk der bildenden Kunst genießt.

Auch im Bereich der bildenden Kunst ist eben die bloße, abstrakte Idee von ihrer auswählenden, kombinierenden und arrangierenden Konkretisierung zu unterscheiden. Die diesbezügliche Lehrbuch- und Kommentarliteratur[40] wird durch die insoweit zutreffende Entscheidung des Landgerichts Düsseldorf sowie insgesamt durch den hier besprochenen Rechtsstreit in jedem Falle wertvolles Anschauungsmaterial gewinnen, da der Sachverhalt geradezu ein Musterbeispiel für eine originelle, schutzbegründende Kombination unterschiedlicher Materialien und Requisiten bildet.

b)   Schutzfähigkeit der individuell geschaffenen Gestaltungen

Entscheidend hinzu kommt die Tatsache, dass abgesehen von Kombination und bühnenmäßigem Arrangement der Elemente im Rahmen der für das Kunstwerk mit prägenden Transformationsmetaphorik dann zudem schon für sich genommen *individuelle Gestaltungen* aus den mitgebrachten und arrangierten Materialien geschaffen wurden. So ließe sich die bloße Idee, eine Fettecke auszuprägen, auf ganz unterschiedliche Weise realisieren (wie dies im Übrigen auch *Beuys* selbst exerziert hat[41]). Sie wurde hier in einem spezifischen Bretterverschlag unter Verwendung von Margarinewürfeln in einer ganz bestimmten *Form* und *Farbe* durchgeführt. Die bloße Idee, einen Spazierstock symbolisch zu verlängern, wurde dadurch individualisiert und konkretisiert, dass hierfür gerade eine (individuelle) *Kombination und Mischung* aus Margarinefett und angeschmolzener Schokolade verwendet wurde. Das Plakat wurde mit einer *Mischung* aus der bei *Beuys* symbolgeladenen Braunkreuzfarbe und angeschmolzener Schokolade, mithin in einer bestimmten braunen *Farbe*, in einer ganz bestimmten *Form* gemalt und in der Folge weiter gestaltet. Jedes dieser Elemente wurde demnach – über die bloße Auswahl origineller Materialien und Requisiten sowie deren Arrangement hinaus – auch im Sinne einer formenden *Verarbeitung* der Materialien *individuell ausgestaltet*. Gerade diese verarbeitende Gestaltung der spezifischen Materialien und Requisiten verleiht den resultierenden Artefakten – im Vergleich zu bloßen, nicht schutzfähigen *objets trouvés*[42] – zweifelsohne Indivi-

---

40   S. allgemein genau zutreffend Dreier/*Schulze*, § 2, Rz. 154, der für seine (zutreffende) Auffassung (noch) kein Urteil zum Beleg aufführen kann.

41   Vgl. nur http://de.wikipedia.org/wiki/Fettecke (zuletzt besucht am 18.02.2013) zu der seminalen Fettecke v. 28. April 1982 in der Düsseldorfer Kunstakademie.

42   S. oben II 2 a).

dualität i.S.e. gewissen Mindestgestaltungshöhe und einer geistig-ästhetischen Wirkung aus der Sicht des durchschnittlichen Betrachters[43].

Selbst vollkommen unabhängig von der Tatsache, dass die wesentlichen Hervorbringungen dieser Aktion heute zum Bestand deutscher Museen zählen[44] und von der Fachwelt selbstverständlich als Kunst eingeordnet werden – was gerade in Zweifelsfällen[45] nach der Rechtsprechung des BGH als *Indiz* näheren Aufschluss über die maßgebliche Bewertung nach den „im Leben herrschenden Anschauungen" eines mit Kunstdingen vertrauten Durchschnittsbetrachters bringen kann[46] –, stellt damit schon jedes der wesentlichen resultierenden Einzelelemente der Aktion (mithin die Fettecke, das Plakat und der verlängerte Spazierstock) eine individuelle schöpferische Gestaltung dar. Dabei sind zudem entsprechend den allgemeinen urheberrechtlichen Grundsätzen auch die *Vor- und Zwischenstufen* ihrer Entstehung geschützt, soweit sie ihrerseits die urheberrechtlichen Schutzvoraussetzungen erfüllen[47].

c)   Zusammenhang mit dem Schutzumfang

All dies führt auch nicht etwa zu einem unangemessen breit gezeichneten, das Vorfeld bloßer Präsentationsideen monopolisierenden Schutz der Hervorbrin-

---

43   So ist in der spärlichen Rechtsprechung zu modernen, präsentationsgeprägten Einzelkunstwerken etwa das Kunstwerk „Liegewiese – Betreten verboten" (ein aus Gras gestaltetes und zunehmend verwachsendes „Sofa" als *work in progress*) als schutzfähiges Werk eingeordnet worden, das – abgesehen von dem originellen Material des wachsenden Grases – ausweislich existierender Abbildungen selbst allenfalls ein – auch im Vergleich zu den hier betrachteten Phantasiegestaltungen – doch überschaubares Maß an Individualität aufwies, s. LG Frankenthal GRUR 2005, 577 – *Grassofa*. Vgl. auch allgemein Dreier/*Schulze*, § 2, Rz. 154 mwN.

44   Im Falle der Fettecke im Hessischen Landesmuseum Darmstadt, im Falle des Transparents in der Sammlung des Museums Schloss Moyland, vgl. *Paust*, Neues aus dem Joseph Beuys Archiv, in: Heft 22 der Schriften Museum Schloss Moyland (2009), S. 8 (des Beitrags).

45   Vgl. Dreier/*Schulze*, § 2, Rz. 150. Zu betonen ist im hier betrachteten Zusammenhang noch zusätzlich, dass diese sämtlichen „Zweifelsfälle", in denen eine individuelle Gestaltung zum Grenzfall wurde, so dass Indizien wie die Anerkennung in der Fachwelt und die Präsentation in Museen eine Rolle spielten, sich im Bereich der *angewandten* Kunst bewegen. Für die (reinen) bildenden Künste genügt ohnedies ein Mindestmaß an Individualität.

46   S. BGH GRUR 1987, 903, 905 – *Le Corbusier-Möbel*. Dagegen aber wohl *Maaßen*, AfP 2011, 10, 12, der sich jedenfalls gegen eine Berücksichtigung der „Bewertung der Fachwelt" wendet.

47   Allgemeine Meinung, s. BGH GRUR 1985, 1041, 1046 – *Inkasso-Programm*; Schricker/Loewenheim-*Loewenheim*, § 2, Rz. 22 mit umfassenden weiteren Nachweisen.

gungen von Kunstaktionen jeglicher Couleur[48]. Denn dieser Monopolisierungsgefahr für bloße Ideen ist zutreffend durch einen entsprechend eng gezeichneten *Schutzumfang* bei derartigen, auf bestimmten Kombinations- und Transformationsideen beruhenden Werken, zu begegnen[49]. Nur die identische oder fast identische Übernahme hinsichtlich der verwendeten Materialien, ihrer individuellen Kombination und gestalterischen Verarbeitung – wie eben etwa eine Fotografie dieser statischen Elemente – kann hier das Urheberrecht verletzen. Die bloße Durchführung einer vergleichbaren Idee mit abweichender individueller Kombination von Materialien oder deren individuell abweichender Verarbeitung und Gestaltung bei der Herstellung der Artefakte berührt demgegenüber das Urheberrecht nicht. Dieses erfasst vielmehr (auch bei Kunstaktionen und deren Artefakten) nur die individuelle Konkretisierung der Idee in der *Form,* in der sie durchgeführt wurde.

III.   Vorliegen eines Verletzungstatbestandes

1.   Ausgangspunkt

Bezüglich der Frage nach einer Verletzung des Urheberrechts war für das Gericht zu prüfen, ob und inwieweit überhaupt schutzfähige *Teile* des Werks (also schöpferische Elemente) durch die Ausstellung der Fotografien betroffen waren. Darüber hinaus war – um diesen eigentlichen rechtlichen Kern- und Streitpunkt vorwegzunehmen – aufgrund der Besonderheiten des Sachverhalts in der Folge entscheidend, ob die ursprüngliche Übernahme durch die Fotografien gerade *nur* in Form einer Teilvervielfältigung (§ 16 Abs. 1 UrhG) oder (auch) in Form einer Bearbeitung oder sonstigen Umgestaltung (§ 23 Satz 1 UrhG) erfolgte[50].

Denn da die Fotografien unstreitig mit Zustimmung von *Beuys* angefertigt wurden und das zugrundeliegende Werk unstreitig mit der Sendung von 1964 im Sinne des § 6 Abs. 1 UrhG *veröffentlicht* war, wäre das hier seitens der Beklagten allein berührte Ausstellungsrecht (§ 18 UrhG) bezüglich solcher mit Zustimmung des Urhebers angefertigter Vervielfältigungsstücke erschöpft gewesen, während für die Veröffentlichung oder Verwertung einer Bearbeitung oder ande-

---

48   In diese Richtung aber *Maaßen,* aaO., in hübsch zugespitzter Sentenz: „Der Satz von *Kurt Schwitters* ,Alles, was der Künstler spuckt, ist Kunst' [könne] kein Maßstab für gerichtliche Entscheidungen sein".

49   Genau zutreffend Dreier/*Schulze,* § 2, Rz. 154.

50   Vgl. ausführlich zum Verhältnis von Vervielfältigung und Bearbeitung am Beispiel dieses Falles *Loschelder,* GRUR 2011, 1078 ff.

ren Umgestaltung des Werks nach § 23 Satz 1 UrhG weiterhin die Zustimmung der Rechtsnachfolgerin von *Joseph Beuys* erforderlich blieb[51].

Dieser Ausgangsüberlegung entsprechend musste bei der rechtlichen Beurteilung zuerst grundsätzlich das Verhältnis von (Teil-)Vervielfältigung und Bearbeitung geklärt werden, sodann war die Übernahme einzelner schöpferischer, schon für sich schutzfähiger Elemente der Aktion zu belegen, um auf dieser Basis schließlich den Verletzungstatbestand bezüglich der gesamten Fluxus-Aktion in ihrem (prozesshaften) zeitlichen Verlauf beurteilen zu können. Die bündigen Überlegungen des Landgerichts sind in diesem Zusammenhang insgesamt (noch) weniger systematisch aufgebaut gewesen als das nunmehr vorliegende oberlandesgerichtliche Urteil, da insbesondere bezüglich des Streitgegenstandes auf der erstinstanzlichen Ebene (noch) nicht hinreichend deutlich wurde, dass es tatsächlich um die *kumulative* Ausstellung *sämtlicher* Fotos der gesamtem Serie – also die *Fotoserie* als solche – ging[52].

2. Vervielfältigung und Bearbeitung

Im Ergebnis haben beide Urteile die Auffassung vertreten, die Ausstellung der Fotografien *Tischers* stelle eine unzulässige Verwertung einer Umgestaltung gemäß § 23 Satz 1 UrhG dar[53].

Das Landgericht hatte wie folgt begründet: In der Übertragung der Kunstaktion in Form eines dynamischen Prozesses in die Form der (statischen) Fotografien liege eine Umgestaltung, da eine länger andauernde Darbietung (Aktion) in ein Foto umgesetzt werde. Demgegenüber liege eine Vervielfältigung i.S.d. § 16 UrhG *nicht* vor[54].

Dieser Ansatz entsprach hinsichtlich der letztgenannten Aussage nicht der herrschenden Meinung in Bezug auf das Verhältnis der § 16 und § 23 UrhG zueinander[55] und war auch im Hinblick auf die Beurteilung *einzelner* Fotos im hier vorliegenden Sachverhalt nicht frei von Zweifel. Denn nach der zutreffenden herrschenden Meinung handelt es sich bei Bearbeitungen oder anderen Umge-

---

51 Vgl. zu diesem Zusammenhang auch *Maaßen,* AfP 2011, 10, 14.
52 Vgl. nunmehr eindeutig OLG Düsseldorf, GRUR 2012, 173.
53 S. LG Düsseldorf, Urt. v. 29. September 2010, 12 O 255/09, ZUM 2011, 77, 79 f.; OLG Düsseldorf, GRUR 2012, 174, 175 f.
54 S. LG Düsseldorf, Urt. v. 29. September 2010, 12 O 255/09, ZUM 2011, 77, 79 f.
55 S. für die herrschende Meinung Schricker/Loewenheim-*Loewenheim,* § 23, Rz. 3 mwN.; für die diesbezügliche Minderansicht, die in § 23 UrhG ein selbständiges ausschließliches Verwertungsrecht erblicken will, vgl. Fromm/Nordemann-*A.Nordemann,* § 23, Rz. 2 mwN. Insoweit im Übrigen zutreffende Kritik des Landgerichts auch im Gutachten Hertin, S. 14 mwN.

staltungen *ebenfalls* um (Teil-)Vervielfältigungen des Werks (in umgestalteter Form)[56]. Einer Bearbeitung oder anderen Umgestaltung wird und *muss* also nach der herrschenden Meinung stets notwendig eine (Teil-)Vervielfältigung *schöpferischer Elemente* des bearbeiteten oder umgestalteten Werks zugrunde liegen. Ob dabei mit Blick auf die wesentlichen Abläufe der *dynamischen Aktion* eine Erfassung schon in *einzelnen* Fotos in Betracht kam, war durchaus nicht frei von Zweifel (während die statischen Einzelelemente sicherlich erfasst wurden, s. zuerst zu letzterem unten 3). Eine Übernahme der dynamischen Aktion als solcher kommt bei zutreffender Betrachtung insbesondere im Hinblick auf die gesamte ausgestellte Fotografien*serie Manfred Tischers* in Betracht (so nunmehr zutreffend auch das Oberlandesgericht, s. unten 4).

3.   Übernahme schutzfähiger (statischer) Werkteile der Aktion „Das Schweigen von Marcel Duchamp wird überbewertet" durch die Fotoserie

Eine (Teil-)Vervielfältigung des Werks von *Beuys* durch die Fotoserie *Manfred Tischers* setzt im Ausgangspunkt zunächst nur voraus, dass diese Fotoserie für sich genommen schöpferische, schutzfähige Werkteile der Aktion betrifft[57]. Dies ist hinsichtlich der für sich betrachtet (in ihrer endgültigen Form und in den Vorformen) schutzfähigen Elemente der *Auswahl* verwendeter Materialien und Requisiten sowie der aus der Aktion *resultierenden Artefakte* und schließlich auch hinsichtlich des *Gesamtarrangements* dieser Materialien, Requisiten und resultierenden Gestaltungen zueinander[58] der Fall.

Dies hat im Ansatz genau zutreffend – allerdings nur bezüglich des Plakats und der „Fettecke" – auch das Landgericht festgestellt[59]. Wenn das Gericht in der Folge wiederum missverständlich formuliert, es sei nicht notwendig, dass „gerade die Teile der Aktion, die Gegenstand der Fotografien sind, urheberrechtlich geschützt sind"[60], dann ist dies wohl nur dergestalt zu verstehen, dass nicht auch gerade der *komplette Ablauf* der Aktion sich in sämtlichen Fotografien widerspiegeln müsse. Vielmehr genügt insoweit im Ausgangspunkt für eine urheberrechtlich relevante Teilvervielfältigung eben zunächst einmal, dass diese Fotografienserie *für sich genommen* schutzfähige (statische) Teile – also jeweils schöpferische Teilelemente – des Werks betrifft, was das Landgericht zuvor zu-

---

56   Vgl. die Nachweise o. Fn. 55.
57   Insoweit allgemeine Meinung, s. am deutlichsten und allgemeinsten Fromm/Nordemann-*A.Nordemann,* § 2, Rz. 51 mwN. Vgl. im Übrigen auch schon oben II 1.
58   Vgl. zur Identifikation der (statischen) schöpferischen Elemente der Aktion ausführlich oben II 3 a und b.
59   LG Düsseldorf, Urt. v. 29. September 2010, 12 O 255/09, ZUM 2011, 77, 79 f.
60   LG Düsseldorf, Urt. v. 29. September 2010, 12 O 255/09, ZUM 2011, 77, 80.

treffend bejaht hatte[61]. Die Umsetzung der dreidimensionalen in die zweidimensionale Form ändert insoweit nichts am Vervielfältigungscharakter der genannten Fotografien, die die betroffenen schöpferischen Werkteile in der zweidimensionalen Form identisch wiedergeben[62].

4.   Verletzungstatbestand bezüglich der Fluxus-Aktion in ihrem prozesshaftdynamischen Verlauf

a)   Ausgangspunkt

Das Vorliegen einer Vervielfältigung dieser Teilelemente steht dabei nun aber dem *gleichzeitigen* Vorliegen einer Bearbeitung oder anderen Umgestaltung im Hinblick auf die *Gesamtaktion* grundsätzlich gerade nicht entgegen, so dass die Auffassung des Landgerichts, es handle sich bei den Fotografien um Umgestaltungen der Kunstaktion, auf dieser dogmatisch leicht korrigierten Basis jedenfalls für die *Gesamtheit* der Fotografienserie *im Ergebnis* durchaus Bestand haben kann[63]. Denn die Bearbeitung i.S.d. § 23 Satz 1 UrhG ist nach zutreffender herrschender Meinung und insbesondere der konsistenten höchstrichterlichen Rechtsprechung eine (privilegierte) (Sonder-)Form der Vervielfältigung, wobei die Letztere auch die Festlegung eines Werks in umgestalteter Form umfasst, solange nur schöpfungsbegründende Elemente (zum Teil) übernommen werden[64]. Eine Bearbeitung des Gesamtwerks unter gleichzeitiger Teilvervielfältigung schöpferischer Einzelelemente ist daher nicht nur denkbar, sondern vielmehr sogar ein typischer Fall der Bearbeitung oder anderen Umgestaltung.

Eine Bearbeitung ist im hier zugrunde liegenden Sachverhalt insofern zu prüfen, als *Tischer* mit seinen Fotografien aufgrund der Wahl der Perspektiven, der Aufnahmemomente und der verwendeten Belichtungstechnik seinerseits möglicherweise eine schöpferische Leistung erbrachte und insbesondere durch Einbeziehung des handelnden *Joseph Beuys* die vervielfältigten statischen Einzelelemente in einen neuen, deren Entstehung und die Aktion insgesamt *doku-*

---

61   LG Düsseldorf, Urt. v. 29. September 2010, 12 O 255/09, ZUM 2011, 77, 79: Fettecke und Plakat wiedergegeben und damit die individuelle schöpferische Aussage bildlich eingefangen und dokumentiert.

62   S. schon BGH GRUR 1983, 28 – *Presseberichterstattung II.*

63   So nunmehr auch das OLG Düsseldorf, GRUR 2012, 173, 175 f., wobei sich das OLG von vornherein zutreffend auf den Schutz der dynamischen Aktion als solcher konzentriert (und den hier der Vollständigkeit halber vorstehend mit abgehandelten Schutz der einzelnen Gegenstände bewusst ausklammert, aaO., S. 173).

64   S. eindeutig BGH GRUR 1963, 441, 443 – *Mit dir allein.* So im Übrigen zutreffend auch Gutachten Hertin, S. 14.

mentierenden Kontext stellte. Er fügte damit durch Wahl möglichst repräsentativer Perspektiven und einer größeren Zahl spezifischer Aufnahmemomente den aus dem Verlauf der Aktion resultierenden statischen (und für sich genommen in dieser Form schutzfähigen und teilvervielfältigten) Gestaltungselementen der bildenden Kunst durch die dokumentarische Konzentration auf den *Entstehungsprozess* (die Fluxus-Aktion als Gesamtwerk unter prominenter Einbeziehung des handelnden Künstlers) eine zusätzliche Dimension hinzu, die den (für das Gesamtwerk prägenden) dynamischen Prozess ansatzweise reflektieren könnte[65].

Entscheidend musste vor diesem Hintergrund sein, ob dies im Hinblick auf das Originalwerk zur Annahme einer Bearbeitung oder anderen Umgestaltung durch die Fotografien führen muss. Diese Problematik bildet im Hinblick auf die diesbezügliche Einordnung einer ganzen dokumentarischen *Fotoserie* den eigentlich rechtlich neuartigen und spannenden Kernpunkt der Beurteilung des Sachverhalts.

b)   Vorliegen einer Bearbeitung oder sonstigen Umgestaltung bei Vorliegen einer Teilvervielfältigung durch Fotos

Entscheidend ist in diesem Zusammenhang die Frage, ob die (Teil-) Vervielfältigungen der prägenden (statischen) Elemente einer künstlerischen Aktion durch die einzelnen Aufnahmen einer Fotoserie zugleich in ihrer Gesamtschau im Hinblick auf die Gesamtaktion eine Bearbeitung oder andere Umgestaltung darstellen können.

aa)   Stellungnahmen im Prozess

In einzelnen Stellungnahmen im Rahmen des Prozesses wurde diese Frage kategorisch verneint[66].

So ergebe sich aus einem älteren Urteil (des LG München I in der Rechtssache *Godspell*[67]), dass eine einzelne Fotografie keine Vervielfältigung einer schutzfähigen tänzerischen Gestaltung darstellen könne. Denn bei einem Werk der Tanzkunst handele es sich um die sinnfällige Darstellung eines bewegten Geschehensablaufs mit dem Ausdrucksmittel der Bewegung, wobei der Sinn und geistige Gehalt durch Köperbewegungen, insbesondere durch Tanz, ausgedrückt werde. Eine Abbildung lediglich der augenblicklichen Mimik und Haltung eines

---

65   Bündig ebenso OLG Düsseldorf, GRUR 2012, 173, 176.
66   So insbesondere das Gutachten Hertin, S. 15 ff., 18 ff.
67   LG München I GRUR 1979, 852, 853 – *Godspell.*

Künstlers (sowie der Maske, des Bühnenbilds etc.) könne als bloße Momentaufnahme dieses Ausdrucksmittel der Bewegung und Gestik oder Szene und Musik nicht erfassen[68]. Außerdem liege, falls doch von einer Vervielfältigung auszugehen sei, jedenfalls keine Bearbeitung oder andere Umgestaltung vor, da insbesondere der BGH in seinem bekannten *Alpensinfonie*-Urteil[69] entschieden habe, dass in der Filmaufnahme von einem Konzert (samt Schnittfolge und Szenenwechseln) gerade keine Bearbeitung oder andere Umgestaltung des zugrunde liegenden Werks der Musik liegen könne[70].

Die Argumentation, die wesentlich auf den beiden genannten Urteilen ruht, lässt sich also wie folgt zusammenfassen: Erstens stellten die Fotos von *Tischer* schon keine Teilvervielfältigung der *Beuys*-Aktion „Das Schweigen von Marcel Duchamp wird überbewertet" dar. Wenn dies aber doch der Fall sei, so könne (sachlogisch) in einer solchen Teilvervielfältigung durch Fotos jedenfalls keine Bearbeitung oder sonstige Umgestaltung liegen, da das Werk nicht verändert, ihm auch nichts hinzugefügt werde, so dass eben in der Tat „nur" eine Vervielfältigung vorliege.

bb)   Kritik

Diese vorstehend umrissene Argumentation ist aus mehreren Gründen so nicht zu halten. Zunächst ist im Ausgangspunkt zum Schutz von Werkteilen (nochmals) festzuhalten, dass eine Teilvervielfältigung lediglich voraussetzt, dass von der Vervielfältigungshandlung für sich genommen urheberrechtlich schutzfähige Teile betroffen sind[71]. Teilvervielfältigungen lagen hier also schlicht schon deshalb vor, weil in der Fotoserie für sich schutzfähige, schöpferische Elemente der Aktion – nämlich in je unterschiedlichem Umfang und Gewicht die Fettecke samt den Vorstufen ihrer Entstehung, das im Wesentlichen fertig gestellte Plakat samt der Vorbereitung der Applikation der Schokolade sowie der verlängerte Spazierstock und schließlich in jeweils unterschiedlichem Umfang auch (teilweise) das bühnenmäßige Arrangement dieser Objekte zueinander – abgebildet waren[72]. Insbesondere die Gesamtserie der Fotos machte darüber hinaus – wegen der geeigneten Wahl unterschiedlicher Aufnahmeperspektiven – das Gesamtar-

---

68   S. zum Ganzen auch Gutachten Hertin, S. 15 ff.; ähnlich *Maaßen,* AfP 2011, 10, 12 f.
69   BGH GRUR 2006, 319, 321 – *Alpensinfonie.*
70   S. Gutachten Hertin, S. 18 ff.; im Ergebnis ebenso *Maaßen,* AfP 2011, 10, 13.
71   Allgemeine Meinung, s. nur Schricker/Loewenheim-*Loewenheim,* § 16, Rz. 14 mit umfassenden weiteren Nachweisen aus Rechtsprechung und Literatur.
72   Vgl. zur Schutzfähigkeit einer originellen Zusammenstellung einzelner Elemente im Gesamtgefüge eines bewegten *tableau vivant* im Übrigen ausführlich schon *Raue,* GRUR 2000, 951, 954.

rangement der Objekte zueinander sogar insgesamt gut erkenn- und nachvollziehbar[73].

Diesem eindeutigen Befund steht insbesondere das Urteil des LG München I in *Godspell*[74] schon von vornherein nicht entgegen. Denn das Urteil betraf den anders gelagerten Sachverhalt einer *einzelnen* Momentaufnahme eines Werks der *Tanzkunst*. Dessen schöpferische Elemente bestanden, wie das LG München I zutreffend herausarbeitet, gerade in der tänzerischen Gestaltung durch Körperbewegungen, Gestik, insbesondere Tanz ggf. in Wechselbezug zur Musik u.ä. *Diese* schöpferischen Elemente waren von einer *einzelnen* Fotografie, die eine augenblickliche Mimik und Haltung des ausführenden Künstlers wiedergab, im entschiedenen Sachverhalt aber in der Tat nicht erfasst. Genau darin liegt der Unterschied zum hier zugrunde liegenden Sachverhalt, in dem sich in den fotografisch erfassten statischen Augenblicksaufnahmen der gesamten *Fotoserie* jedenfalls die bildnerischen Einzelelemente und deren Arrangement zueinander und damit zugleich eben auch schon wesentliche, *für die Kunstaktion prägende* schöpferische Elemente spiegeln[75].

Die originelle Zusammenstellung der Elemente, das jeweilige Arrangement zueinander und die verarbeitende Gestaltung der einzelnen bildnerischen Elemente ist in der Gesamtheit der Fotoserie *Tischers* (sowie in der überwiegenden Mehrzahl der einzelnen Fotografien) ersichtlich dokumentierend übernommen worden. Allein diese Tatsache führte also zunächst einmal zu einer Teilvervielfältigung, da die Vervielfältigung damit jedenfalls schöpferische Werkelemente betraf. Die zusätzliche, integrativ überwölbende Klammer von Zeit und Bewegung als *übergeordneter* Gestaltungsfaktor der *Entstehung* dieser Elemente vermochte an der grundsätzlichen Schutzfähigkeit der untergeordneten Einzelelemente gerade nichts zu ändern[76].

Dies führt zum zweiten – gewichtigeren – Argument *Hertins* gegen das Urteil des Landgerichts, demzufolge unter solchen Umständen aber jedenfalls eine Bearbeitung oder andere Umgestaltung ausscheide[77]. Entscheidend ist in diesem Zusammenhang letztlich, ob hinsichtlich der Aktion von *Beuys* in den Fotografien *Tischers* eine *Veränderung* des Originalwerks liegt. Dies lehnt *Hertin* unter

---

73 S. LG Düsseldorf, Urt. v. 29. September 2010, 12 O 255/09, ZUM 2011, 77, 79 f.; OLG Düsseldorf, GRUR 2012, 173, 174 f.

74 LG München I GRUR 1979, 852, 853 – *Godspell.*

75 Vgl. insoweit ausführlich oben II 2 und 3.

76 S. schon oben II 1. Es ist dieser zentrale Grundsatz des Teilwerkschutzes – demzufolge Teileelemente eines Werks bereits dann schutzfähig sind, wenn sie für sich eine persönliche geistige Schöpfung verkörpern (selbst wenn sich in ihnen das Gesamtwerk nicht reflektiert – der im Übrigen vom Gutachten Hertin an dieser Stelle (s. S. 16 ff.) nicht hinreichend berücksichtigt wird.

77 S. Gutachten Hertin, S. 18 ff. Vgl. auch oben III 4 b aa.

Berufung auf die BGH-Entscheidung in *Alpensinfonie*[78] und in Abgrenzung des Sachverhalts von der älteren *Unikatrahmen*-Entscheidung[79] ab[80]. Die insofern nahegelegte Parallele zum *Alpensinfonie*-Urteil besteht allerdings bei genauer Betrachtung nicht[81]. Der tragende Grund der BGH-Entscheidung *Alpensinfonie*, in Abgrenzung von der älteren *Unikatrahmen*-Entscheidung eine Bearbeitung des zugrundeliegenden Konzerts (als Werk der Musik) durch die „Zutat" der Verbindung mit den in Schnittfolgen gestalteten Laufbildern des Live-Mitschnitts abzulehnen, lag darin, dass hier das – völlig unveränderte und insoweit „notengetreu" aufgeführte und unterliegende – Werk der Musik durch diese „Zutaten" gerade nicht in seinem Wesen betroffen war, sondern vielmehr mit den Laufbildern lediglich eine Art aliud hinzugefügt wurde, das einer *vollkommen anderen Kunstform* zuzuordnen war. Dies unterschied den Sachverhalt nach Auffassung des BGH zudem von dem in *Unikatrahmen* entschiedenen Sachverhalt, da dort die individuell gestalteten Rahmen gerade an die tragenden ästhetischen Elemente der zugrunde liegenden Werke der bildenden Kunst anknüpften[82].

Gewendet auf den hier betrachteten Sachverhalt ist festzuhalten, dass die streitgegenständlichen Fotografien im Verhältnis zu der dokumentierten Fluxus-Aktion einerseits bestimmte (für Lichtbildwerke spezifische) Elemente – wie die Wahl der Perspektive, der Belichtung etc. – hinzufügten, andererseits aber – und viel wesentlicher – die *Aktion* durch serielle Wiedergabe bestimmter ausgewählter *Aufnahmemomente* gerade *auszugsweise* dokumentierten, mit anderen Worten insoweit nichts *hinzufügten,* sondern vielmehr die Aktion durch Konzentration auf bestimmte Momente sezierten und *komprimierten.* Damit ist aber der Rekurs auf die BGH-Entscheidungen in *Alpensinfonie* und *Unikatrahmen* in diesem Zusammenhang in doppelter Hinsicht ohne Relevanz[83]: Zum einen geht es demnach im Kern nicht etwa um die *„Hinzufügung"* bestimmter Elemente, sondern vielmehr – gleichsam genau im Gegenteil – um eine *auszugsweise* Wiedergabe. Zum anderen knüpfen aber auch die „hinzugefügten" fotografischen Elemente (wie die Wahl der Perspektive sowie der Aufnahmemomente etc.) im hier zu betrachtenden Sachverhalt gerade an wesentliche schöpferische Elemente der *Beuys*-Aktion an – nämlich deren gesamten ästhetischen, suggestiv-bildnerischen Anteil sowie (mit der Auswahl der Aufnahmemomente) auch den dynamischen Aktionscharakter im zeitlichen Verlauf, weil sie diese Elemente herauszuarbeiten und

---

78 BGH GRUR 2006, 319, 321 – *Alpensinfonie.*
79 BGH GRUR 2002, 532 – *Unikatrahmen.*
80 S. Gutachten Hertin, S. 20.
81 S. genau zutreffend in der Folge auch die Abgrenzung von dem dem *Alpensinfonie*-Urteil zugrunde liegenden Sachverhalt bei OLG Düsseldorf, GRUR 2012, 173, 176.
82 S. BGH GRUR 2006, 319, 322 – *Alpensinfonie.*
83 Ebenso im Ergebnis nunmehr OLG Düsseldorf, GRUR 2012, 173, 176.

auszugsweise zu dokumentieren suchten. Anders als in dem der *Alpensinfonie*-Entscheidung zugrunde liegenden Sachverhalt waren die „Zutaten" *Tischers* daher, soweit es sich überhaupt um „Zutaten" und nicht eher um „Hinweglassungen" handelt, gerade nicht einer vollkommen anderen Kunstform zuzuordnen als das zugrunde liegende Werk, sondern versuchten vielmehr, dokumentierend an die tragenden schöpferischen Elemente des zugrunde liegenden Werks anzuknüpfen. Die BGH-Entscheidung in *Alpensinfonie* sprach daher in dieser Konstellation keinesfalls gegen die Annahme einer Bearbeitung oder anderen Umgestaltung durch auszugsweise Wiedergabe des Originalwerks unter Wahl besonders geeigneter Momente und Perspektiven.

cc)   Auszugsweise Dokumentation von Sprachwerken: Insbesondere das BGH-Urteil in Sachen *Perlentaucher*

Aktuell ins Auge fällt vielmehr die Parallele zu Fällen der auszugsweisen, bewusst komprimierten Wiedergabe von Werken zum Zwecke der Dokumentation[84]. An den diesbezüglich von Rechtsprechung und Literatur entwickelten Kriterien war der Sachverhalt richtigerweise zu messen. Insoweit kann im Ausgangspunkt kein Zweifel bestehen: die gekürzte oder auszugsweise Wiedergabe eines Werks kann als Vervielfältigung des Werks in veränderter Form eine Bearbeitung oder andere Umgestaltung darstellen[85]. Dies gilt insbesondere auch für dokumentarischen Zwecken dienende *Abstracts*[86] (oder auch Urteilsleitsätze[87]).

Die aktuellsten Leitentscheidungen in diesem Bereich betreffen die *Abstracts* von Buchrezensionen, die den Gegenstand des Urteils des OLG Frankfurt aus dem Jahr 2007 und nunmehr des BGH-Urteils vom 1. Dezember 2010 in der Rechtssache *Perlentaucher* bildeten[88]. Die in diesen Urteilen entwickelten

---

84   Vgl. im Überblick Schricker/Loewenheim-*Loewenheim*, § 23, Rz. 10 mit umfassenden weiteren Nachweisen.

85   S. Schricker/Loewenheim-*Loewenheim*, aaO. mwN.

86   Vgl. schon sehr frühzeitig *Mehrings*, GRUR 1983, 275, 285 f., der den Charakter naturwissenschaftlicher *Abstracts* (Referate) als Bearbeitungen diskutiert und für die meisten praktischen Fälle deshalb ablehnt, weil der *Inhalt* der zugrunde liegenden wissenschaftlichen Werke frei sei. Dieses für ihn entscheidende, einzelfallbezogene Argument lässt sich auf den hier vorliegenden Sachverhalt aber nicht übertragen, da die von *Beuys* arrangierte Bühnengestaltung und Inszenierung Teil seiner künstlerischen Bildsprache ist, so dass sie – anders als der bloße Inhalt eines Sprachwerks oder ein Naturmotiv – grundsätzlich schutzfähig ist, vgl. genau zutreffend LG Düsseldorf, Urt. v. 29. September 2010, 12 O 255/09, ZUM 2011, 77, 80.

87   Vgl. BGH GRUR 1992, 382 – *Leitsätze;* OLG Köln ZUM 2009, 243.

88   S. OLG Frankfurt GRUR 2008, 249 – *Perlentaucher*; BGH GRUR 2011, 134 – *Perlentaucher.*

Grundsätze und Kriterien können (mit einer wesentlichen Einschränkung) auf den hier diskutierten Sachverhalt übertragen werden. Diese Einschränkung im Ausgangspunkt betrifft die Tatsache, dass die dem Sachverhalt in *Perlentaucher* zugrunde liegenden Buchrezensionen (als praktische Sprachwerke) in aller Regel nur für ihre sprachliche Gestaltung, *nicht für ihren Inhalt* Urheberrechtsschutz beanspruchen konnten, wie dies auch der BGH nunmehr in seiner Revisionsentscheidung betont hat[89]. In diesem Aspekt ist die hier betrachtete Situation etwas anders gelagert. Denn – wie das arrangierte Motiv oder die Inszenierung (und anders als etwa das bloße Naturmotiv eines Fotografen)[90] – genossen das von *Beuys* geschaffene suggestiv-bildnerische Arrangement der einzelnen Elemente seiner Aktion wie auch insgesamt die Inszenierung urheberrechtlichen Schutz, da sie Teil seiner künstlerischen Bildsprache, der von ihm eingesetzten und integrativ kombinierten individuellen schöpferischen Mittel waren[91]. Die auf die Freiheit des gedanklichen *Inhalts* abhebenden Erwägungen des BGH im *Perlentaucher*-Urteil können daher im hier vorliegenden Sachverhalt außer Betracht bleiben. Im Übrigen kann und muss der Sachverhalt aber durchaus an den vom OLG Frankfurt und vom BGH entwickelten Kriterien für das Vorliegen einer Bearbeitung oder freien Benutzung bei der Zusammenfassung vorbestehender Werke gemessen werden.

In diesem Zusammenhang kann eine schöpferische Leistung der Verfasser von *Abstracts* in der *Ermittlung des Kerngehalts* der zugrunde liegenden Rezensionen und deren – nicht einfacher – *Komprimierung* auf knappstem Raum liegen. Die schöpferische Leistung, der Beitrag des Bearbeiters oder freien Benutzers bestehe hier darin, auf knappstem Raum den wesentlichen Inhalt des Werks zu repräsentieren[92]. Für die Abgrenzung von Bearbeitung i.S.d. § 23 Satz 1 UrhG und freier Benutzung i.S.d. § 24 UrhG kommt es dann (entsprechend den allgemeinen Grundsätzen) entscheidend auf den Abstand an, den das neue Werk durch seine selbständige Gestaltung zu den entlehnten eigenpersönlichen Zügen des benutzten Werkes hält, sowie auf die Frage, ob dieser genügt, um die entlehnten eigenpersönlichen Züge des bearbeiteten Werks verblassen zu lassen[93].

89 BGH GRUR 2011, 134, Rz. 37 – *Perlentaucher*.
90 Vgl. dazu schon oben bei Fn. 36 und 37.
91 Vgl. genau zutreffend LG Düsseldorf, Urt. v. 29. September 2010, 12 O 255/09, ZUM 2011, 77, 80.
92 OLG Frankfurt GRUR 2008, 249, 251 – *Perlentaucher*; bestätigt von BGH GRUR 2011, 134, Rz. 27 – *Perlentaucher*.
93 BGH GRUR 2011, 134, Rz. 33 – *Perlentaucher*.

dd)　Übertragbarkeit der *Perlentaucher*-Rechtsprechung und Entwicklung eines Kriteriums zur Beurteilung des Vorliegens einer Bearbeitung oder anderen Umgestaltung mit Blick auf Dokumentarfotografien künstlerischer Aktionen

In der Vorgehensweise einer auszugsweisen identischen (in der BGH-Entscheidung wörtlichen) Übernahme einzelner kleiner Werkteile mit dem Ziel, durch die sorgsame Auswahl und Kombination derlei möglichst prägnanter Werkteile in diesem Zusammenhang das *Gesamtwerk* komprimiert zu dokumentieren, ist der vom BGH in *Perlentaucher* entschiedene Sachverhalt dem vom Landgericht und Oberlandesgericht Düsseldorf entschiedenen Sachverhalt überraschend vergleichbar[94].

Fraglich ist allerdings, ob die Überlegungen des OLG Frankfurt und des BGH zum (mindestens) bearbeitenden, eigenschöpferischen Charakter der Komprimierungsleistung bezüglich einer auszugsweisen Zusammenfassung einer Rezension auf den hier zugrunde liegenden Sachverhalt der auszugsweisen Dokumentation einer künstlerischen Aktion durch eine Serie von Fotografien übertragen werden können. Doch ist die schöpferische Leistung des Fotografen im hier vorliegenden Sachverhalt zweifellos ähnlichen Charakters: die Fotografien dokumentieren gerade die (nach künstlerischen Selbstzeugnissen, Angaben von Zeitzeugen und der Auffassung kunsthistorischer Darstellungen) wesentlichen Elemente der Aktion. Sie spiegeln im Übrigen auch *in ihrer Schwerpunktsetzung* deren wesentliche *Abläufe*[95]. Ersichtlich versuchte der schon damals bekannte Künstlerfotograf *Tischer,* die Aktion gerade in ihren *wesentlichen* Abläufen zu dokumentieren[96]; genau zu diesem Zweck begleitete *Manfred Tischer* viele Künstler und „dokumentierte wichtige künstlerische Ereignisse"[97]. Zu beurteilen ist also die Frage, ob in einem solchen Versuch dokumentierender Wiedergabe einer Kunstaktion durch eine ganze *Serie* von Fotos eine schöpferische, bearbeitende (oder zumindest umgestaltende) Leistung im Hinblick auf die Kunstaktion als Gesamtwerk liegen kann.

94　Die Parallele wird nunmehr auch vom OLG Düsseldorf, GRUR 2012, 173, 176, gezogen.

95　Vgl. dazu näher sogleich unten III 4 b ee (2).

96　S. hierzu im Übrigen auch deutlich der Essay zur Ausstellung seitens der Künstlerischen Direktorin des Museums Schloss Moyland, *Paust,* Neues aus dem Joseph Beuys Archiv, in: Heft 22 der Schriften Museum Schloss Moyland (2009), S. 3: *Tischer* habe viele wichtige künstlerische Ereignisse dokumentiert, dabei wichtige historische Zeitdokumente geliefert.

97　*Paust,* Neues aus dem Joseph Beuys Archiv, in: Heft 22 der Schriften Museum Schloss Moyland (2009), S. 3.

In diesem Zusammenhang ist auch die ältere *Troades*-Entscheidung des OLG Hamburg[98] von Relevanz, die vom LG und OLG Düsseldorf nicht ausdrücklich berücksichtigt wurde. Dem Urteil lag ein Sachverhalt zugrunde, in dem eine bekannte Theaterfotografin eine Frankfurter „Troades"-Inszenierung mit großem Aufwand dokumentarisch fotografiert hatte. Die klagende Fotografin hatte im Rahmen ihrer Tätigkeit diverse fotografisch attraktive Momente der Inszenierung herausgesucht, hierfür beispielhaft Szenen mit verschiedenen Objekten serienweise und bei unterschiedlichen Lichtverhältnissen und aus unterschiedlichen Perspektiven fotografiert, um letztlich zu *einer* für die Inszenierung möglichst repräsentativen Fotografie gelangen zu können. Ihre Fotografie war dann von der Beklagten nachgestellt worden. In diesem Zusammenhang war vom OLG Hamburg die schöpferische Leistung der Klägerin zu beurteilen. Das OLG Hamburg hielt im Ausgangspunkt fest, dass die schöpferische Leistung im Bereich künstlerischer Fotografie neben der Wahl des Motivs, der Perspektive (und der weiteren technischen Parameter der Fotografie hinsichtlich Belichtung, Bildschärfe, Kontrast etc.) eben gerade auch darin liegen könne, bei Bewegungsvorgängen durch *Wahl des richtigen Moments* über die gegenständliche Abbildung hinaus eine Stimmung besonders gut einzufangen[99]. Die schöpferische Individualität könne sich dabei im Falle einer dokumentierenden Theaterfotografie gerade auch dergestalt äußern, dass eine Fotografie geschaffen werde, die aufgrund der *richtigen Wahl des Aufnahmezeitpunkts* als *besonders prägnant für die Inszenierung* anzusehen sei und hierdurch einen *repräsentativen Eindruck* von der gesamten Inszenierung vermittle[100]. Was diese grundsätzliche Möglichkeit der Äußerung schöpferischer Individualität durch eine Auswahl prägender Einzelmomente aus einem dynamischen Prozess angeht, hat im Übrigen auch der BGH in seinem *Mattscheibe*-Urteil vom 13. April 2000 in ganz ähnlicher Weise ausgeführt, dass eine „*sezierende Auswahl*" [Hervorh. d. Verf.] von Fernsehbildern aus einer anderen Sendung (die in eine plump satirische Fernsehshow eingearbeitet wurden) in der Gesamtschau *Teil der schöpferischen Leistung* des (in diesem Falle insgesamt schon die Schwelle zur freien Benutzung überschreitenden) Bearbeiters sein könne[101].

Angesichts dieser Ausgangslage scheint es denkbar, dass in außergewöhnlich gelagerten Fällen sogar nur *eine* Fotografie einer (dynamischen) prozesshaften künstlerische Aktion eine Bearbeitung der Aktion darstellen könnte, wenn es ihr gelingt, den prozesshaften Charakter der Aktion prägnant zu repräsentieren,

---

98 OLG Hamburg ZUM-RD 1997, 217 – *Troades.*
99 OLG Hamburg ZUM-RD 1997, 217, 219 – *Troades,* im Anschluss an *Schricker,* Urheberrecht, Kommentar, 1. Aufl. 1987, § 2, Rz. 113.
100 OLG Hamburg ZUM-RD 1997, 217, 220 – *Troades.*
101 BGH GRUR 2000, 703, 706 – *Kalkofes Mattscheibe.*

wenn sich mit anderen Worten wesentliche schöpferische Grundzüge der Aktion als *Prozess* in dieser Fotografie zumindest noch ansatzweise wiederfinden und wenn der durch die fotografische Darstellung und Verknappung auf den Augenblick entstandene Abstand zu der zugrunde liegenden Aktion nicht so groß ist, dass *deren* schöpferischer Charakter hinter der Fotografie vollkommen verblasst. Dabei kam es für den hier zu beurteilenden Sachverhalt auf die Frage, ob die streitgegenständlichen Fotografien sämtlich die Schwelle *schöpferischer* Qualität erreichen, nicht einmal entscheidend an, da eine zustimmungspflichtige Bearbeitung oder *andere Umgestaltung* nach allgemeiner Meinung auch vorliegt, wenn wegen Fehlens einer schöpferischen Leistung ein Bearbeiterurheberrecht nicht entsteht[102]. Entscheidend war demnach allein, ob auch die künstlerische *Aktion* als solche (wenn auch in verkürzender Form) von dieser Fotoserie zumindest noch ansatzweise dokumentiert wurde, so dass die Fotografien in dieser Hinsicht als Bearbeitung oder andere Umgestaltung in der Form der Herstellung eines komprimierten Überblicks zur Dokumentation der damaligen Aktion eingeordnet werden konnten[103].

ee)   Beurteilung der Gesamtheit einer Serie dokumentarischer Fotografien

(1)   Ausgangspunkt und ursprüngliches Urteil des Landgerichts

Diese Fragestellung, ob eine dokumentarische *Fotoserie* einer dynamisch-prozesshaften künstlerischen Aktion – ähnlich wie ein *Abstract* eines Sprachwerks – als Bearbeitung oder andere Umgestaltung der Aktion angesehen werden kann, hat (soweit ersichtlich) die deutschen Gerichte bisher nicht beschäftigt[104]. Auch im europäischen Rechtsvergleich liegen – soweit ersichtlich – keine

---

102 Allgemeine Meinung, vgl. nur Schricker/Loewenheim-*Loewenheim,* § 23, Rz. 11.

103 Auf die Frage, ob schon *einzelne* der streitgegenständlichen Fotografien oder aber *mindestens* bestimmte Unterkombinationen eine Umgestaltung der Aktion in diesem Sinne darstellen würden (wofür im streitgegenständlichen Sachverhalt einiges sprach), kam es dabei für das Landgericht und insbesondere für das Oberlandesgericht nicht an. Denn Streitgegenstand war die Ausstellung der *Gesamtserie* der 19 (bzw. vor dem Oberlandesgericht 18) Fotografien, so dass für deren *Gesamtkombination* zu untersuchen war, ob sie den Arbeitsprozess der Aktion in seinem dynamischen Verlauf auszugsweise zumindest im Ansatz erkennbar dokumentiert.

104 Auch das Gutachten Hertin, S. 16, stellt fest, dass „in der veröffentlichten Rechtsprechung ... über eine Fallgestaltung, bei der mittels einer gehäuften Bildfolge nach Art des ‚Daumenkinos' ein bewegter Geschehensablauf in Annäherung an das Medium Film dazustellen versucht [wurde] ... nach den Recherchen des Gutachters ... bisher nicht befunden worden sei".

einschlägigen, veröffentlichten Urteile vor. An dieser Stelle liegt der innovative Gehalt des hier vorgestellten und weitergedachten Urteils.

Dabei ist die Problematik ersichtlich zwischen den beiden Extrempunkten einer Filmaufnahme und einer Einzelfotografie anzusiedeln. Ein einfacher Filmmitschnitt, der ohne Hinzufügung weiterer Gestaltungselemente eine Aktion lediglich aufzeichnet, wird in der Regel als bloße Vervielfältigung anzusehen sein. Eine einzelne Fotografie wird, wenn sie nicht aufgrund der Wahl eines besonders prägnanten Aufnahmemoments und wegen der Besonderheiten des Einzelfalls schon repräsentative Qualität mit Blick auf die Gesamtaktion erreicht, in der Regel allenfalls statische Elemente eines bewegten Geschehensablaufs repräsentieren können, ohne insbesondere spezifische Bewegungsabläufe (etwa einer Tanzaktion) oder komplexere Zusammenhänge (wie im Falle einer Theaterinszenierung) dokumentieren zu können[105]. Eine *Serie* von Fotografien, die eine 20 – 30 minütige Aktion mit insgesamt 19 Aufnahmen dokumentiert, also immerhin *im Durchschnitt mindestens* alle 90 Sekunden eine Aufnahme liefert, liegt naturgemäß zwischen diesen Extremen. Ersichtlich kann jedenfalls in einem solchen Falle die Kombination der unterschiedlichen Aufnahmemomente und eine geschickte, möglichst repräsentative Wahl unterschiedlicher Bildausschnitte dafür sorgen, dass die Gesamtaktion *in ihrem Ablauf* in den Fotografien ansatzweise dokumentiert wird.

Dieser entscheidenden (und rechtlich überaus interessanten) Problematik hatte sich noch das Landgericht im hier besprochenen Urteil nur im Ansatz gestellt, wenn es vergleichsweise lapidar feststellte, die Bearbeitung liege in der Umsetzung einer dynamischen Aktion in die statische Form der Fotografien[106]. Genau genommen lautet die entscheidende vorgelagerte Frage aber, ob sich die dynamische Gesamtaktion in ihren Abläufen in einer Serie von Fotografien hinreichend verkörpern kann, um von einer verkürzenden, dokumentierenden Umgestaltung auszugehen[107]. Eben diese Frage lässt sich ersichtlich nur für den Einzelfall beurteilen; je nach den Eigenheiten des zugrunde liegenden Sachverhalts mag eine einzelne besonders prägnante Fotografie genügen oder eine Kombination einer größeren Anzahl an Fotografien erforderlich sein. Doch vermag – und hier war

105 Vgl. insoweit LG München I GRUR 1979, 852 – *Godspell,* sowie näher oben II 4 b aa und bb (1).
106 S. LG Düsseldorf, Urt. v. 29. September 2010, 12 O 255/09, ZUM 2011, 77, 80.
107 Diese Frage beantwortet das Landgericht, aaO., S. 80, nur ansatzweise, wenn es betont, die künstlerische Bildsprache der inszenierten Aktion werde in den Fotografien gerade in ihren wesentlichsten Elementen – nämlich u.a. der im Rahmen der Aktion entstehenden Fettecke und dem beschriebenen und dann weiter mit den zuvor sorgsam arrangierten Schokoladentafeln gestalteten Plakat – wiederholt übernommen. Dies ist im Ausgangspunkt zutreffend, lässt aber (teilweise) noch die Frage offen, ob auch die wesentlichen *Abläufe* der Aktion in der ausgestellten Gesamtserie der Fotografien zumindest ansatzweise erkennbar wurden.

dem Landgericht wiederum im Ergebnis zuzustimmen – diese Schwierigkeit in der Beurteilung im Einzelfall nichts daran zu ändern, dass jedenfalls *im Prinzip* eine „Serie" (im Sinne einer Mehrzahl) von Fotografien, die durch die unterschiedlichen Aufnahmezeitpunkte einen Überblick über wesentliche Abläufe einer künstlerischen Aktion vermitteln, eine *auszugsweise* Dokumentation[108] dieser Aktion – und damit eine Bearbeitung oder andere Umgestaltung *im Sinne einer Reduktion auf das im Wortsinne „Wesentliche" der Aktion* – verkörpern kann[109]. Entscheidend ist an dieser Stelle lediglich, ob *in concreto* zumindest die ansatzweise Dokumentation der wesentlichen Abläufe der Aktion in ihrer Grundrichtung gelingt. Für die hier streitgegenständliche *Gesamtserie* der Fotografien ist dies in der Folge näher zu untersuchen, um zu belegen, dass die (nur lapidar begründete) Beurteilung des Landgerichts bei näherem Hinsehen doch im Ergebnis zutreffend ist[110].

Entscheidend muss vor diesem Hintergrund sein, ob die Fotoserie insbesondere aufgrund der Kombination unterschiedlicher Aufnahmemomente und der jeweiligen Perspektiven einen Eindruck der wesentlichen Abläufe von *Beuys'* Aktion vom 11. Dezember 1964 vermitteln konnte.

(2)   Erkennbarkeit der Grundzüge des Ablaufs der Aktion als dynamischer Arbeitsprozess

Im Berufungsverfahren vor dem Oberlandesgericht ist dies von wissenschaftlicher Seite bestritten worden. Die Schwerpunkte und Grundzüge des Ablaufs der Aktion würden aus den Fotografien nicht erkennbar[111].

Demgegenüber ist im Ausgangspunkt festzuhalten, dass die streitgegenständlichen 19 Fotografien gerade nicht lediglich in festem („durchschnittlichem") Aufnahmerhythmus (in Intervallen von immerhin schon ca. 90 Sekunden) die zugrunde liegende Aktion sozusagen „mechanisch" abfotografiert haben. Vielmehr spiegelten sie auch *in den gewählten Aufnahmemomenten* und durch *die Perspektivwahl* gerade gewisse *Schwerpunkte der Aktion* (mit dem zahlenmäßi-

---

108 Insoweit grundsätzlich ganz ähnlich wie ein *Abstract,* der unterschiedliche besonders prägnante Stellen eines Textes miteinander kombiniert wie in den *Perlentaucher-*Entscheidungen, vgl. näher oben III 4 b cc.

109 So nunmehr auch OLG Düsseldorf, GRUR 2012, 173, 174 ff. Dagegen *Maaßen,* AfP 2011, 10, 13, da keine Veränderung des zugrunde liegenden Werks vorliege. Dies übersieht aber, dass eben – genau wie in *Perlentaucher* – die Veränderung hier vollkommen unproblematisch allein schon in der auszugsweisen, komprimierten Wiedergabe liegt. S. eindeutig Schricker/Loewenheim-*Loewenheim,* § 23, Rz. 10 sowie schon o. bei Fn. 85.

110 Genau so nunmehr auch das OLG Düsseldorf, GRUR 2012, 173, 174 ff.

111 S. das Gutachten Hertin, S. 19.

gen Hauptaugenmerk auf der Gestaltung der Fettecke und der Komplettierung des Plakats aus jeweils unterschiedlichen Perspektiven) sowie einzelnen Fotos, die hauptsächlich das Gesamtarrangement, den hereinkommenden *Beuys* sowie die Verlängerung des Spazierstocks und andere Elemente zum Gesamtkontext der Aktion ergänzen. Die *Wahl der Aufnahmemomente* und -perspektiven konzentrierte sich also erkennbar auf den *Rahmen* und die *wesentlichen Abläufe* der Aktion, dokumentierte diese besonders „dicht", ließ demgegenüber aus der Sicht des Fotografen unwesentlichere Nebenelemente erkennbar weg. Ersichtlich versuchte der Fotograf demnach, die Aktion möglichst nach gewissen Schwerpunkten *strukturiert* zu dokumentieren. So wurde die Grundrichtung, das Wesen gerade der *Hauptabläufe* der Aktion fotografisch erfasst.

Dem lässt sich im Übrigen ebenso wenig entgegenhalten, dass die Fotos im Hinblick auf diese Abläufe im Einzelnen in ihrer konkreten Ausstellung durch die Beklagte keinerlei *Reihung* erkennen ließen[112]. Denn neben der gewisse Schwerpunkte bildenden *Strukturierung* lässt sich durchaus auch eine *Reihung* der Fotos erkennen, wobei es hierfür richtigerweise *nicht* darauf ankam, ob die Fotos in der umstrittenen Museumsausstellung auch in dieser Reihung ausgestellt wurden. Denn die vorstehend bereits angedeutete *Strukturierung* nach wesentlichen Teilkomplexen der Aktion sowie auch die diesbezügliche *Reihung* der Fotos *innerhalb* dieser Teilkomplexe ergibt sich größtenteils aus der *Natur der Sache*, da die einzelnen skulpturalen und bildnerischen Elemente *in ihrem Entstehungsprozess* – etwa der sukzessiven Entstehung der Fettecke aus dem nach und nach verarbeiteten und „abgebauten" „Turm" aus Margarinewürfeln – abgebildet werden. So gibt der unterschiedliche Grad der Fertigstellung dieser Objekte die Reihung der Fotos zum größten Teil schlicht *sachlogisch* vor.

Dabei wird bei Betrachtung der vorstehend genannten Hauptkomplexe der Fotografienserie zudem deutlich, dass sich der Fotograf – seinem Dokumentationswillen entsprechend – jeweils auf unterschiedliche Phasen der Entstehung der künstlerischen Objekte konzentrierte: jeweils wurde versucht, durch konzentriertere Häufung von Fotos insbesondere die *Anfangs-* und die *End*phase der Entstehung dieser Objekte möglichst „dicht" zu dokumentieren, um so *Anfang, Ende* und *Zielrichtung* dieser Teilelemente der Aktion in ihrem essentiellen Gehalt zu erfassen. Der prozesshafte Verlauf der *Entstehung der Einzelelemente* im Sinne von Zeit als symbolischem Träger eines künstlerischen Veränderungsimpulses[113] wurde damit zumindest ansatzweise erkennbar gemacht, was eben deshalb möglich war, weil es sich hier um einen zielgerichteten Arbeitsprozess handelt. Es ist schlichtweg erkennbar, dass hier ein Künstler *bei der Arbeit* wiedergegeben ist und welche Gestaltungselemente aus welchen Materialien aufgrund seiner trans-

---

112 So aber das Gutachten Hertin, S. 2 und 19.
113 Vgl. oben II 2.

formierenden Arbeit entstehen. Es wird unzweifelhaft deutlich, dass ein symbolischer Prozess kombinierender und transformierender Ver- und Bearbeitung unterschiedlicher Ausgangsmaterialien und Requisiten durch *Joseph Beuys* im Rahmen einer Aktion wiedergegeben und unter Einbeziehung seines Gesamtkontextes dokumentarisch repräsentiert ist. Möglich ist dies im hier vorliegenden Sachverhalt, da die *prozesshafte* Aktion gerade wesentlich die *Erstellung* der letztlich resultierenden künstlerischen Objekte *zum Ziel* hatte. So lässt sich der insoweit zugrunde liegende *Prozess* als Symbole, gerade auch durch die Dokumentation unterschiedlicher Vor- und Zwischenstufen dieser *Entstehung* samt Beleg zumindest der grundsätzlichen Körperhaltung des Künstlers bei seinem Werkschaffen, in einzelnen Fotos im Grundsatz nachvollziehbar (wenn auch natürlich verkürzt und daher umgestaltend) repräsentieren. Denn die einzelnen Fotos, die den Künstler etwa bei der Arbeit an der Fettecke, dem Spazierstock oder der sorgsam arrangierten Vorbereitung der Schokoladetafeln vor dem Plakat zeigen, lassen – eben weil es bei der Aktion wesentlich um die *verändernde Arbeit* an den jeweils ganz oder zum Teil *mit abgebildeten*, letztlich resultierenden Werken der bildenden Kunst geht – jeweils den nachvollziehbaren Rückschluss auf die von *Beuys* verfolgte Zielsetzung und seine zu diesem Zweck durchgeführten symbolisch gestaltenden Handlungen zu. Hierin liegt auch der entscheidende Unterschied des vorliegenden Sachverhalts im Vergleich etwa zu einem Versuch, eine *Tanztheateraufführung* durch *Einzel*fotos zu dokumentieren, da deren schöpferischer Charakter eben nicht durch die (wegen ihres finalen Charakters in einer Fotoserie durchaus gut zu dokumentierende) symbolische Entstehung bildnerischer Objekte aus ungewöhnlich kombinierten und arrangierten Ausgangsmaterialien und Requisiten geprägt ist, sondern vielmehr von den Einzelheiten der Bewegungsabläufe als solcher[114].

Die Vorgehensweise eines Fotografen, der in einer ganzen Serie von Fotos ein bestimmtes bewegtes Werk dokumentieren will, ähnelt in diesem Zusammenhang in der Tat in überraschender Parallele der Vorgehensweise bei der Erstellung eines *Abstracts* etwa einer Literaturrezension, wo versucht wird, möglichst prägnante Einzeltextstellen der Rezension so zu kombinieren, dass deren beurteilender Kerngehalt und die Argumentationsrichtung für den Leser möglichst komprimiert wiedergegeben werden. In ganz ähnlicher Weise versammelte auch die hier konkret zu beurteilende Fotoserie *Tischers* zweifellos eine Anzahl aus der Sicht des Fotografen individuell ausgewählter, prägnanter Einzelmomente und repräsentativer Perspektiven der Fluxus-Aktion und war damit in ihrer Gesamtheit auch weitaus geeigneter, die Aktion zu dokumentieren, als etwa eine nur „automatische" Aufnahme einer Fotoserie in identischen Intervallen (von ca.

---

114 Vgl. dazu nochmals unten IV 1.

90 Sekunden). Gerade im Gegensatz zu einer solchen „mechanischen" Vorgehensweise konzentrierte sich der bekannte Dokumentarfotograf *Tischer* mit seinen Fotografien auf das Wesentliche der Hauptelemente der damaligen Aktion, so dass ihm aufgrund seines „Gespür[s] für den richtigen Moment, den Auslöser seiner Kamera zu betätigen" deren „auf-zeichnende" Dokumentation im Sinne eines „wichtigen historischen Zeitdokument[s]"[115] zumindest in verkürzender Form gelang.

Der vorstehenden Argumentation hat sich im Ergebnis aufgrund sorgsamer Sachverhaltsanalyse und Begründung letztlich auch das OLG Düsseldorf angeschlossen: *„Die streitgegenständliche Fotoserie lässt das Aktionskunstwerk ... nicht unberührt, sondern greift mit der dargestellten 'Verkürzung' und 'Akzentuierung' in die persönlich geistige Schöpfung tief ein"*[116].

(3)   Freie Bearbeitung?

Dabei bezieht die Fotoserie zugleich die prägenden begrifflich-verbalen oder ästhetisch-skulpturalen Elemente sowie deren Kombination derart prominent ein, dass jedenfalls von einer hinreichenden Abstandnahme, um von einem „Verblassen" dieser schöpferischen Elemente ausgehen zu können, in keinem Falle die Rede sein kann, wie dies insoweit wiederum das Landgericht Düsseldorf gleichermaßen wie das Oberlandesgericht Düsseldorf zutreffend herausgearbeitet haben[117].

Dieses Grundproblem dokumentarischer Bearbeitung durch auszugsweise Wiedergabe einzelner, besonders prägnanter Elemente – die naturgemäß gerade das Werk möglichst *erkennbar* repräsentieren sollen – hatte im Übrigen schon das OLG Frankfurt veranlasst, in der *Perlentaucher*-Entscheidung neben dem „Verblassenskriterium" und des anerkannten „inneren Abstands" durch antithematische Behandlung gerade für den Bereich dokumentarischer Bearbeitungen ansatzweise weitere Kriterien der Abstandnahme zu entwickeln. Eine freie Bearbeitung lasse sich in diesem Zusammenhang auch durch eine besonders „selbständige Gestaltung" erreichen, bezüglich derer das OLG Frankfurt weitere konkretisierende Kriterien für den Bereich der Sprachwerke entwickelte[118]. Eine hinreichende Abstandnahme durch hinreichend „selbständige" Gestaltung ist aller-

---

115   Vgl. *Paust,* Neues aus dem Joseph Beuys Archiv, in: Heft 22 der Schriften Museum Schloss Moyland (2009), S. 3 und 6 (des Beitrags).
116   OLG Düsseldorf, GRUR 2012, 173, 176.
117   LG Düsseldorf, Urt. v. 29. September 2010, 12 O 255/09, ZUM 2011, 77, 80; OLG Düsseldorf, GRUR 2012, 173, 176.
118   OLG Frankfurt GRUR 2008, 249, 251 f. – *Perlentaucher.*

dings im Rahmen der freien Bearbeitung ohnedies stets möglich, der Entwicklung einer „neuen" Fallgruppe oder des Rückgriffs auf die Grundsätze des „inneren Abstands" hätte es an dieser Stelle nicht bedurft[119]. Entsprechend hat nun auch der BGH in seiner aktuellen Revisionsentscheidung klargestellt, dass es zur angemessenen Beurteilung der Frage, ob ein *Abstract* als abhängige Bearbeitung oder freie Benutzung des Originalwerkes anzusehen ist, *keiner* besonderen Maßstäbe bedarf, sondern dass insoweit die herkömmlichen Maßstäbe zur (dann in der Folge recht differenzierten) rechtlichen Beurteilung auch in diesem Bereich genügen[120].

Nach diesen herkömmlichen Maßstäben liegt aber aus den genannten Gründen eine freie Benutzung i.S.d. § 24 UrhG ersichtlich bezüglich der Fotoserie *Tischers nicht* vor[121]. Im Übrigen wäre selbst bei Annahme des damit verworfenen, zusätzlichen Kriteriums „selbständiger Gestaltung" in einer fotografischen Wiedergabe, die hier ohne weitere Verfremdung im Wesentlichen gerade die besonders prägnanten und schwerpunktmäßigen Momente aufgriff, gerade keine besonders „selbständige" Gestaltung zu sehen, so dass selbst nach der insoweit permissiveren Auffassung des OLG Frankfurt eine freie Benutzung abzulehnen gewesen wäre[122].

(4)   Zwischenergebnis

Schon dem Landgericht war im Ergebnis zuzustimmen, wenngleich die Begründung im Hinblick auf das Verhältnis von Teilvervielfältigung und Bearbeitung/Umgestaltung der Korrektur und im Hinblick auf das Vorliegen einer Bearbeitung oder Umgestaltung noch der konkretisierenden Verfeinerung (und Engführung auf die *Gesamtheit* der betrachteten *Fotoserie*) bedurfte. Diese richtigstellende Konkretisierung und Verfeinerung der Begründung hat nunmehr das Oberlandesgericht mustergültig geleistet[123]. Am Ergebnis für die kumulative Ausstellung der gesamten (zuletzt 18 streitgegenständlichen) Fotografien der Se-

---

119 So vollkommen zu Recht schon Schricker/Loewenheim-*Loewenheim,* § 23, Rz. 10.
120 BGH GRUR 2011, 134, Rz. 32 ff. – *Perlentaucher.*
121 Zutreffend OLG Düsseldorf, GRUR 2012, 173, 176.
122 Die diesbezüglich vom OLG München ZUM 1997, 388, 390 – *Schwarzer Sheriff* entwickelten Voraussetzungen für ein Verblassen des abgebildeten Originalwerks im Bereich der künstlerischen Fotografie, d.h. ein völliges Zurücktreten und nur noch schwaches Durchscheinen des Originalwerks im Rahmen des in Bildaufbau und Bildgestaltung (durch Wahl einer besonderen Perspektive und eines starken Kontrasts, der zu einer nur noch silhouettenhaften Wirkung des Originalwerks führte) auf die Illustration einer vollkommen anderen ästhetischen Aussage gerichteten neuen Werks, sind hier ersichtlich nicht erfüllt.
123 OLG Düsseldorf, GRUR 2012, 173 ff.

rie ändert sich dadurch nichts: In der dokumentierend-komprimierenden Zusammenstellung jedenfalls der gesamten Fotoserie *Manfred Tischers*, die in ihrer *Struktur und Gewichtung* die Hauptelemente der Fluxus-Aktion reflektierte und zugleich durch *Auswahl und Kombination möglichst prägnanter Aufnahmemomente* die grundsätzliche Zielrichtung der Abläufe dokumentierte, liegt in der Tat eine Bearbeitung (mindestens aber eine andere Umgestaltung) der damaligen Aktion.

Das zutreffende Urteil des Oberlandesgerichts Düsseldorf fügt insofern dem aktuellen BGH-Urteil in Sachen *Perlentaucher* gleichsam eine geschwisterliche Entsprechung für den Bereich der fotografischen Dokumentation von Werken der Aktionskunst (sowie insgesamt von dynamischen Werken[124]) hinzu. Es hat in prägender und grundsätzlich zutreffender Weise juristisches Neuland betreten und wird nach der weiten Beachtung in der allgemeinen Öffentlichkeit in der Folge der Berufungsentscheidung zweifelsohne auch seinen Weg in die einschlägige Kommentarliteratur finden.

c)   Veröffentlichung oder Verwertung einer Bearbeitung oder anderen
      Umgestaltung i.S.d. § 23 Satz 1 UrhG

Für den konkret streitigen Sachverhalt ergab sich aus der gerichtlichen Beurteilung eindeutig, dass die streitgegenständliche Ausstellung *der gesamten Fotoserie* seitens der Beklagten im Ergebnis eine Bearbeitung oder andere Umgestaltung der Fluxus-Aktion „Das Schweigen von Marcel Duchamp wird überbewertet" betraf.

Fraglich konnte nur noch sein, ob darin eine einwilligungspflichtige Veröffentlichung lag, nachdem die *Beuys*-Aktion *als Originalwerk* durch die Live-Übertragung am 11. Dezember 1964 bereits veröffentlicht worden war. Die Frage, ob in einem solchen Falle eine urheberrechtsrelevante Veröffentlichung i.S.d. § 23 Satz 1 UrhG auch vorliegt, wenn das bearbeitete oder umgestaltete Werk seinerseits veröffentlicht war, ist umstritten[125]. Es ließe sich nämlich argumentieren, dass das Veröffentlichungsrecht des § 12 UrhG als Recht zur Erstveröffentlichung mit der Veröffentlichung des Originalwerks verbraucht sei und nicht durch § 23 UrhG wieder begründet werden könne[126]. Doch ist diese Argumenta-

---

124 Vgl. dazu im Einzelnen noch unten IV 1.

125 Vgl. die umfassenden Nachweise bei Schricker/Loewenheim-*Loewenheim*, § 23, Rz. 18; Dreier/*Schulze*, § 23, Rz. 17.

126 So *Dreyer*/Kotthoff/Meckel, Heidelberger Kommentar zum Urheberrecht, 2. Aufl. 2008, § 23, Rz. 9; Möhring/Nicolini/*Ahlberg*, Urheberrechtsgesetz, 2. Aufl. 2000, § 23, Rz. 17; vgl. auch Schricker/Loewenheim-*Loewenheim*, § 23, Rz. 18 mwN., der sich nunmehr der herrschenden Meinung angeschlossen hat.

tion insofern verkürzt, als der Urheber nach § 12 UrhG nicht nur bestimmen kann, „ob", sondern auch „wie" sein Werk zu veröffentlichen ist. Durch die Erstveröffentlichung in der originalen Form ist daher das Recht, spätere Veröffentlichungen in umgestalteter Form zu kontrollieren, richtigerweise gerade nicht verbraucht, denn der Urheber muss verhindern können, dass eine veränderte Fassung seines Werks gegen seinen Willen an die Öffentlichkeit gelangt[127]. Wiederum hatte insoweit schon das Landgericht Düsseldorf[128] genau zutreffend geurteilt; das Oberlandesgericht hat dies bestätigt[129]. Beide Urteile können an dieser Stelle künftig zum (wesentlichen, aktuellen und illustrativen) Beleg der zutreffenden vordringenden Auffassung hinsichtlich der angesprochenen Streitfrage dienen[130].

Im Übrigen lag in der Ausstellung des Museums Schloss Moyland auch eine Verwertung i.S.d. § 23 Satz 1 UrhG. Denn der Verwertungsbegriff in § 23 Satz 1 UrhG ist gerade nicht auf die in den §§ 15 ff. UrhG nicht abschließend genannten Verwertungsrechte begrenzt, sondern erfasst nach allgemeiner Meinung jegliche bestehenden oder künftig entstehenden Verwertungs- und Nutzungsarten und damit im Ergebnis jegliche wirtschaftlich relevante Nutzungsmöglichkeit des Werks[131]. Schon das Landgericht hatte auf dieser Grundlage zutreffend festgestellt, dass damit auch die Ausstellung der Beklagten, die in der Öffentlichkeit stattfand (und im Übrigen gegen Entgelt zugänglich war), in das Verwertungsrecht der Klägerin nach § 23 Satz 1 UrhG eingriff[132]; das Oberlandesgericht hat dies zutreffend bestätigt[133].

5.   Ergebnis

Alles in allem ist dem Oberlandesgericht Düsseldorf[134] in seinem Urteil zu *Beuys*-Fotoreihe in Begründung und Ergebnis zuzustimmen. Jedenfalls die Gesamtheit der Fotoserie *Manfred Tischers* stellt eine dokumentierend-komprimierende Bearbeitung oder sonstige Umgestaltung der in den Fotos abgebildeten Fluxus-Aktion dar. Damit griff die Ausstellung des Museums Schloss

---

127 S. Schricker/Loewenheim-*Loewenheim*, § 23, Rz. 18 mwN.
128 S. LG Düsseldorf, Urt. v. 29. September 2010, 12 O 255/09, ZUM 2011, 77, 80 (unter Hinweis auch auf die ausführlichere Begründung im Verfügungsverfahren).
129 OLG Düsseldorf, GRUR 2012, 173, 176.
130 S. zur zutreffenden Auffassung zuletzt auch *Schulze,* in: Schierholz/Melichar (Hrsg.), FS für Pfennig, 2012, S. 217, 233 f.
131 S. Schricker/Loewenheim-*Loewenheim*, § 23, Rz. 17; Dreier/*Schulze,* § 23, Rz. 18; vgl. im Übrigen auch Schricker/Loewenheim-*Loewenheim*, § 15, Rz. 21 ff.
132 S. LG Düsseldorf, Urt. v. 29. September 2010, 12 O 255/09, ZUM 2011, 77, 80.
133 S. OLG Düsseldorf, GRUR 2012, 173, 176.
134 OLG Düsseldorf, GRUR 2012, 173 ff.

Moyland als Veröffentlichung einer Bearbeitung oder Umgestaltung in die Rechte aus § 23 Satz 1 UrhG ein. Rechtfertigende Schrankenbestimmungen waren nicht ersichtlich[135].

IV. Wertende Überprüfung mit Blick auf notwendige urheberrechtliche Spielräume für die Dokumentarfotografie

Das Landgericht hatte dieses Ergebnis schließlich noch bündig im Hinblick auf die Interessenlage geprüft und festgestellt, dass das „gesteigerte öffentliche Interesse an der Aktion von Beuys nicht zu einer anderen Beurteilung" führe[136]. Insbesondere komme – entsprechend den diesbezüglichen Grundsätzen aus dem *Gies-Adler*-Urteil des BGH[137] – eine allgemeine Güter- und Interessenabwägung nicht in Betracht, da insoweit das vom Urheberrechtsgesetz samt bestimmten Voraussetzungen, Schutzumfang und Schranken eingeräumte Ausschließlichkeitsrecht bereits Ergebnis einer vom Gesetzgeber vorgenommenen Interessenabwägung sei.

Wenngleich dem uneingeschränkt zuzustimmen ist, sollen an dieser Stelle mögliche, über den konkreten Rechtsstreit hinausreichende Implikationen des Urteils im Hinblick auf die beteiligten Interessen moderner Künstler, dokumentarischer Fotografen, Museen und der Allgemeinheit kritisch überprüft werden. Denn sowohl die Entscheidung im einstweiligen Rechtsschutz als auch die Urteile des Landgerichts und des Oberlandesgerichts im Hauptsacheverfahren sind – weit über die juristische Fachöffentlichkeit[138] hinaus – zum Gegenstand kontroverser Diskussion geworden[139]. Im Wesentlichen wird befürchtet, die Entscheidung werde dazu führen, dass die dokumentierende fotografische Wiedergabe von Kunstaktionen gleichermaßen wie von Theaterinszenierungen und ähnlichen Werken in unverhältnismäßiger Weise eingeschränkt werde, da künftig dokumentarische Fotografien – gleich in welchem Kontext – nur noch mit Einwilligung der Urheber oder deren Rechtsnachfolger ausgestellt werden dürften[140].

135 S. LG Düsseldorf, Urt. v. 29. September 2010, 12 O 255/09, ZUM 2011, 77, 80.
136 LG Düsseldorf, Urt. v. 29. September 2010, 12 O 255/09, ZUM 2011, 77, 80.
137 S. BGH GRUR 2003, 956, 957 f. – *Gies-Adler*.
138 Vgl. kritisch *Maaßen*, AfP 2011, 10 ff.
139 Demgegenüber dem landgerichtlichen Urteil zustimmend *Leistner*, ZUM 2011, 468 ff.; *Loschelder*, GRUR 2011, 1078 ff.; *Obergfell*, GRUR-Prax 2010, 513; *Schulze*, in: Schierholz/Melichar (Hrsg.), FS für Pfennig, 2012, S. 217 ff.
140 S. *Maaßen*, AfP 2011, 10, 11. Vgl. außerhalb des fachjuristischen Diskurses im Übrigen etwa auch *Paust*, Neues aus dem Joseph Beuys Archiv, in: Heft 22 der Schriften Museum Schloss Moyland (2009), S. 9 f. Vgl. seither aus den vielzähligen Berichten der Tagespresse nur Handelsblatt v. 29. September 2010, Moyland unterliegt im Streit um Aktionsfotos, abrufbar unter

Diese Befürchtung ist in doppelter Hinsicht auf ihre Berechtigung zu untersuchen: Erstens ist zu prüfen, inwieweit das Urteil des Oberlandesgerichts über den Einzelfall hinaus überhaupt verallgemeinerungsfähig ist. Zweitens ist die These zu hinterfragen, dass das Urteil und die hier angestellten weiteren Überlegungen überhaupt zu einer *Einschränkung* der Herstellung und Nutzung dokumentarischer Fotografien führen[141], bevor schließlich ein Fazit gezogen werden kann.

1. Verallgemeinerungsfähigkeit des Urteils bezüglich des Umgestaltungscharakters dokumentarischer Fotografien von bewegten Abläufen

Im entschiedenen Einzelfall lag in den streitgegenständlichen Fotografien eine umgestaltende Teilvervielfältigung der Fluxus-Aktion, weil die für diese Aktion prägenden Elemente – die Fettecke, das Plakat mit Applikationen aus Braunkreuzfarbe und Schokolade, der verlängerte Spazierstock sowie deren inszenierte und bühnenmäßig arrangierte Entstehung im Laufe der Zeit – durch diese Fotografien in der Tat repräsentativ dokumentiert werden konnten. Die Besonderheit des Sachverhalts liegt insofern darin, dass bei einer prozesshaften Kunstaktion, deren integrierendes Element die im zeitlichen Verlauf der Aktion erfolgende transformatorische Herstellung (skulpturaler) Werke der bildenden Kunst aus bestimmten originellen Materialien war, eine Dokumentation dieses Zeit- und Bewegungselements mit dem Mittel der Fotografie ansatzweise überhaupt *möglich* wurde. Denn jedenfalls mit einer zu mehreren Zeitpunkten und in verschiedenen repräsentativen Blickwinkeln aufgenommenen Fotografie*serie*, die den Künstler samt den verarbeiteten Materialien bei der Herstellung dieser Artefakte zeigt, ließ sich der prozesshafte Grundimpetus dieser Aktion gerade auszugsweise dokumentieren. Ist etwa auf den Fotografien in unterschiedlichen „Verarbei-

http://www.handelsblatt.com/lifestyle/kunstmarkt/ausstellungen/moyland-unterliegt-im-streit-um-aktionsfotos/3550598.html (zuletzt besucht am 18.2.2013): auf Fotografen kämen schwere Zeiten zu; Bild.de v. 29. September 2010, Schloss Moyland unterliegt Beuys-Witwe vor Gericht, abrufbar unter http://www.bild.de/BILD/regional/duesseldorf/dpa/2010/09/29/schloss-moyland-unterliegt-beuyswitwe-vor.html (zuletzt besucht am 18.2.2013): Urteil könne weitreichende Folgen für das Fotografieren von Kunstaktionen haben; Spiegel online, Beuys-Witwe darf Performance-Fotos zensieren, v. 29. September 2010, abrufbar unter http://www.spiegel.de/kultur/gesellschaft/0,1518,720277,00.html (zuletzt besucht am 18.2.2013) unter Hinweis auf *Paust:* Durch das Urteil werde die Dokumentationsfotografie künstlerischer Aktionen abgeschafft. Zuletzt ausführlicher *Ackermann,* Immer Ärger mit Joseph, in der Tageszeitung „Die Welt" v. 9.4.2011, abrufbar unter http://www.welt.de/print/die_welt/kultur/article13121650/Immer-Aerger-mit-Joseph.html.
141 So *Maaßen,* AfP 2011, 10, 11, in einer ersten Reaktion zu dem Urteil.

tungsstufen" der Margarinestapel im Vordergrund zu erkennen, der offenbar in teils kriechender, teils liegender Haltung zur Herstellung einer Fettecke in einem Bretterverschlag verwendet wird, so repräsentieren diese Aufnahmen auch die Grundrichtung der Aktion und können sie dokumentieren. Der mögliche Bearbeitungscharakter einer *Serie von Fotografien* als auszugsweise dokumentarische Wiedergabe des Werks ergibt sich hier also auch daraus, dass das *Ziel* des Werks selbst gerade die Herstellung der in unterschiedlichen Vorformen auf den Fotografien erkennbaren Artefakte unter Verwendung und Verbrauch der auf den Fotografien erkennbaren Materialien war. Dies gestattet es aufgrund der gewissen Berechenbarkeit der zur Erreichung dieses symbolischen Ziels notwendigen Handlungen, anhand einer Gesamtheit bloßer repräsentativer fotografischer Momentaufnahmen eine Grundvorstellung zu entwickeln, in welcher Form sich die Aktion als Prozess über die Zeit entfaltete. Das beruht darauf, dass die Grundrichtung der Handlungen des Künstlers hier gerade auf die schrittweise Gestaltung der in den Fotografien – in den unterschiedlichen Zwischenstufen ihrer Entstehung – reproduzierten statischen Elemente im Zeitablauf *gerichtet* waren.

Diese Eigenheit des vorliegenden Sachverhalts und der zugrunde liegenden Aktion ist für andere Kunstformen und Werkarten nicht unbedingt typisch. Aus der hier vertretenen rechtlichen Auffassung folgt also ebenso wenig wie insbesondere aus dem Urteil des Oberlandesgerichts Düsseldorf[142], dass *jede* Fotografie eines dynamischen Werks stets zugleich eine Bearbeitung des Werks ist (wenngleich das Landgericht in seinem vorgängigen Urteil diesbezüglich (noch) zu pauschalierend formuliert hatte[143]). So wird eine einzelne Szene aus einem Werk der Tanzkunst in aller Regel – wenn es sich insbesondere nicht schon um eine ganz besondere, im Vergleich zum vorbestehenden Formenbestand tänzerischer Posen individuell-schöpferische *Haltung* handelt[144] – eben gerade nicht repräsentativ für das – durch die Bewegungsabläufe zur Musik geprägte – Werk der Tanzkunst stehen können[145]. Eine einzelne Szene aus einer Theaterinszenierung wird in aller Regel[146] nicht für die Gesamtinszenierung stehen können, repräsentiert sie doch nicht den Anteil der Sprache und den insgesamt vielgestalti-

---

142 Vgl. eindeutig OLG Düsseldorf, GRUR 2012, 173: Streitgegenstand … die *Gesamtserie* der Fotos.

143 S. LG Düsseldorf, Urt. v. 29. September 2010, 12 O 255/09, ZUM 2011, 77, 79 f. Vgl. aber auch die differenzierteren Begründungserwägungen oben III 4, die das Ergebnis des Landgerichts tragen und zugleich engführend spezifizieren.

144 Vgl. OLG Köln GRUR 2000, 43 – *Klammerpose* (für eine originale Körperhaltung zweier Tänzer).

145 Vgl. LG München I GRUR 1979, 852 – *Godspell*.

146 Vgl. für eine Ausnahme das oben zitierte *Troades*-Urteil, OLG Hamburg ZUM-RD 1997, 217.

geren Verlauf einer Theateraufführung; sie gestattet eben gerade keine Extrapolation hinsichtlich der Grundzüge des Gesamtablaufs der Inszenierung. Damit stellen Fotografien in Fällen, in denen die Dokumentation des Gesamtwerks in einer einzelnen Momentaufnahme nicht möglich ist oder nicht gelingt, aber auch keine Bearbeitungen oder sonstigen Umgestaltungen des Gesamtwerks dar, sondern gegebenenfalls höchstens Teilvervielfältigungen der erfassten geschützten Einzelelemente.

Etwas anderes kann allenfalls wiederum für die *Gesamtheit einer Serie* repräsentativer Fotografien gelten. Doch wird auch insoweit die Schwelle zur Umgestaltung bei Werkarten, die sich nicht wie die hier betrachtete Kunstaktion durch eine gewisse Zielgerichtetheit der Abläufe und deren Bezug gerade auf die abgebildeten künstlerischen Elemente auszeichnen, zumeist schwieriger zu erreichen sein als im hier betrachteten Fall. Denn es ist deutlich geworden, dass sich eben eine Kunstaktion, deren Hauptziel sich darauf richtete, gerade die *auf den Fotos in ihrer Entstehung erkennbaren Kunstgegenstände zu kreieren*, in einer Fotografienserie aus den genannten Gründen ganz besonders gut dokumentieren ließ.

Für vielgestaltigere, weniger im Hinblick auf die Schaffung skulpturaler Kunstobjekte lediglich symbolhafte, sondern vielmehr tatsächlich durch die individuellen Einzelheiten der Bewegung selbst (wie im Falle von Tanz oder Pantomime) oder gar durch zusätzliche sprachliche Elemente und eine Abfolge unterschiedlicher Szenen (wie im Falle des Theaters) geprägte Kunstformen erscheint eine solche komprimierende Dokumentation in einer Fotoserie grundsätzlich schwieriger vorstellbar. Jedenfalls für ein Einzelfoto dürfte hier typischerweise gerade kein Dokumentationscharakter im Hinblick auf die zugrunde liegenden Gesamtabläufe vorliegen, so dass es insoweit allenfalls bei einer Teilvervielfältigung bleibt. Für ganze *Fotoserien* muss es künftig stets auf die Beurteilung des jeweiligen Einzelfalls ankommen; die Qualifizierung als Bearbeitung oder sonstige Umgestaltung kann für diese Fälle aber nicht ausgeschlossen werden. Hierin liegt gerade die zutreffende juristische Innovation, die das Urteil des Oberlandesgerichts Düsseldorf in seiner präzisierten Form bringt.

Damit ist aber die Verallgemeinerungsfähigkeit der damit für die Dokumentation einer spezifischen Kunstaktion in einer Serie repräsentativer Fotografien entwickelten rechtlichen Beurteilung im Hinblick auf die „Normalfälle" dokumentarischer Fotografien von Theateraufführungen und ähnlichen Gestaltungen von vornherein vergleichsweise begrenzt. Im Hinblick auf die „Normalfälle" dokumentarischer Fotografie in einzelnen Fotos wird sich daher durch das Urteil richtigerweise keine grundsätzliche Änderung ergeben.

Noch wesentlicher ist im Übrigen, dass sich für die normalen Konstellationen dokumentarischer Fotografie, wenn aufgrund der hier spezifizierten Grundsätze schon eine Qualifizierung als Bearbeitung im Einzelfall möglich ist, gerade keine *Einschränkung*, sondern ganz im Gegenteil eine gewisse *Erweiterung* der Hand-

lungsfreiheit dokumentarischer Fotografen im (auch die Allgemeinheit betreffenden) Interesse der Dokumentation künstlerischer Aktionen, Aufführungen u.ä.
Kunstformen ergeben dürfte, die auch insgesamt zu einem angemessenen Ausgleich der beteiligten Interessen führt. Dies ist im Folgenden noch kurz darzustellen.

2. Allgemeine Einschränkung der Anfertigung oder Verbreitung
    dokumentarischer Fotografien?

a) Besonderheiten des der Entscheidung zugrunde liegenden Sachverhalts

Im Ausgangspunkt muss nochmals vergegenwärtigt werden, dass der der Entscheidung zugrunde liegende Sachverhalt insofern besonders gelagert war, als
Joseph Beuys unstreitig in die *Anfertigung* der Fotografien *eingewilligt* hatte,
während er nach den Feststellungen des Landgerichts deren Veröffentlichung
und Verwertung im Rahmen einer Ausstellung nicht gestattet hatte. Unter diesen
Umständen führte die Annahme einer Bearbeitung oder anderen Umgestaltung
durch die Fotos zu einer Einwilligungspflichtigkeit der Ausstellung nach § 23
Satz 1 UrhG, während die Ausstellung bloßer, wegen der ursprünglichen Einwilligung legal hergestellter *Vervielfältigungs*stücke erlaubnisfrei zulässig gewesen
wäre, weil sich das Ausstellungsrecht mit Erstveröffentlichung insoweit erschöpft und ein Verbot nach § 96 UrhG analog bei Ausstellung legaler Vervielfältigungsstücke nicht in Betracht kam.

b) Normalkonstellationen dokumentarischer Fotografie

Eine solche Konstellation dürfte für normale Fälle der Dokumentarfotografie alles andere als typisch sein. Ist schon von vornherein eine Einwilligung des oder
der Urheber des betroffenen Originalwerks in die Herstellung der Fotos erfolgt,
dürfte diese häufig dann auch die Einwilligung in eine typischerweise rasch
nachfolgende konkrete Veröffentlichung derartig entstandener Fotografien mit
umfassen. Das im hier vorliegenden Sachverhalt aufgrund des extrem langen
Zeitablaufs bis zur erstmaligen Veröffentlichung und Ausstellung der Fotos entstandene rechtliche Problem stellt sich dann praktisch gar nicht.
    Ist aber demgegenüber – wie dies durchaus häufiger der Fall sein dürfte – *kei-
ne* Einwilligung in die Anfertigung der Fotografien erfolgt, führt die hier vertretene Auffassung in Fällen, in denen die dokumentarischen Fotografien einer
Kunstaktion in ihrer Gesamtheit schon als *Bearbeitungen* qualifiziert werden
können, gerade dazu, dass die *Herstellung* solcher dokumentarisch besonders

185

wertvoller Fotografien nach § 23 Satz 1 UrhG urheberrechtlich *privilegiert* ist, so dass diese zunächst einmal erlaubnisfrei überhaupt angefertigt werden können. Ginge man demgegenüber davon aus, dass auch besonders wertvolle (ganze Serien von) Dokumentarfotografien, die durch prägnante Auswahl des Aufnahmemoments und der Perspektiven für eine gesamte unterliegende künstlerische Aktion repräsentativ werden, als bloße Teilvervielfältigungen anzusehen sind, dürften diese unter diesen Umständen häufig schon von vornherein *gar nicht angefertigt* werden. Sie unterlägen daher auch nach § 98 UrhG in der Folge als illegale Vervielfältigungsstücke dem Anspruch auf Vernichtung, Rückruf und Überlassung (und dürften zudem entsprechend § 96 UrhG auch nicht ausgestellt werden).

In derartigen Konstellationen führt die hier für bestimmte dokumentarische Fotografien (insbesondere für ganze Fotoserien) vertretene Einordnung als Bearbeitung also zunächst einmal dazu, dass diese Vervielfältigungen gemäß § 23 Satz 1 UrhG *überhaupt* grundsätzlich erlaubnisfrei angefertigt werden und fortexistieren können. Sind schutzfähige Elemente des unterliegenden Werks mit erfasst, privilegiert dies also die Herstellung und Fortexistenz solcher dokumentarischer Fotografien im Vergleich zu einer Einordnung als (Teil-)Vervielfältigung und vergrößert so unzweifelhaft im Ausgangspunkt den Handlungsspielraum der Fotografen.

c)   Systematische Bedeutung des Schrankensystems

Die solcherart legal entstandenen fotografischen Dokumentationen können dann in der Folge im Rahmen der Schranken – insbesondere der §§ 51 UrhG (Zitate) und 50 UrhG (Berichterstattung über Tagesereignisse) – für bestimmte künstlerische, wissenschaftliche und dokumentarische Zwecke genutzt werden[147] und garantieren so durch ihre legale Existenz gerade auch die Möglichkeit angemessener Dokumentation und Nutzung für das Forschungsinteresse der Wissenschaft und das Informationsinteresse der Allgemeinheit im Umfang der durch die Schranken eingeräumten Freistellungen.

Dass das bestehende Schrankensystem diesen Interessen im Hinblick auf die Dokumentation von Kunstwerken und die diesbezügliche Information grundsätzlich hinreichend Rechnung trägt, so dass nicht etwa eine (dogmatisch ohnedies fehlgeleitete) Korrektur im Rahmen der Schutzvoraussetzungen oder des Verletzungstatbestandes angebracht ist, belegt neben der vorerwähnten grundsätzlich-dogmatischen Argumentation der *Gies-Adler*-Entscheidung mehr praktisch bei-

---

147 Dem steht insbesondere entgegen der Auffassung von *Maaßen,* AfP 2011, 10, 11, *nicht* das Änderungsverbot des § 62 UrhG entgegen, s. dazu noch sogleich im folgenden Text.

spielhaft auch die BGH-Entscheidung in Sachen *Verhüllter Reichstag*[148]. Denn wenn hier durch enge Interpretation des § 59 UrhG, die gerade das Interesse der Urheber an ausschließlichen Befugnissen bezüglich jeglicher Verwertung ihres aktionsartig zeitlich begrenzten Kunstwerks in Form von Fotografien grundsätzlich anerkannte[149], der entsprechende Herstellungs- und Nutzungsspielraum für dokumentarische Fotografien im Ergebnis erheblich eingeschränkt wurde, dann war dies eben gerade deshalb möglich und geboten, weil das Schrankensystem – insbesondere aber nicht nur die §§ 50, 51 UrhG – den Interessen weiterverarbeitender Künstler und Wissenschaftler sowie dem Informationsinteresse der Allgemeinheit grundsätzlich angemessen Rechnung trägt. Auch unautorisierte Fotos vom „Verhüllten Reichstag" hätten schließlich zweifelsohne entsprechend § 96 UrhG keinesfalls ausgestellt werden dürfen, ohne dass dies (soweit ersichtlich) im Hinblick auf eine unziemliche Beschneidung der Rechte und Interessen von Museen und der Allgemeinheit damals zu einer kontroversen Diskussion in der Allgemeinheit geführt hätte.

In eine ganz ähnliche Richtung weisen im Übrigen die aktuellen BGH-Entscheidungen u.a. in Sachen *Preußische Gärten und Parkanlagen,* denen zufolge der Eigentümer die kommerzielle Nutzung von Gebäudefotos, die von einem in seinem Eigentum stehenden Gelände aus aufgenommen wurden, untersagen kann[150]. Durch Fotografierverbote in geschlossenen Räumen – wie etwa typischerweise bei Theateraufführungen etc. – ergeben sich insofern schon aus dem Eigentumsrecht ganz erhebliche Einschränkungen für die Verwertbarkeit dokumentarischer Fotografien, was man im Übrigen durchaus kritischer bewerten kann *und muss*[151] als die hier zugrunde liegende Konstellation.

Deutlich wird nach alldem jedenfalls, dass nicht jede Ausstellung dokumentarischer Fotografie sich in jeglicher Konstellation auf ein (undifferenziertes) Dokumentations- und Informationsinteresse der Allgemeinheit berufen kann. Vielmehr sind es bestimmte, in den Schranken der §§ 44a ff. UrhG besonders und spezifisch privilegierte Nutzungen, die im Interesse der künstlerischen und wissenschaftlichen Aufarbeitung und Auseinandersetzung sowie aufgrund des Informationsinteresses der Allgemeinheit in unterschiedlichem Umfang frei gestellt werden. Diese differenzierten und spezifischen Wertungen stellen nach dem Willen des Gesetzgebers für diesen Bereich grundsätzlich einen angemessenen Interessenausgleich sicher. Garantiert demnach die Einordnung als Bearbei-

---

148 S. BGH GRUR 2002, 605 – *Verhüllter Reichstag.*
149 Vgl. BGH GRUR 2002, 605, 606 f. – *Verhüllter Reichstag.*
150 BGH, Urt. v. 17. Dezember 2010, V ZR 44-46/10, GRUR 2011, 321 ff. (dort V ZR 44 und 45/10) – *Preußische Gärten und Parkanlagen,* insoweit im Anschluss an BGH GRUR 1975, 500 – *Schloß Tegel* und BGH GRUR 1990, 390 – *Friesenhaus.*
151 Vgl. umfassend *Stang,* Das urheberrechtliche Werk nach Ablauf der Schutzfrist, 2011, S. 285 ff. mit erschöpfenden weiteren Nachweisen.

tung gerade die Möglichkeit der *Anfertigung* dokumentarischer Fotografienserien besonderer repräsentativer Güte (sogar besser als eine Einordnung als Teilvervielfältigung), so wird im Übrigen im Anschluss durch das Schrankensystem deren angemessene *Nutzbarkeit* für spezifisch privilegierte Zwecke der Kunst, Wissenschaft oder des Informationsinteresses der Allgemeinheit hinreichend sicher gestellt. Das Informationsinteresse der Allgemeinheit rechtfertigt aber (nach der grundsätzlich abschließenden Wertung des urheberrechtlichen Schrankensystems) eben nicht ohne Weiteres auch die von einem Tagesereignis oder sonstigen besonderen Privilegierungsgründen unabhängige (oder sonst außerhalb des Schrankensystems liegende) museale Ausstellung der Bearbeitung eines Originalwerks, die ja auch dessen primärer Verwertungsform deutlich näher kommt[152].

d)   Entgegenstehendes Änderungsverbot nach § 62 UrhG?

Diese ausgewogene Situation im Hinblick auf den Ausgleich der im Bereich der Dokumentarfotografie und ihrer Nutzung involvierten Interessen wird auch nicht etwa dadurch gefährdet, dass die Einordnung der fotografischen Dokumentation eines Kunstereignisses als *Bearbeitung* bei deren Verwendung im Rahmen der Schranken zu einer Verletzung des *Änderungsverbots* i.S.d. § 62 Abs. 1 UrhG führen und dadurch im Hinblick auf die entstandenen Bearbeitungen den Anwendungsspielraum der Schranken für die Nutzung bearbeitender Fotografien empfindlich einengen könnte[153].

Dieses auf den ersten Blick gewichtige Bedenken ist deshalb im Ergebnis nicht durchgreifend, weil im Rahmen des Änderungsverbots gemäß § 62 Abs. 3 UrhG mindestens diejenigen Änderungen des Werks *zulässig* sind, die das für die Vervielfältigung angewendete Verfahren mit sich bringt. Grundsätzlich sind Einzelanalogien zu dieser Vorschrift, die nach dem Wortlaut auf Werke der bildenden Künste und Lichtbildwerke begrenzt ist, möglich und anerkannt[154]. Eine entsprechende Anwendung auf Kunstaktionen als Werke *sui generis* ist in die-

---

152 Auch die Erschöpfung des Ausstellungsrechts i.S.d. § 18 UrhG sollte den Kunsthandel mit einmal in Verkehr gebrachten Originalen vereinfachen, richtete sich demgegenüber weniger auf die Erleichterung der Ausstellung jeglicher abgeleiteter Werke, s. Amtliche Begründung zum UrhG-Entwurf v. 22.3.1962, Zu § 18, in: M. Schulze (Hrsg.), Materialien zum Urheberrechtsgesetz, 1997, S. 441.

153 So aber *Maaßen*, AfP 2011, 10, 11 auf Grundlage von § 62 UrhG, der aber in diesem Zusammenhang die Norm nur pauschal betrachtet und auf die nachfolgend angesprochenen Einschränkungen des Änderungsverbots nicht eingeht.

154 S. insbesondere für die analoge Anwendbarkeit auf wissenschaftlich-technische Darstellungen Schricker/Loewenheim-*Dietz/Peukert*, § 62, Rz. 22 mit umfassenden weiteren Nachweisen für die im Ergebnis allgemeine Meinung.

sem Zusammenhang – sofern je nach Einzelfall nicht ohnehin eine Einordnung als Werk der bildenden Künste einschlägig ist[155] – ganz ersichtlich zwingend geboten, da hier notwendig eine unbewusste offene Gesetzeslücke für neue Kunstformen als Werkarten *sui generis* vorliegt und die Interessenlage im Hinblick auf die Notwendigkeit vervielfältigungsbedingter Änderungen im Bereich der Dokumentation von künstlerischen Aktionen zur Herstellung von Werken der bildenden Kunst ersichtlich der Interessenlage bei (bloßen) Werken der bildenden Kunst genau vergleichbar ist. Damit sind aber die Änderungen, die sich daraus ergeben, dass die dokumentarische Fotografie den dynamischen Charakter einer Kunstaktion nur in Momentaufnahmen (der Gesamtheit einer Serie von Fotografien) repräsentativ-komprimiert dokumentieren kann, als eine notwendige Folge des verwendeten Vervielfältigungsverfahrens unzweifelhaft über § 62 Abs. 3 UrhG gedeckt. Zugleich bestätigt im Übrigen gerade die Existenz dieser – für einen Sachverhalt wie den hier vorliegenden genau einschlägigen – Norm auch in gewisser Weise noch einmal, dass in einer fotografischen Reproduktion oder sonstigen Vervielfältigung – je nach Einzelfall – eben durchaus zugleich eine Umgestaltung des dokumentierten Werks liegen kann.

Damit steht das Änderungsverbot gem. § 62 Abs. 1 UrhG jedenfalls einer Nutzung dokumentarischer Fotografien und Fotoserien von künstlerischen Aktionen im Rahmen des nach den einschlägigen Schrankenbestimmungen Zulässigen richtigerweise gerade nicht entgegen, da hier das verwendete (statische) Vervielfältigungsverfahren die verkürzende Umgestaltung des zugrunde liegenden dynamisch-prozesshaften Werks notwendig mit sich bringt und daher die allfällige (verkürzende) Veränderung über eine entsprechende Anwendung des § 62 Abs. 3 UrhG gedeckt ist[156].

---

155 Vgl. KG GRUR 1984, 507 – *Happening*; offen gelassen von BGH GRUR 1985, 529 – *Happening*.

156 Im Übrigen kommt daneben auch eine Anwendung des § 62 Abs. 2 UrhG über die zulässige Verwendung von Auszügen, wo der Benutzungszweck dies (wie typischerweise bei §§ 50, 51 UrhG; vgl. zutreffend Dreier/*Schulze*, § 62, Rz. 16) erfordert, in Betracht. Ein Teil der Literatur sieht § 62 Abs. 2 UrhG allerdings insoweit auf Sprachwerke begrenzt, vgl. Dreier/*Schulze*, § 62, Rz. 16; dagegen allerdings Schricker/Loewenheim-*Dietz/Peukert*, § 62, Rz. 18 mit umfassenden weiteren Nachweisen, die betonen, dass die Regelung nach dem Wortlaut gerade nicht auf bestimmte Werkkategorien begrenzt sei, aber wohl nur in diesem Bereich praktische Bedeutung habe. Doch wird man richtigerweise nicht umhin können, eine potentielle Bedeutung der Vorschrift auch für Auszüge aus dynamischen Prozessen – so neben Kunstaktionen etwa auch Filmwerken – zu bejahen (vgl. mit einem Beispiel aus dem Bereich der Filmwerke bemerkenswerterweise dann auch Dreier/*Schulze*, § 62, Rz. 16).

3.   Fazit

Nach alldem wird deutlich, dass die hier zum Anlass weiterführender Betrachtungen genommenen Urteile des Landgerichts und insbesondere des Oberlandesgerichts Düsseldorf – soweit sie bei zutreffender Begründung behutsam über den zugrunde liegenden Einzelfall hinaus verallgemeinerbar sind[157] – für bestimmte Konstellationen dokumentarischer Fotografie künftig eher zu einer *Erweiterung* der bestehenden urheberrechtlichen Spielräume führen werden.

Insbesondere die einzelfallabhängige Qualifizierung der auszugsweisen Dokumentation künstlerischer Aktionen oder sonstiger dynamischer Werke in ganzen *Fotoserien* als Bearbeitung der zugrunde liegenden Originalwerke (nach dem Leitbild der *Perlentaucher*-Entscheidung) führt in diesem Zusammenhang zu einer präzisierten rechtlichen Beurteilung und zu einem angemessenen Ausgleich der beteiligten Interessen. Denn die Einordnung als Bearbeitung ermöglicht aus urheberrechtlicher Sicht gegebenenfalls zunächst einmal zweifelsfrei die einwilligungsfreie *Herstellung* entsprechender Fotografien, deren Nutzungsmöglichkeiten sich dann nach den üblichen (und insoweit nicht grundsätzlich umstrittenen) Grenzen des urheberrechtlichen Schrankensystems richten.

Die praktischen Spielräume für die dokumentarische Fotografie von Kunstereignissen werden also durch das aktuelle Urteil des Oberlandesgerichts Düsseldorf nicht eingeschränkt, sondern für die typischen Konstellationen – ganz im Gegenteil – gegebenenfalls erweitert. Zugleich bringt das Urteil in der hier vorgeschlagenen Lesart juristische Präzisierung für die Beurteilung der auszugsweisen Dokumentation von Kunstereignissen in Form dokumentarischer *Fotoserien* und entwickelt so die *Dogmatik* von Bearbeitung, Umgestaltung und freier Benutzung in besonders wertvoller Weise fort. Die Revision beim BGH kann vor dem Hintergrund dieser allgemeinen Bedeutung des Urteils mit besonderer Spannung erwartet werden.

---

157 Was im Wesentlichen nur mit Blick auf die Gesamtheit ganzer Serien i.S.e. Mehrzahl dokumentarischer Fotografien (von bestimmten künstlerischer Aktionen) der Fall sein dürfte, s. oben IV 1.

Plagiat, freie Benutzung oder Kunstzitat? Erscheinungsformen der urheberrechtlichen Leistungsübernahme in Fotografie und Kunst

Wolfgang Maaßen[*]

I. Einführung

Kunst entsteht nicht im luftleeren Raum. Sie baut auf dem auf, was es bereits gibt, denn die Kunst lebt von der Auseinandersetzung mit den bereits vorhandenen Werken und der Inspiration durch frühere Schöpfungen anderer Künstler. Das gehört zum Wesen des kulturellen Schaffens und kann deshalb nicht Gegenstand juristischer Kritik sein.

Problematisch sind allerdings die Fälle, in denen fremde Werke nicht lediglich als Inspiration für die eigene schöpferische Tätigkeit dienen, sondern schlicht kopiert oder nachgeahmt werden. Eine solche Ausbeutung geschützter Leistungen lässt das Urheberrecht nicht zu. Damit stellt sich die Frage, wo denn die Grenze zwischen der zulässigen Anknüpfung an fremdes Werkschaffen und der unzulässigen Vervielfältigung oder Nachahmung geschützter Werke verläuft. Die nachfolgende Untersuchung will versuchen, diese Frage zu beantworten. Sie wird sich dabei auf den Bereich der Fotografie beschränken.

II. Problemfälle

Wer ein fremdes Werk als Vorlage für das eigene Werkschaffen nutzt, riskiert den Vorwurf, sich mit fremden Federn zu schmücken und ein Plagiator zu sein. Es sind insbesondere folgende Fallkonstellationen, die zu einem Konflikt mit dem Schöpfer der Vorlage führen können:

---

[*] RA Dr. Wolfgang Maaßen, Düsseldorf.

1.   Fotografien als Vorlage für bildende Kunst

Nach der Erfindung der Fotografie durch *Louis Daguerre* und *William Henry Fox Talbot* wurde die neue Technik von Malern und Zeichnern sehr schnell als willkommenes „Hilfsmittel gegen die Irrtümer des Auges" genutzt.[1] Berühmte Künstler wie *Jean Auguste Dominique Ingres, Edouard Manet, Gustave Courbet* und *Paul Gauguin* bekannten sich ohne jede Scheu dazu, nach fotografischen Vorlagen zu malen oder zu zeichnen.[2] Mit dem Fotorealismus, der in den späten 1960er und frühen 1970er Jahren aufkam, wurde die Fotografie erneut als Hilfsmittel der Malerei entdeckt. So verwendete der Künstler *Peter Nagel* für sein Gemälde „Modell-Hubschrauber" zwei Aufnahmen des Fotografen *Michael Friedel,* die zuvor als Titelbilder des „stern"-Magazins veröffentlicht worden waren.[3]

Gemälde von Peter Nagel (Mitte) nach den Fotos von Michael Friedel

Da die Nutzung der beiden Fotos ohne die Zustimmung von *Michael Friedel* erfolgte, kam es zwischen dem Fotografen und dem Maler zu einem Rechtsstreit, in dem zu klären war, ob es sich bei dem gemalten Bild um eine unzulässige Übernahme der fotografischen Vorlagen oder um eine zulässige Neuschöpfung handelt.[4]

Dass Fotografien nicht nur als Vorlage für Gemälde und Zeichnungen taugen, sondern auch zur Gestaltung von Skulpturen verwendbar sind, zeigt der Fall *Rogers vs. Koons,* über den der U.S. Court of Appeals in New York zu entscheiden

---

1   So *Eugène Delacroix,* zitiert nach *Koschatzky,* Die Kunst der Photographie, 1987, S. 114.
2   Dazu ausführlich *Koschatzky* (o. Fußn. 1), S. 114 ff.
3   Vgl. dazu auch *A. Nordemann,* Die künstlerische Fotografie als urheberrechtlich geschütztes Werk, S. 219 ff.
4   LG München I GRUR 1988, 36 – Modell-Hubschrauber.

hatte.[5] Es ging dabei um eine Fotografie von *Art Rogers*, die von dem Künstler *Jeff Koons* detailgetreu in eine lebensgroße Holzplastik umgesetzt worden war.

Foto von Art Rogers und Holzskulptur „String of Puppies" von Jeff Koons

Auch dieser Fall wirft die Frage auf, ob die Verwendung der fotografischen Vorlage die Urheberrechte des Fotografen verletzt oder ob es sich bei der Umsetzung des Fotomotivs in ein dreidimensionales Werk um eine zulässige künstlerische Gestaltungsmaßnahme handelt.

2.   Bildende Kunst als Vorlage für Fotografien

So wie die bildende Kunst die Fotografie für ihre Zwecke einsetzt, lassen sich umgekehrt auch Werke der bildenden Kunst zur Gestaltung von Lichtbildwerken verwenden. Die Nutzung eines berühmten Gemäldes oder eines anderen Kunstwerks als Vorlage für eine Fotografie kann ein künstlerisches Stilmittel oder ein Zeichen der Ehrerbietung gegenüber einem großen Künstler sein. So ist etwa die Fotografie „Frühstück im Grünen" von *Dieter Blum*, die das gleichnamige Gemälde von *Edouard Manet* nachstellt, als Hommage an den bekannten französischen Impressionisten gedacht.

5   Text der Entscheidung abrufbar unter http://openjurist.org/960/f2d/301/rogers-v-koons.

„Frühstück im Grünen" von Edouard Manet und nachgestelltes Foto von Dieter Blum

Wenn man einmal davon absieht, dass *Manet* im Jahre 1883 verstorben und sein Bild deshalb längst gemeinfrei ist, stellt sich die Frage, ob die Übertragung des Gemäldes in eine Fotografie zulässig ist.

3.   Fotografien als Vorlage für andere Fotografien

Eine Fallkonstellation, die besonders häufig zu rechtlichen Auseinandersetzungen führt, ist die Verwendung bereits vorhandener Fotografien als Vorlage für neue Aufnahmen. Häufig geht es dabei um allseits bekannte Foto-Ikonen, die für Werbezwecke nachgestellt werden. So diente beispielsweise das berühmte Foto „Mario, 1978" von *Philip-Lorca diCorcia*, das im Jahre 1998 in der Hamburger Ausstellung „Emotions & Relations" zu sehen war und damals bereits zur Fotosammlung des Museum of Modern Art gehörte, als Vorlage für eine Zigarettenwerbung.

„Mario, 1978" von Philip-Lorca diCorcia   Werbefoto für P & S Zigaretten, 1998

Auch wenn es zwischen der berühmten Vorlage und dem Werbefoto eine Reihe von Unterschieden gibt, wird jeder, der das Bild von *Philip-Lorca diCorcia* einmal gesehen hat, die in der Zigarettenwerbung nachgestellte „*Mario*"-Szene sofort wiedererkennen.[6]

III. Geschützte und ungeschützte Vorlagen

Die unzulässige Nutzung fremder Werke für das eigene Werkschaffen wird umgangssprachlich meist als „geistiger Diebstahl" oder „Plagiat" bezeichnet. Der Begriff des Plagiats ist gesetzlich nicht definiert. Üblicherweise versteht man darunter die unveränderte oder veränderte Übernahme eines urheberrechtlich geschützten Werkes oder Werkteils unter Anmaßung der Urheberschaft.[7] Ein Plagiat ist nur denkbar, wenn das als Vorlage verwendete Werk oder Werkteil urheberrechtlich geschützt ist. Das führt zu der Frage, was im Bereich der bildenden Kunst und der Fotografie geschützt und was nicht geschützt ist.

1. Persönliche geistige Schöpfungen

Das Urheberrecht schützt Werke der bildenden Kunst und Lichtbildwerke unter der Voraussetzung, dass es sich um persönliche geistige Schöpfungen handelt (§ 2 Abs. 2 UrhG).

a) „Schöpfung"

Eine Schöpfung setzt voraus, dass etwas bisher noch nicht da Gewesenes geschaffen wird. Deshalb kann beispielsweise ein „objet trouvé", also ein vorgefundener Alltagsgegenstand, keine schutzfähige Schöpfung sein.

---

6   Vgl. dazu auch den Bericht in PHOTONEWS 3/1999, S. 20.
7   *Schack*, Kunst und Recht, 2. Aufl. 2009, Rn. 344; *Ulmer*, Urheber- und Verlagsrecht, 3. Aufl. 1980, § 57 III 2; Schricker/Loewenheim/*Loewenheim*, Urheberrecht, 4. Aufl. 2010, § 23 Rn. 28; Dreier/Schulze/*Schulze*, UrhG, 3. Aufl. 2008, § 23 Rn. 27; Fromm/Nordemann/*A. Nordemann*, Urheberrecht, 10. Aufl. 2008, §§ 23/24 Rn. 59 f.

„Fountain" von Marcel Duchamp, 1917   „After Duchamp" von Sherrie Levine, 1991

Bei dem Objekt „Fountain" handelt es sich um ein gewöhnliches Urinal, das von *Marcel Duchamp* in ein neues Umfeld gestellt und zu Kunst erklärt wurde. Das mag zwar eine originelle Idee gewesen sein, die das von *Duchamp* propagierte Konzept der Einheit von Kunst und Alltag anschaulich darstellt. Trotzdem ist „Fountain" keine Schöpfung im Sinne des § 2 Abs. 2 UrhG.[8] Folglich kann es sich bei dem Bronze-Objekt „After Duchamp", das die Konzeptkünstlerin *Sherrie Levine* im Jahre 1991 geschaffen hat, auch nicht um eine unzulässige Nachahmung des berühmten Vorbildes aus dem Jahre 1917 handeln.

b)   „persönliche" Schöpfung

Eine persönliche Schöpfung setzt menschliches Schaffen voraus.[9] Werden Werkzeuge, Maschinen oder sonstige technische Hilfsmittel eingesetzt, ist das Merkmal der persönlichen Schöpfung nur erfüllt, wenn ein Mensch den Einsatz und die Arbeitsweise der technischen Geräte steuert. Für reine Maschinenerzeugnisse, die ohne Mitwirkung eines Menschen entstanden sind, kommt ein Urheberrechtsschutz nicht in Betracht. Dasselbe gilt für „Werke", die von Tieren geschaffen werden.

---

8   So auch *Schack* (o. Fußn. 7), Rn. 16.
9   Schricker/Loewenheim/*Loewenheim* (o. Fußn. 7), § 2 Rn. 11; Dreier/Schulze/*Schulze* (o. Fußn. 7), § 2 Rn. 8; Fromm/Nordemann/*A. Nordemann* (o. Fußn. 7), § 2 Rn. 21.

Selbstporträt des Affenweibchens Nonja[10]

Das fotografische Selbstporträt wurde von dem Orang-Utan-Weibchen *Nonja* mit einer Digitalkamera aufgenommen, die nach Angaben des Herstellers so leicht zu bedienen ist, „dass es jeder Affe schafft".[11] Um dem Tier einen Anreiz zum Fotografieren zu geben, war die Kamera so präpariert, dass bei jedem Klick eine Rosine als Belohnung aus dem Gerät sprang. Da die von *Nonja* angefertigten Aufnahmen nicht das Ergebnis menschlichen Schaffens, sondern das Erzeugnis eines Affen und somit keine persönlichen Schöpfungen sind, wäre die Nachbildung des Selbstporträts – also beispielsweise die Übertragung des Fotos in ein Gemälde – urheberrechtlich unbedenklich.[12]

c)   „geistige" Schöpfung

Werke der bildenden Kunst sind geistige Schöpfungen, wenn sie über ihre physische Existenz hinaus die Sinne anregen und Empfindungen auslösen.[13] Sie müssen eine künstlerische Aussage und eine individuelle Gestaltung erkennbar werden lassen, wobei an die Individualität keine allzu hohen Anforderungen zu stellen sind, da auch die „kleine Münze" den Urheberrechtsschutz beanspruchen kann.[14]

---

10   Quelle: http://www.vienna.at/news/wien/artikel/orang-utan-dame-nonja-jetzt-auch-auf-ebay-aktiv/cn/news-20100126-11082345.
11   http://de.wikipedia.org/wiki/Nonja.
12   Ebenso *Schack* (o. Fußn. 7), Rn. 223, zu den Erzeugnissen malender Elefanten und Schimpansen.
13   *Schack* (o. Fußn. 7), Rn. 225; Schricker/Loewenheim/*Loewenheim* (o. Fußn. 7), § 2 Rn. 138.
14   *Schack* (o. Fußn. 7), Rn. 226; Schricker/Loewenheim/*Loewenheim* (o. Fußn. 7), § 2 Rn. 139.

Bei Lichtbildwerken ist das Merkmal der persönlichen geistigen Schöpfung erfüllt, wenn sie von der Individualität ihres Urhebers geprägt sind.[15] Es ist im Hinblick auf Art. 6 der Schutzdauer-Richtlinie[16] nicht erforderlich, dass die Bilder auch ein besonderes Maß an schöpferischer Gestaltung aufweisen.[17] Da auch die „kleine Münze" geschützt ist, genügt es für die Einstufung als Lichtbildwerk, dass die Aufnahme eine individuelle Betrachtungsweise oder künstlerische Aussage des Fotografen zum Ausdruck bringt, die sie von der lediglich gefälligen und technisch einwandfreien Abbildung abhebt.[18] Entscheidend ist dabei, dass die Wahl des Motivs, des Bildausschnitts, der Perspektive, der Beleuchtung oder der Kontrastgebung eine individuelle Zuordnung von Fotografie und Fotograf ermöglicht.[19]

2. Lichtbilder

Für einfache Lichtbilder besteht ein Leistungsschutz entsprechend den für Lichtbildwerke geltenden Vorschriften (§ 72 UrhG). Der Lichtbildschutz erfordert zwar keine persönliche geistige Schöpfung, aber ein Mindestmaß an persönlicher Leistung.[20] Dieses Mindestmaß fehlt, wenn ein Bild allein durch Zufall entsteht.[21] So sind etwa die Farbverläufe auf den Anfangsabschnitten entwickelter Diafilmstreifen dem Zufall zu verdanken und die „Landschafts-Epiphanien" des Künstlers *Timm Ulrichs*, die aus solchen zufällig entstandenen Filmschnipseln bestehen, weder als Lichtbildwerke noch als einfache Lichtbilder geschützt.

15 Schricker/Loewenheim/*Loewenheim* (o. Fußn. 7), § 2 Rn. 182, 184.
16 Richtlinie 93/98/EWG des Rates zur Harmonisierung der Schutzdauer des Urheberrechts und bestimmter verwandter Schutzrechte (Abl. EG Nr. L 290 v 24.11.1993; neu veröffentlicht als Richtlinie 2006/116/EG).
17 BGH ZUM 2000, 233, 234 – Werbefotos; OLG Düsseldorf GRUR-RR 2009, 45, 46 – Schaufensterdekoration; Schricker/Loewenheim/*Loewenheim* (o. Fußn. 7), § 2 Rn. 184; Schricker/Loewenheim/*Vogel* (o. Fußn. 7), § 72 Rn. 22; *Heitland*, Der Schutz der Fotografie im Urheberrecht Deutschlands, Frankreichs und der Vereinigten Staaten von Amerika, S. 60 ff.; *Platena*, Das Lichtbild im Urheberrecht, S. 237 f.
18 Schricker/Loewenheim/*Loewenheim* (o. Fußn. 7), § 2 Rn. 184; *Franzen/v. Olenhusen* UFITA 2007, 435, 439; vgl. auch Schricker/Loewenheim/*Vogel* (o. Fußn. 7), § 72 Rn. 22; Dreier/Schulze/*Schulze* (o. Fußn. 7), § 2 Rn. 195.
19 OGH ZUM-RD 2002, 281, 283 f – EUROBIKE; Schricker/Loewenheim/*Loewenheim* (o. Fußn. 7), § 2 Rn. 184.
20 BGH GRUR 1993, 34,35 – Bedienungsanweisung; BGH GRUR 1990, 669, 673 – Bibelreproduktion; Schricker/Loewenheim/*Vogel* (o. Fußn. 7), § 72 Rn. 22; *Heitland* (o. Fußn. 17), S. 73 ff; *Schack* (o. Fußn. 7), Rn. 861; a.A. *Platena* (o. Fußn. 17), S. 149 ff, der dieses Schutzkriterium ablehnt.
21 Schricker/Loewenheim/*Vogel* (o. Fußn. 7), § 72 Rn 23 a.E.; differenzierend *Heitland* (o. Fußn. 17), S. 79; *Platena* (o. Fußn. 17), S. 107 ff.

Links das Ausgangsmaterial und rechts die daraus hergestellten „Landschafts-Epiphanien"
von Timm Ulrichs[22]

Als *Timm Ulrichs* 1972 bemerkte, dass Filmschnipsel, die normalerweise als
Abfall entsorgt werden, bei einer phantasiegestützten Betrachtung wie Land-
schaften aussehen, war das zwar eine interessante Entdeckung. Da aber das Aussehen der Anfangssequenz eines Diafilmstreifens purer Zufall ist und nicht vom
Fotografen bestimmt wird, besteht für die aus solchen Sequenzen herausge-
schnittenen „Landschafts-Epiphanien" kein Lichtbildschutz. Folglich kann es
sich bei den von dem Fotokünstler *Marc Volk* geschaffenen Arbeiten mit dem
Titel „Ränder" trotz der unverkennbaren optischen Übereinstimmung mit den
Filmschnipseln, die *Timm Ulrichs* gesammelt hat, nicht um urheberrechtlich relevante Nachahmungen handeln.[23]

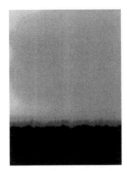 

„Frühstück im Grünen" von Edouard Manet und nachgestelltes Foto von Dieter Blum

22   Quelle: http://www.artnet.de/magazine/blockadepatent-fur-das-asthetische-recycling-
     von-fotoabfallen.
23   So auch *Ortland*, Entdeckerlaunen (abrufbar unter
     http://www.artnet.de/magazine/blockadepatent-fur-das-asthetische-recycling-von-
     fotoabfallen).

3. Gemeinfreie Werke

Ein Urheberrechtsschutz besteht nur für die Dauer der gesetzlichen Schutzfrist. Nach Ablauf der Frist dürfen die bis dahin geschützten Werke von jedermann frei verwertet werden. Werke der bildenden Kunst werden 70 Jahre nach dem Tod des Urhebers gemeinfrei (§ 64 UrhG), so dass beispielsweise der Urheberrechtsschutz für die Bilder von *Edouard Manet* mit Ablauf des 30.4.1953 endete, da der Maler am 30.4.1883 gestorben ist.

Bei Fotografien ist der Ablauf der Schutzfrist schwieriger zu bestimmen, weil es für Lichtbildwerke und Lichtbilder unterschiedliche Fristen gibt und diese Fristen im Laufe der Zeit immer wieder geändert wurden.[24] Durch die Umsetzung der Schutzdauer-Richtlinie hat sich das Problem der Schutzfristenbestimmung noch verschärft, denn die Übergangsregelung (§ 137 f Abs. 2 UrhG) sieht ein Wiederaufleben des urheberrechtlichen Schutzes für Fotografien vor, deren Schutz nach deutschem Recht vor dem 1.7.1995 bereits abgelaufen war und die zu diesem Zeitpunkt in einem anderen EU- oder EWR-Staat noch geschützt waren. Eine solche längere Schutzdauer gab es zum Beispiel in Spanien.[25] Dort waren alle Fotos, die einen gewissen Grad an Originalität aufweisen und eine persönliche Leistung des Urhebers erkennen lassen, bereits seit 1879 für die Dauer von 80 Jahren ab dem Tod des Urhebers geschützt. Deshalb bestand am 1.7.1995 für zahlreiche Bilder, die zu diesem Zeitpunkt in Deutschland wegen der früher üblichen kurzen Schutzfristen bereits gemeinfrei waren, zumindest in Spanien noch ein urheberrechtlicher Schutz. Bei solchen Fotografien ist der deutsche Urheberrechtsschutz für die Zeit bis zum Ablauf von 70 Jahren nach dem Tod des Fotografen wieder aufgelebt.[26] Das Coverfoto des Buches „U-Boot-Krieg im Atlantik" verdeutlicht diesen Sachverhalt.[27]

---

24 Vgl. dazu auch die Übersicht bei Loewenheim/*A. Nordemann*, Handbuch des Urheberrechts, 2. Auflage 2010, § 22 Rn. 35 f.
25 Dazu *Schulze/Bettinger* GRUR 2000, 12, 15 ff.
26 Fromm/Nordemann/*Dustmann* (o. Fußn. 7), § 137 f Rn. 13.
27 Zu diesem Fall OLG Hamburg ZUM-RD 2004, 303 – U-Boot-Krieg im Atlantik.

Coverfoto „U-Boot-Krieg im Atlantik"[28]

Die Aufnahme, die ein auftauchendes U-Boot zeigt, ist im Jahre 1941 entstanden. Sie wurde vermutlich 1943 erstmals publiziert. Damals galt für Fotografien eine Schutzfrist von 25 Jahren ab Erscheinen. Da diese Frist bei den Lichtbildern bis 1985 unverändert geblieben ist, wurde die Aufnahme von dem auftauchenden U-Boot im Jahre 1968 zunächst gemeinfrei. Zum 1.7.1995 ist der urheberrechtliche Schutz dann aber wieder aufgelebt, weil das Foto zu diesem Zeitpunkt in Spanien noch geschützt war.[29]

Man kann demnach auch bei älteren Fotos nicht ohne weiteres davon ausgehen, dass die Bilder wegen der früher gültigen kurzen Schutzfristen inzwischen frei verwendbar sind. Selbst für Aufnahmen aus der Anfangszeit der Fotografie kann heute noch ein urheberrechtlicher Schutz bestehen. Wenn nämlich solche Bilder bis zum Erlöschen des Urheberrechts nicht publiziert worden sind und erst nach diesem Zeitpunkt erscheinen, steht demjenigen, der die Fotografien erstmals erscheinen lässt, für die Dauer von 25 Jahren ab dem erstmaligen Erscheinen der Aufnahmen das ausschließliche Verwertungsrecht zu (§ 71 Abs. 1 UrhG).[30] Das lässt sich beispielhaft an der Daguerreotypie „Dame mit Opernglas" verdeutlichen.

---

28 Quelle: https://www.rebuy.de/i,1294054/buecher/u-boot-krieg-im-atlantik-das-buch-zur-ard-fernsehserie-andrew-williams.
29 Ein Wiederaufleben des Schutzes ist nicht nur bei Lichtbildwerken, sondern auch bei einfachen Lichtbildern möglich; dazu Dreier/Schulze/*Schulze* (o. Fußn. 7), § 72 Rn. 41; Dreier/Schulze/*Dreier* (o. Fußn. 7), § 137 f Rn. 8; a.A. Fromm/Nordemann/*Dustmann* (o. Fußn. 7), § 137 f Rn. 13 und Loewenheim/*A Nordemann* (o. Fußn. 24), § 22 Rn. 8, die den Anwendungsbereich des § 137 f UrhG offenbar auf Lichtbildwerke beschränken wollen.
30 Dazu auch LG Magdeburg ZUM 2004, 580 – Himmelsscheibe von Nebra.

Daguerreotypie „Dame mit Opernglas"[31]

Das Bild wurde zwar schon im 19. Jahrhundert aufgenommen, blieb aber zunächst unveröffentlicht. Der Sammler *Uwe Scheid* hat es erstmals im Jahre 1989 in dem Buch „Die erotische Daguerreotypie" veröffentlicht. Deshalb stehen ihm ab dem Erscheinen des Buches für die Dauer von 25 Jahren – also bis zum Jahre 2014 – die ausschließlichen Verwertungsrechte an dem Bild zu.

4.   Methode, Technik, Stil

Urheberrechtlich geschützt ist immer nur das konkrete Foto. Nicht geschützt ist dagegen die Methode oder die Technik, mit der ein Foto geschaffen wird.[32] Deshalb kann zum Beispiel ein Fotograf, der eine technische Methode zur Darstellung kompletter Bewegungsabläufe in einer Bildserie oder in einem einzigen Bild entwickelt, dafür keinen Urheberrechtsschutz beanspruchen.

„Horse in Motion" von Eadweard Muybridge und „Motion Study: male nude, standing jump to right" von Thomas Eakins

---

31   Quelle: Die erotische Daguerreotypie, Sammlung Uwe Scheid, 2. Aufl. 1990, S. 21.
32   Schricker/Loewenheim/*Loewenheim* (o. Fußn. 7), § 2 Rn. 49; *A. Nordemann* (o. Fußn. 3), S. 215 f.

Die von dem Fotografen *Eadweard Muybridge* im Jahre 1872 entwickelte Methode zur fotografischen Erfassung der Bewegungsabläufe eines trabenden Pferdes ist keine urheberrechtlich geschützte Leistung. Dasselbe gilt für die spezielle Technik, mit der *Thomas Eakins* im Jahre 1885 die Bewegungsstudie des springenden Jungen anfertigte. Diese Methoden und Techniken dürfen deshalb auch von anderen Fotografen eingesetzt werden.

Ebenso wenig wie die Methode oder Technik ist der Stil eines Kunstwerks oder einer Fotografie geschützt. Niemand kann daher bestimmte Stilmittel unter Berufung auf den Urheberrechtsschutz für sich monopolisieren.[33] Dasselbe gilt für die von einem Maler oder Fotografen entwickelte Bildsprache.

5.   Ideen und Konzepte

Die Gedanken sind frei. Deshalb besteht für Bildideen kein Urheberrechtsschutz. Schutzfähig ist immer nur das konkrete Bild, in dem sich die Idee manifestiert. Solange die Idee zu einem Bild nur ein Gedanke ist und noch keine konkrete Ausformung in einer Skizze oder einem Probebild gefunden hat, bleibt sie gemeinfrei, auch wenn der Einfall noch so originell sein mag.[34]

„Menschen ohne Boden" von Klaus-Peter Nordmann (links) und Marco Stirn (rechts)

So ist beispielsweise die Idee, scheinbar in der Luft schwebende Menschen von unten zu fotografieren, urheberrechtlich nicht geschützt. Allein daraus, dass das 1994 entstandene Foto von *Marco Stirn* die ein Jahr zuvor von *Klaus-Peter*

---

33   Dreier/Schulze/*Schulze* (o. Fußn. 7), § 2 Rn. 45; *Schack* (o. Fußn. 7), Rn. 234; *A. Nordemann* (o. Fußn. 3), S. 216.
34   Schricker/Loewenheim/*Loewenheim* (o. Fußn. 7), § 2 Rn. 51; Dreier/Schulze/*Dreier* (o. Fußn. 7), § 2 Rn. 37; Fromm/Nordemann/*A. Nordemann* (o. Fußn. 7), § 2 Rn. 44; *Schack* (o. Fußn. 7), Rn. 234.

Nordmann realisierte Bildidee „Menschen ohne Boden" aufgreift, lässt sich daher keine Urheberrechtsverletzung ableiten.

Bei der künstlerischen Konzeption einer Bildserie ist die Rechtslage weniger eindeutig. Da für Werbekonzeptionen[35] und das Format einer Fernsehshowreihe (Sendekonzeption)[36] teilweise die urheberrechtliche Schutzfähigkeit bejaht wird, stellt sich die Frage, ob nicht auch für eine künstlerische Bildkonzeption unabhängig von ihrer jeweiligen Ausdrucksform ein Urheberrechtsschutz anzuerkennen ist. Die Schutzfähigkeit von Bildkonzeptionen widerspricht jedoch dem allgemeinen Grundsatz, dass die Gedanken (gemein)frei bleiben müssen und ein urheberrechtlicher Schutz deshalb nur für die äußere Formgebung, nicht dagegen für die der Formgebung zugrunde liegende Gestaltungsidee in Betracht kommt. Wollte man auch Bildkonzeptionen diesen Schutz zubilligen, wäre ein wesentliches Prinzip des Urheberrechts außer Kraft gesetzt. Dann könnten Gestaltungskonzepte und Ideen von denen, die diese Ideen und Konzepte entwickeln, monopolisiert werden. Zutreffend weist der BGH in der Sendeformat-Entscheidung[37] darauf hin, dass Gegenstand des Urheberrechtsschutzes immer nur das Ergebnis der schöpferischen Formung eines bestimmten Stoffs sein kann. Die äußere Formgebung sei von der bloßen Anleitung zur Gestaltung gleichartiger anderer Stoffe zu unterscheiden. Das Urheberrecht schütze nur die konkrete Formgebung und es schütze diese Formgebung auch nur gegen eine unbefugte Verwertung in unveränderter oder bearbeiteter Form, nicht aber dagegen, dass das in der Formgebung manifestierte Gestaltungskonzept als Anleitung zur Gestaltung anderer Stoffe verwendet wird. Dementsprechend kann es für Bildkonzeptionen keinen Urheberrechtsschutz geben.[38] Denkbar ist allenfalls ein wettbewerbsrechtlicher Schutz.[39]

---

35 *Schricker* GRUR Int 2004, 923 ff; *ders.* GRUR 1996, 815 ff.; zustimmend Dreier/Schulze/*Schulze* (o. Fußn. 7), § 2 Rn. 244; Fromm/Nordemann/*A. Nordemann* (o. Fußn. 7), § 2 Rn. 233; ablehnend *Schack* (o. Fußn. 7), Rn. 851; *Hertin* GRUR 1997, 799 f.

36 *Schricker* GRUR Int 2004, 923 ff; *Berking* GRUR 2004, 109 ff; ablehnend BGH GRUR 2003, 876 – Sendeformat; differenzierend Fromm/Nordemann/*A. Nordemann* (o. Fußn. 7), § 2 Rn. 232: Format einer Fernsehshow nicht geschützt, wohl aber das Konzept.

37 GRUR 2003, 876, 878; ebenso OLG Köln GRUR-RR 2010, 140, 141 – DHL im All.

38 *Bullinger/Garbers-von Boehm* GRUR 2008, 24, 30.

39 Zum wettbewerbsrechtlichen Konzeptionsschutz *Wüterich/Breucker* GRUR 2004, 389 ff.

Bilder aus der Serie „Rote Couch" von Horst Wackerbarth, entstanden 1979 und 1983

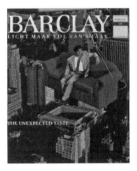 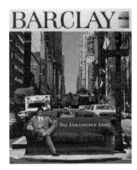 

„Barclay"-Werbekampagne der British American Tobacco, entstanden 1993 bis 1995

Die von *Horst Wackerbarth* entwickelte Idee, Menschen aus aller Welt an unterschiedlichen Orten auf eine rote Couch zu setzen und sie zu fotografieren, ist als Bildkonzept nicht schutzfähig. Geschützt sind nur die konkreten Fotos, die nach diesem Konzept entstanden sind. Deshalb kann allein daraus, dass die Zigarettenwerbung von *British American Tobacco* die Idee mit der roten Couch aufgreift, noch keine Urheberrechtsverletzung abgeleitet werden.[40]

40   So auch LG Hamburg, Urteil v. 4.3.1997 (308 O 272/95) – Rote Couch I.

6. Bildmotive

Ebenso wenig wie die Bildidee ist das Bildmotiv geschützt.[41] Ein Motivschutz würde die Arbeits- und Gestaltungsmöglichkeiten anderer Künstler und Fotografen derart einschränken, dass kein vernünftiges Arbeiten mehr möglich wäre.[42] Deshalb ist niemand daran gehindert, ein bereits verwendetes Motiv erneut zu einem Werk der bildenden Kunst zu verarbeiten oder es vom gleichen Standort aus mit den gleichen technischen Apparaten und Hilfsmitteln erneut zu fotografieren.[43]

Ein anschauliches Beispiel für die zulässige Übernahme eines vorgegebenen Motivs ist das Foto „Nanpu Bridge" des Fotografenteams *Zielske* aus dem Jahre 2002, das von demselben Standpunkt aus aufgenommen wurde wie das „Shanghai"-Bild von *Peter Bialobrzeski*, das ein Jahr vorher entstanden ist.

„Shanghai" von Peter Bialobrzeski, 2001   „Nanpu Bridge" von Horst & Daniel Zielske, 2002

Ob die Anfertigung und Veröffentlichung der jüngeren Aufnahme eventuell wettbewerbswidrig war, weil sich *Horst* und *Daniel Zielske* die notwendigen Standortinformationen vorher in einem Gespräch mit *Peter Bialobrzeski* beschafft und ihn dabei über ihre Absichten im Unklaren gelassen hatten,[44] soll hier nicht weiter vertieft werden.[45] Jedenfalls ist die erneute Ablichtung des Motivs

---

41 OLG Hamburg ZUM-RD 1997, 217, 221 – Troades; LG Hamburg ZUM 2009, 165, 167 – Mauerspringer; *A. Nordemann* (o. Fußn. 3), S. 102 f. und S. 215 f; *Bullinger/Garbers-von Boehm* GRUR 2008, 24, 25 und 29 f.
42 So auch *Bullinger/Garbers-von Boehm* GRUR 2008, 24 und 30.
43 OLG München NJW-RR 1992, 369 – Hochzeits-Fotograf; OLG Hamburg ZUM-RD 1997, 217, 221 – Troades.
44 Vgl. dazu den Bericht in PHOTONEWS 10/2006, S. 4.
45 Die Annahme, bei dem *Zielske*-Bild handele es sich um eine zufällige Doppelschöpfung (so *Bullinger/Garbers-von Boehm* GRUR 2008, 24, 29), dürfte wohl unzutreffend sein.

aus derselben Perspektive urheberrechtlich nicht zu beanstanden, da die bloße Auswahl eines ungewöhnlichen Motivs und die Wahl einer besonderen Perspektive für sich allein noch keine persönliche geistige Schöpfung darstellt.[46]

Unzulässig ist die Übernahme eines Motivs allerdings dann, wenn es sich bei dem Motiv nicht um ein feststehendes Objekt, sondern um ein künstlerisches Arrangement des Fotografen handelt, das eine eigenschöpferische Leistung darstellt.[47] Solche selbst geschaffenen Motive dürfen nicht nachgestellt und erneut fotografiert werden, da sie urheberrechtlich geschützt sind.[48]

Foto von Thomas Jung   Nachgestelltes Werbefoto

Die Aufnahme von *Thomas Jung* zeigt kein vorgegebenes Motiv, sondern eine künstlerische Inszenierung. Der elegante Sportwagen, der wie ein Gemälde an der Wand hängt, wurde mit den anderen Bildelementen (Cello, Designer-Sessel, Parkettboden, einfallendes Licht von rechts) sorgfältig arrangiert, um dem Automobil eine Aura von Kunst und Kultur zu verleihen. Dieses besondere Arrangement lässt eine persönliche geistige Schöpfung erkennbar werden. Es darf deshalb nicht – wie auf dem Werbefoto geschehen – von einem anderen Fotografen nachgestellt werden.

Wenn es zwar keinen Schutz des vorgefundenen Motivs, wohl aber einen Schutz des künstlerischen Arrangements gibt, dann stellt sich die Frage, wie es denn mit dem Schutz einer bestimmten Pose aussieht, die von einem Fotografen abgelichtet wird. Dazu wird teilweise die Auffassung vertreten, dass menschliche

---

46 So auch *Bullinger/Garbers-von Boehm* GRUR 2008, 24, 27.
47 OLG Hamburg ZUM-RD 1997, 217, 221 – Troades; ebenso LG Hamburg ZUM 2009, 165, 167 – Mauerspringer; LG Hamburg Urteil v 19.12.1997 (416 O 67/97) – New York City 1974; LG Hamburg Urteil v. 24.10.1995 (308 S 6/95) – Cowboy mit Baby; vgl. auch OLG Köln GRUR 2000, 43, 44 – Klammerpose; a.A. *Hüper* AfP 2004, 511, 512 f.
48 Dazu auch BGH GRUR 2003, 1035, 1037 – Hundertwasser-Haus; *Bullinger/Garbers-von Boehm* GRUR 2008, 24, 26.

Posen als solche nicht geschützt sind und deshalb nachgestellt werden dürfen.[49] Diese Rechtsauffassung wird man dahingehend einschränken müssen, dass auch für die Pose ein Urheberrechtsschutz beansprucht werden kann, sofern sie neu und eigentümlich ist und ein künstlerisches Arrangement des Fotografen erkennbar werden lässt.[50]

„Schuhanzieherpose", fotografiert von Jens Stuart　　　Werbefoto mit nachgestellter Pose

Bei der Aufnahme von *Jens Stuart* scheint die Frau damit beschäftigt zu sein, ihr linkes Bein wie ein Pferd mit einem Zügel zu bändigen. Bei dieser Pose, die sehr ungewöhnlich ist, handelt sich um ein individuell gestaltetes künstlerisches Arrangement des Fotografen. Solche eigenschöpferischen Leistungen sind urheberrechtlich geschützt. Die „Schuhanzieherpose" darf deshalb nicht – wie bei dem rechts abgebildeten Werbefoto geschehen – von anderen Fotografen nachgestellt werden.

„Kanzlerpose" von Konrad R. Müller (links) und Daniel Biskup (rechts)

49　OLG Hamburg, ZUM 1996, 315, 316 – Power of Blue.
50　So OLG Köln, GRUR 2000, 43, 44 – Klammerpose.

Bei dem Fallbeispiel „Kanzlerpose" ist bereits fraglich, ob es sich bei der nachdenklichen Pose des Altkanzlers *Helmut Kohl* auf dem linken Bild überhaupt um ein Arrangement des Fotografen *Konrad R. Müller* handelt. *Daniel Biskup* versichert jedenfalls, dass Helmut Kohl diese Pose ohne sein Zutun eingenommen habe, als das rechte Foto aufgenommen wurde.[51] Selbst wenn aber die Szene auf dem linken Bild arrangiert sein sollte, wäre dieses Arrangement einer weit verbreiteten und vielfach fotografierten Pose kein Werk, für das *Konrad R. Müller* Urheberrechtsschutz beanspruchen könnte.

7.   Bildausschnitte

Teile eines urheberrechtlich geschützten Werkes sind nur dann gegen eine Übernahme geschützt, wenn sie für sich genommen den Schutzvoraussetzungen des § 2 Abs. 2 UrhG genügen, also eine persönliche geistige Schöpfung darstellen.[52] Dementsprechend ist bei der Entnahme von einzelnen Ausschnitten aus einem Lichtbildwerk zu prüfen, ob der entnommene Teil für sich betrachtet hinreichend individuell ist.[53] Ist diese Voraussetzung erfüllt, können auch kleinste Ausschnitte einer Fotografie geschützt sein. Auf das quantitative oder qualitative Verhältnis des entnommenen Ausschnitts zu der Gesamtfotografie kommt es dabei nicht an.[54]

„Jeff Koons" von Annie Leibovitz, 1990   BRAVO-Fotomontage, 1994

---

51   Vgl. dazu den SZ-Bericht „Er saß einfach so da" v. 1.2.2011, S. 16.
52   Schricker/Loewenheim/*Loewenheim* (o. Fußn. 7), § 2 Rn. 67.
53   Wandtke/Bullinger/*Bullinger*, Urheberrecht, 3. Aufl. 2009, § 2 Rn. 42 f.; Dreier/Schulze/*Schulze* (o. Fußn. 7), § 2 Rn. 76.
54   Schricker/Loewenheim/*Loewenheim* (o. Fußn. 7), § 2 Rn. 68.

Hier wurde der bronzefarbene Torso von *Jeff Koons* aus dem Foto von *Annie Leibovitz* herausgeschnitten und für eine Fotomontage der Zeitschrift BRAVO verwendet. Da nach Auffassung des LG Hamburg[55] nicht nur die vollständige Aufnahme von *Annie Leibovitz*, sondern auch der für die Fotomontage verwendete Teil des Bildes eine individuelle schöpferische Prägung aufweist, erfüllte die Übernahme des Bildausschnitts den Tatbestand der Urheberrechtsverletzung.[56]

„Zapfpistole" von Ernesto Martens, 1998   Fotomontage mit Zapfpistole

Bei diesem Fallbeispiel stammt die Zapfpistole in der rechts abgebildeten Fotomontage aus dem Lichtbildwerk von *Ernesto Martens*. Die Pistolenmündung wurde für die Fotomontage freigestellt und gekontert. Der besondere Gag des Bildes von *Ernesto Martens* besteht darin, dass der finstere Mann im Hintergrund wie bei einem Raubüberfall mit der Zapfpistole auf den Betrachter zielt. Dieser eigenschöpferische Gehalt wurde jedoch nicht übernommen. Die Fotomontage verwertet lediglich den Ausschnitt mit der Pistolenmündung, der aber für sich betrachtet keine individuelle schöpferische Prägung aufweist. Deshalb dürfte die Übernahme des Bildausschnitts aus urheberrechtlicher Sicht unbedenklich sein.

IV.   Zulässige und unzulässige Übernahmen

Wenn das als Vorlage verwendete Werk oder Werkteil urheberrechtlich nicht oder nicht mehr geschützt ist, kann die Übernahme in ein anderes Werk auch nicht zu einer Urheberrechtsverletzung führen. Steht die Vorlage dagegen unter

---

55   Urteil v. 11.7.1995 (308 S 3/94).
56   Anders noch AG Hamburg, Urteil v. 2.8.1994 (36a C 1322/94).

Urheberrechtsschutz, ist zu prüfen, ob und unter welchen Voraussetzungen die Übernahme der Vorlage dennoch zulässig sein kann.

1. Vervielfältigung

Der Urheber hat das ausschließliche Recht, sein Werk zu verwerten und sich so eine angemessene Beteiligung an dem wirtschaftlichen Nutzen zu sichern, der aus seinem Werk gezogen wird. Das Verwertungsrecht umfasst insbesondere das Recht, Vervielfältigungsstücke des Werkes herzustellen (§ 16 UrhG). Das schlichte Abkopieren einer urheberrechtlich geschützten Vorlage ist deshalb unzulässig, sofern nicht der Urheber seine Zustimmung erteilt oder eine gesetzliche Schrankenregelung eingreift, die eine Vervielfältigung auch ohne diese Zustimmung erlaubt.

Die Reproduktion bekannter Kunstwerke ist auch dann, wenn dieser Vorgang als „Appropriation Art" bezeichnet wird, aus urheberrechtlicher Sicht nichts anderes als eine Vervielfältigung.[57] Die wohl bekannteste Vertreterin und Wegbereiterin dieser Kunstrichtung, *Elaine Sturtevant*, kopiert seit 1965 fremde Werke, signiert die Reproduktionen mit ihrem Namen und betitelt sie dann mit Hinweisen auf die Urheber der Originale. Zweck dieser Nachbildungen soll es sein, „unsere gegenwärtige Vorstellung von Ästhetik zu erweitern und zu entwickeln, Originalität zu erforschen und die Beziehung von Original zu Originalität zu erkunden und Raum für neues Denken zu eröffnen."[58] Diese kunsttheoretische Rechtfertigung ändert jedoch nichts an der Tatsache, dass es sich bei den Erzeugnissen der Appropriation Art um Reproduktionen urheberrechtlich geschützter Werke handelt. Da solche Reproduktionen in der Regel ohne Zustimmung der Urheber angefertigt werden, sind sie nur zulässig, soweit das Zitatrecht eingreift.[59]

2. Bearbeitung und Umgestaltung

Bearbeitungen und andere Umgestaltungen eines Werkes der bildenden Kunst oder eines Lichtbildwerkes dürfen nur mit Einwilligung des Urhebers des bearbeiteten oder umgestalteten Originals verwertet werden (§ 23 UrhG). Die Umgestaltung ist ihrem Wesen nach eine Vervielfältigung des benutzten Werkes in ab-

---

57 *Schack* (o. Fußn. 7) Rn. 355.
58 *Sturtevant*, Die gleitenden Parameter der Originalität, in: Original. Symposium Salzburger Kunstverein, 1995, S. 133.
59 Dazu ausführlicher unter IV.6.

geänderter Form.[60] Von der Vervielfältigung unterscheidet sich die Umgestaltung durch die Veränderung des Originals.

„Düne" von Ralf Zenker   Umgestaltetes Foto

Das Fallbeispiel „Düne" zeigt links das Original-Lichtbildwerk und rechts eine umgestaltete Version, die ein Schmuckproduzent für eine Werbeanzeige verwendet hat. Die Aufnahme von *Ralf Zenker* wurde für die Anzeige zunächst vervielfältigt und dann gekontert. Anschließend wurde das beworbene Produkt, ein Diamantring, in das kopierte Bild eingefügt. Trotz dieser Veränderungen sind die wesentlichen Gestaltungsmerkmale des benutzten Lichtbildwerkes nahezu vollständig erhalten geblieben, so dass es sich bei dem Anzeigenbild um eine Umgestaltung im Sinne des § 23 UrhG handelt.

3.   Freie Benutzung

Im Gegensatz zur Bearbeitung und Umgestaltung ist die freie Benutzung eines fremden Werkes auch ohne die Zustimmung des Urhebers des benutzten Bildes zulässig (§ 24 UrhG). Die freie Benutzung ist dadurch gekennzeichnet, dass das benutzte Werk nicht in identischer oder umgestalteter Form übernommen wird, sondern lediglich als Anregung für das eigene Werkschaffen dient.[61] Während

---

60   *Ulmer* (o. Fußn. 7), § 56 IV 1; *Schricker/Loewenheim/Loewenheim* (o. Fußn. 7), § 23 Rdnr. 3 und Rdnr. 13; *Dreier/Schulze/Schulze* (o. Fußn. 15), § 16 Rdnr. 5 und Rdnr. 10; *Maaßen* AfP 2011, 10, 13; so auch (zu § 11 LUG): *BGH*, GRUR 1963, 441, 443 – Mit Dir allein.

61   BGH GRUR 2003, 956, 958 – Gies-Adler; BGH GRUR 1994, 191, 193 – Asterix-Persiflagen; OLG Hamburg GRUR-RR 2003, 33, 36 – Maschinenmensch; OLG Köln GRUR 2000, 43, 44 – Klammerpose; OLG Hamburg ZUM-RD 1997, 217, 219 – Troades; LG München I GRUR 1988, 36, 37 – Modell-Hubschrauber; *Franzen/v. Olenhusen* UFITA 2007, 435, 450 f.

die Vorlage bei der bloßen Umgestaltung zwar weiterentwickelt und umgeformt wird, dabei aber in ihrem Wesenskern und ihren Grundzügen erhalten bleibt, löst sich die freie Benutzung vom Original und schafft ein neues Werk mit neuen, eigenen Wesenszügen. Dieses neue Werk ist so eigentümlich, dass demgegenüber die Wesenszüge des Originals verblassen.[62]

Ob die für eine freie Benutzung erforderliche Neuschöpfung gelingt und der notwendige Abstand zu dem als Vorlage verwendeten Original gewahrt ist, hängt vom Grad der Individualität des benutzten und des neu geschaffenen Werkes ab. Je ausgeprägter die Individualität des benutzten Werkes ist, desto weniger werden seine Wesenszüge gegenüber dem neu geschaffenen Werk verblassen.[63] Umgekehrt wird das Original umso eher verblassen, je stärker die Individualität des neuen Werkes ist.[64] Übertragen auf die Fotografie bedeutet das, dass eine freie Benutzung bei einfachen Lichtbildern, die häufig keine oder nur eine sehr geringe Individualität aufweisen, sehr viel eher möglich ist als bei Fotografien, die auf Grund ihrer schöpferischen Eigenart und Individualität als Lichtbildwerke geschützt sind.[65]

Die Prüfung der Frage, ob im konkreten Fall eine Bearbeitung oder eine freie Benutzung vorliegt, erfordert eine vergleichende Beurteilung des benutzten und des neu geschaffenen Werkes.[66] Dabei ist nicht auf die Übereinstimmung der einzelnen Werkelemente abzustellen, sondern der schöpferische Gehalt der miteinander zu vergleichenden Werke zu erfassen und zu klären, ob und inwieweit dieser Gehalt übereinstimmt.[67] Nur wenn sich die schöpferische Eigentümlichkeit des neuen Werkes so sehr von der des benutzten Werkes abhebt, dass das ältere Werk vollkommen in den Hintergrund tritt, ist von einer freien Benutzung auszugehen.

Diese Abgrenzungsmethode mag in der Theorie einleuchtend sein, doch erweist sich ihre Handhabung in der Praxis als außerordentlich schwierig. Bereits die für eine vergleichende Beurteilung erforderliche Erfassung der „Individuali-

---

62 So die als „Blässetheorie" bekannte herrschende Rechtsauffassung: BGH GRUR 2003, 956, 958 – Gies-Adler; BGH GRUR 1994, 191, 193 – Asterix-Persiflagen; BGH GRUR 1971, 588, 589 – Disney-Parodie; OLG Hamburg GRUR-RR 2003, 33, 36 – Maschinenmensch; Schricker/Loewenheim/*Loewenheim* (o. Fußn. 7), § 24 Rn. 10; Dreier/Schulze/*Schulze* (o. Fußn. 7), § 24 Rn. 8.

63 BGH GRUR 1991, 531, 532 Brown Girl I; BGH GRUR 1991, 533, 534 – Brown Girl II; OLG Hamburg GRUR-RR 2003, 33, 36 – Maschinenmensch; *Franzen/v. Olenhusen* UFITA 2007, 435, 453.

64 BGH GRUR 1981, 267, 269 – Dirlada; Dreier/Schulze/*Schulze* (o. Fußn. 7), § 24 Rn. 8.

65 *Heitland* (o. Fußn. 17), S. 95; *Franzen/v. Olenhusen* UFITA 2007, 435, 457 f.

66 Schricker/Loewenheim/*Loewenheim* (o. Fußn. 7), § 24 Rn. 14; vgl. zur Prüfmethode auch Dreier/Schulze/*Schulze* (o. Fußn. 7), § 24 Rn. 11 ff.

67 BGH GRUR 2004, 855, 857 – Hundefigur; OLG Hamburg ZUM 1996, 315, 316 – Power of Blue; *Bullinger/Garbers-von Boehm* GRUR 2008, 24, 28.

tät" und der „schöpferischen Eigentümlichkeit" einer Fotografie ist angesichts der Unschärfe dieser Begriffe ein problematisches Unterfangen. Wenn dann auch noch geprüft werden soll, ob die „individuellen Züge" des benutzten Bildes gegenüber denen des neuen Bildes „verblassen", dann gerät die Rechtsanwendung vollends in einen Bereich, in dem ein Richter kaum noch nach objektiven Kriterien, sondern meist nur noch nach seinem persönlichen Empfinden urteilen kann und gerichtliche Entscheidungen nicht mehr prognostizierbar sind.

Wie schwierig die Abgrenzung zwischen abhängiger Bearbeitung und freier Benutzung ist, verdeutlichen die nachfolgenden Fallbeispiele:

a)   „Modell-Hubschrauber"

Fotovorlagen von Michael Friedel   Gemälde „Modell-Hubschrauber" von
                                          Peter Nagel

Der Maler *Peter Nagel* hatte zwei Fotos, die zuvor als „stern"-Titelbilder erschienen waren, in fotorealistischer Manier in ein Ölbild übertragen und als zusätzliches Element einen roten Hubschrauber eingefügt. Das LG München I wertete das Gemälde als abhängige Bearbeitung der beiden Fotografien.[68] Zwar handele es sich bei den Fotos um Lichtbilder von geringer Eigenart und Ausdruckskraft.[69] Es sei aber zu berücksichtigen, dass der Maler die Mädchenkörper nahezu identisch nachgebildet habe. Der in das Ölbild eingefügte Hubschrauber beeinträchtige den Eindruck einer nahezu identischen Nachbildung nicht entschei-

---

68   LG München I GRUR 1988, 36, 37 – Modell-Hubschrauber; zustimmend Möhring/Nicolini/*Ahlberg*, UrhG, 2. Auflage 2000, § 24 UrhG Rn. 25; *Schack* (o. Fußn. 7), Rn. 342; *A. Nordemann* (o. Fußn. 3), S. 225 f; ablehnend Dreier/Schulze/*Schulze* (o. Fußn. 7), § 24 Rn. 36.
69   LG München I GRUR 1988, 36, 38 – Modell-Hubschrauber.

dend. Auch die „zweifellos vorhandene Eigenart" des Gemäldes rechtfertige nicht die Annahme einer freien Benutzung und die Anwendung des § 24 UrhG.

Die Entscheidung ist vor allem deshalb bemerkenswert, weil die Übertragung eines Werkes in eine andere Kunstform und insbesondere die Benutzung einer Fotografie durch einen bildenden Künstler normalerweise als klassischer Fall der freien Benutzung gewertet wird.[70] Das LG München I vertritt jedoch die Auffassung, dass auch Fotografien und Werke der bildenden Kunst untereinander bearbeitungsfähig sind und dass es für die Annahme einer freien Benutzung nicht auf die Übertragung in eine andere Kunstform, sondern allein darauf ankommt, ob die individuellen Züge der Fotografien in dem neu geschaffenen Gemälde verblassen.

b)   „Läufer im Anzug"

Foto von Brownie Harris, 1988

Beanstandetes Foto, 1993

In diesem Fall hatte das LG Düsseldorf[71] darüber zu entscheiden, ob das von einer Bildagentur angebotene Foto von *Brownie Harris* von einer konkurrierenden Agentur in unzulässiger Weise nachgestellt worden war. Nach Auffassung des Landgerichts handelt es sich bei dem rechten Bild nicht um ein Plagiat des linken Bildes. Da für das dargestellte Motiv (Sprinter mit Anzug in Startposition) kein Motivschutz beansprucht werden könne und der Schutzumfang eines Fotos mit diesem Motiv jeweils auf die konkrete Umsetzung der Bildidee beschränkt bleibe, genügten bereits die hier erkennbaren Abweichungen von der älteren

70 Dreier/Schulze/*Schulze* (o. Fußn. 7), § 24 Rn. 19; Schricker/Loewenheim/*Vogel* (o. Fußn. 7), § 72 Rn. 30; vgl. auch RG RGZ 169, 109 – Hitler-Porträt; Schricker/Loewenheim/ *Loewenheim* (o. Fußn. 7), § 24 Rn. 23; ähnlich *Bullinger/Garbers-von Boehm* GRUR 2008, 24, 29 r.Sp.; a.A. *Schack* (o. Fußn. 7), Rn. 868.
71 Urteil v. 16.3.1994 (12 O 36/94) – Läufer im Anzug.

Aufnahme, um die Wesenszüge dieser Aufnahme in dem neuen Bild verblassen zu lassen. Die Entscheidung berücksichtigt die Tatsache, dass es schon damals zu dem Motiv „Läufer im Anzug" zahlreiche ähnlich aussehende Varianten gab und die Individualität des Fotos von *Brownie Harris* entsprechend schwach ausgeprägt war.

c)   „Troades"

Foto von Mara Eggert   Werbeanzeige für „Die Welt"

Bei der Aufnahme von *Mara Eggert* handelt es sich um ein Szenenfoto aus einer „Troades"-Inszenierung. Das Foto wurde für eine Werbeanzeige der Tageszeitung „Die Welt"[72] nachgestellt. Das OLG Hamburg[72] wertete das als freie Benutzung (§ 24 UrhG), da das Motiv der *Hekabe* mit der Krone auf dem Kopf nicht geschützt und niemand gehindert sei, dieses Motiv nachzustellen und ebenfalls zu fotografieren. Geschützt sei ein Motiv nur dann, wenn es auf einem künstlerischen Arrangement des Fotografen beruhe. Davon sei hier aber nicht auszugehen, denn die Theaterfotografin habe auf die „Troades"-Inszenierung keinen Einfluss gehabt und die von ihr aufgenommene Szene somit auch nicht selbst arrangiert.[73]

72   ZUM-RD 1997, 217 – Troades.
73   Kritisch dazu *Franzen/v. Olenhusen* UFITA 2007, 435, 468.

d)   „WM-Fußballpokal"

„Jeff Koons" von Annie Leibovitz, 1990   BRAVO-Fotomontage, 1994

In dem Rechtsstreit ging es um ein Foto von *Annie Leibovitz*, das den Pop-Art-Künstler *Jeff Koons* zeigt. Die Aufnahme war für eine Fotomontage der Zeitschrift BRAVO verwendet worden. Bei dem montierten Bild hatte man den Kopf von *Jeff Koons* gegen den des Musikers *Campino* ausgetauscht, der Figur einen Fußball in die rechte Hand gelegt und sie außerdem auf ein stilisiertes Podest gestellt, um ihr das Aussehen eines WM-Fußballpokals zu verleihen.[74]

Das AG Hamburg[75] sah in der Fotomontage ein selbständiges neues Lichtbildwerk mit einer eigenen künstlerischen Aussage. Das neue Bild habe nicht mehr den provozierenden Unterton der ursprünglichen Aufnahme, sondern erhalte durch die eingefügten Änderungen eine eher ironische und humorvoll-witzige Gesamtaussage. Dadurch werde die Grenze von der unzulässigen Bearbeitung zur zulässigen freien Benutzung deutlich überschritten.

Das LG Hamburg[76] kam in der Berufungsinstanz zu einem anderen Ergebnis. Seiner Meinung nach stellt der bronzefarbene Torso des gebückten männlichen Körpers für sich betrachtet (also auch ohne den Kopf von *Jeff Koons*) ein Lichtbildwerk dar. Dieses geschützte Werk sei unverändert für die Montage übernommen worden, die ihrerseits „keinen Werkcharakter" habe, sondern lediglich eine simple Collage sei, die „das allgemeine Durchschnittskönnen eines im Umgang mit Grafikprogrammen geschulten Gestalters nicht übersteigt". Die Fotomontage sei daher eine „abhängige Vervielfältigung".

---

74   Vgl. dazu auch den Bericht in PHOTONEWS 3/1996, 15.
75   Urteil v. 2.8.1994 (36a C 1322/94) – WM-Fußballpokal .
76   Urteil v. 11.7.1995 (308 S 3/94) – WM-Fußballpokal .

e)   „Power of Blue"

„Miss Livingstone I, Beverly Hills 1981" von   „Power of Blue" von George Pu-
Helmut Newton   senkoff

Der Maler *George Pusenkoff* hatte eine Aktaufnahme des Fotografen *Helmut Newton* als Vorlage für ein Acryl-Gemälde mit dem Titel „Power of Blue" verwendet. Das OLG Hamburg sah in dem Bild von *Pusenkoff* (im Gegensatz zur Vorinstanz) eine zulässige freie Benutzung der Aufnahme von *Newton*.[77] Gegenstand der Fotografie sei ein Akt, also die Darstellung von Nacktheit und Erotik. Bei dem Gemälde von *Pusenkoff* gehe es dagegen nicht um die Darstellung des nackten weiblichen Körpers, sondern um die Farbe. Alles, was die Eigentümlichkeit und Schutzfähigkeit der Fotografie von *Newton* begründe, fehle in dem Bild „Power of Blue". Es bleibe eigentlich kaum etwas, was *Pusenkoff* noch hätte tun können, um sich von dem *Newton*-Bild zu entfernen, ohne die Wiedererkennbarkeit zu gefährden und auf die beabsichtigte Bezugnahme ganz verzichten zu müssen.

---

77 OLG Hamburg ZUM 1996, 315 – Power of Blue; zustimmend Möhring/Nicolini/*Ahlberg* § 24 UrhG Rn 25 a.E.; vgl. dazu auch Dreier/Schulze/*Schulze* § 24 UrhG Rn 36; *Schack* Kunst und Recht Rn 342; *Franzen/v. Olenhusen* UFITA 2007, 435, 469.

f)   „Cowboy mit Baby"

Foto von Werner Bokelberg (links) und nachgestelltes Mövenpick-Werbefoto (rechts)

Das Foto von *Werner Bokelberg* war für eine Werbeanzeige mit einem anderen Mann und einem anderen Baby nachgestellt worden. Auf dem älteren Bild neigt der Mann den Kopf nach rechts, auf dem jüngeren Bild nach links. Beide Männer tragen einen beigefarbenen Cowboyhut und eine gleichfarbige Winterjacke mit Pelzkragen.[78]

Zu diesem Fall gibt es gegensätzliche Entscheidungen. Während das AG Hamburg[79] eine abhängige Bearbeitung verneint, weil für das Motiv „Cowboy mit Baby" kein Urheberrechtsschutz bestehe und deshalb niemand gehindert sei, dasselbe Motiv unter identischen Bedingungen erneut aufzunehmen, heißt es in der Berufungsentscheidung des LG Hamburg[80], dass das auf dem Ursprungsfoto abgebildete Motiv des fürsorglichen Cowboys mit dem schlafenden Baby auf einem besonderen künstlerische Arrangement des Fotografen beruhe und deshalb Urheberrechtsschutz genieße. Das später aufgenommene Foto habe die Gestaltungsmerkmale, die den ästhetischen Gesamteindruck der Fotovorlage bestimmen, nahezu identisch übernommen, so dass die jüngere Aufnahme als unfreie Bearbeitung des älteren Lichtbildwerkes einzustufen sei.

---

78   Vgl. dazu auch den Bericht in PHOTONEWS 2/1996, 10.
79   Urteil v. 17.1.1995 (36a C 3842/94) – Cowboy mit Baby.
80   Urteil v. 24.10.1995 (308 S 6/95) – Cowboy mit Baby.

g)   „New York City, 1974"

„New York City, 1974" von Elliott Erwitt (links) und nachgestelltes Foto (rechts)

Das linke Bild gehört zu den bekanntesten Aufnahmen von *Elliott Erwitt*. Das rechte Foto wurde für eine Werbeanzeige der Ford-Werke angefertigt. Nach Auffassung des LG Hamburg[81] handelt es sich bei dem Werbefoto um eine unfreie Bearbeitung der Aufnahme von *Elliott Erwitt*. Zwar sei niemand gehindert, ein Fotomotiv nachzustellen und erneut zu fotografieren. Wenn aber das nachgestellte Motiv auf einem künstlerischen Arrangement des Fotografen beruhe und Urheberrechtsschutz genieße, sei die Übernahme des geschützten Arrangements unzulässig. Bei dem Motiv „New York City, 1974" handele es sich um ein von dem Fotografen geschaffenes Arrangement, das „durch und durch künstlerischer Natur" sei. Da wesentliche Details dieses Arrangements, insbesondere die markanten Stiefel und der kleine Hund mit der Kopfbedeckung, für das Werbefoto übernommen worden seien, komme eine freie Benutzung nicht in Betracht.

81   Urteil v. 19.12.1997 (416 O 67/97) – New York City, 1974.

220

h) „Klammerpose"

„Klammerpose" von Gert Weigelt und nachgestelltes Foto

Gegenstand des Rechtsstreits waren zwei Bilder, die einen Mann mit seitlich ausgestreckten Armen und eine Frau zeigen, die sich an den Körper des Mannes klammert. Auf dem Foto von *Gert Weigelt* trägt der Mann ein Hemd und eine Hose, die seine Beine bedeckt, während der Mann auf dem später aufgenommenen Foto mit nacktem Oberkörper und einer kurzen Hose zu sehen ist. Die beiden Bilder unterscheiden sich außerdem dadurch, dass die Frau auf dem älteren Foto unter dem linken Arm und die auf dem jüngeren Foto unter dem rechten Arm des Mannes hervorschaut. Für das OLG Köln[82] waren diese Unterschiede allerdings unerheblich. Entscheidend sei der Gesamteindruck der prägenden Merkmale. Vergleiche man die beiden Fotos unter diesem Aspekt, dann zeige sich eine Übereinstimmung in allen wesentlichen gestalterischen Elementen (Klammerpose, Bildausschnitt). Die vorhandenen Abweichungen seien nicht geeignet, den für eine freie Benutzung notwendigen Abstand zu schaffen.

---

82   GRUR 2000, 43 – Klammerpose.

i)   „Ärmelhochkrempeln"

 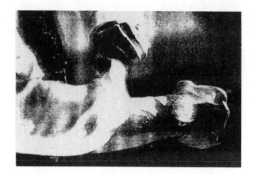

Foto von Charles Thatcher   Foto zu einer Stellenanzeige

Die Aufnahme von *Charles Thatcher* ist früher als das rechts abgebildete Foto entstanden. Das rechte Bild wurde von einem Beratungsunternehmen für eine Stellenanzeige verwendet. Das LG München I[83] hatte zu entscheiden, ob es sich bei dem Anzeigenfoto um ein Plagiat der Aufnahme von *Charles Thatcher* handelt.

Das Landgericht stufte das ältere Foto als Lichtbildwerk im Sinne des § 2 Abs. 1 Nr. 5 UrhG ein, da die dargestellte Geste wegen der von Charles Thatcher eingesetzten gestalterischen Mittel (Körperhaltung des Mannes, Blickwinkel der Kamera, dynamisch „verwischte" rechte Hand) die Assoziation unternehmerischer Attribute wie Energie und Tatendrang, Durchsetzungskraft und Dynamik vermittle und sich nicht auf die bloße Wiedergabe eines gemeinfreien Motivs beschränke. Das Anzeigenfoto habe diese schöpferischen Gestaltungsmerkmale vollständig übernommen, so dass trotz einzelner Unterschiede (z.B. Umkehrung der Seitenverhältnisse, Schwarz-Weiß-Aufnahme statt Farbfoto) keine vom Original abweichende ästhetische Gesamtwirkung der Nachbildung festgestellt werden könne. Deshalb sei eine freie Benutzung der Vorlage auszuschließen.

83   AfP 1999, 521 – Ärmelhochkrempeln.

j)   „Rückenakt"

Foto von David Stewart (links) und Cover-Foto der CD „soul tattoo" (rechts)

Bei diesem Fallbeispiel ging es um eine Aufnahme des Fotografen *David Stewart*, die zuvor in dem Bildband „Nudes 1992" erschienen war. Eine amerikanische Musikgruppe hatte diese Aufnahme mit einem anderen Fotomodell für ein CD-Cover nachgestellt. Die dazu ergangene Entscheidung des LG Düsseldorf[84] sieht in dem nachgestellten Foto eine unfreie Bearbeitung der verwendeten Vorlage. Zwar sei das Motiv des weiblichen Rückenakts als solches nicht geschützt, doch lasse die Aufnahme von *David Stewart* eine besondere Individualität und Gestaltungshöhe bei der fotografischen Erfassung dieses Motivs erkennbar werden. Die schöpferische Leistung zeige sich in der betonten Schlichtheit des Bildes. Dadurch, dass es den weiblichen Körper vor einem neutralen Hintergrund und lediglich mit dem um die Hüften drapierten Tuch zeige, werde die Aufmerksamkeit des Betrachters allein auf den grazilen und makellosen Rücken der abgebildeten Frau gelenkt. Das Foto vermittele einen Eindruck von Weichheit und Zartheit, der durch die leicht gebogene Körperhaltung, das locker um die Hüfte gewickelte Tuch und die langen, über die Schulter nach vorn fallenden Haare verstärkt werde. Diese besonderen Gestaltungsmerkmale seien für das Coverfoto übernommen worden. Die wenigen Unterschiede, die es zwischen den beiden Aufnahmen gebe, seien marginal und reichten nicht aus, um den für eine freie Bearbeitung notwendigen Abstand herzustellen.[85]

84   Urteil v. 7.7.1999 (12 O 16/99) – Rückenakt.
85   Vgl. dazu auch den Bericht in PHOTONEWS 2/2000, S. 20.

k)   „Club Allegro Fortissimo"

„Club Allegro Fortissimo" von William Klein (links) und Werbefoto von HEIN GAS (rechts)

Das Foto von William Klein wurde 1990 aufgenommen und zehn Jahre später für das Werbefoto eines Gasversorgungsunternehmens nachgestellt. Nach Auffassung des LG Hamburg[86] handelt es sich bei der nachgestellten Aufnahme um eine abhängige Bearbeitung der Vorlage, weil alle gestalterischen Eigenarten, die den ästhetischen Gesamteindruck des Bildes „Club Allegro Fortissimo" prägen, in dem Werbefoto wiederkehren. Die Abweichungen in den Details (Positionierung, Körperhaltung und Gesichtsausdruck der Frauen, Badebekleidung, Kopfbedeckung, Haartracht) seien nicht geeignet, den für § 24 UrhG notwendigen Abstand herzustellen.[87] In der Berufungsinstanz gab das OLG Hamburg allerdings zu erkennen, dass es der Argumentation des Landgerichts nicht folgen würde. Daraufhin nahm die Bildagentur, die in Deutschland die Urheberrechte des Fotografen *William Klein* wahrnimmt, die Klage zurück.[88]

---

86   Urteil v. 9.6.2000 (406 O 255/99) – Club Allegro Fortissimo.
87   Vgl. dazu auch den Bericht in PHOTONEWS 12/2000 – 1/2001, S. 22.
88   Dazu PHOTONEWS 2/2001, S. 23.

l)   „Rudolf der Eroberer"

Foto von Ulli Skoruppa   Illustration von Wieslaw Smetek

Während eines umstrittenen Nato-Einsatzes deutscher Soldaten in Mazedoni-
en erschien in der Zeitschrift BUNTE unter der Überschrift „Total verliebt auf
Mallorca" ein Bildbericht, der den damaligen Bundesverteidigungsminister *Rudolf Scharping* mit seiner neuen Partnerin beim Bad in einem Swimmingpool
zeigte. Eine Woche später war die Badeszene auch auf der Titelseite des Nach-
richten-Magazins DER SPIEGEL in Form einer satirischen Illustration mit der
Überschrift: „Rudolf der Eroberer" zu sehen. Allerdings schwamm das Paar dort
nicht in einem Pool, sondern in einem umgestülpten, mit Wasser gefüllten Stahlhelm mit dem Aufkleber „Make love not war".

Das LG München I[89] stufte zwar das BUNTE-Foto als einfaches Lichtbild ein
und bestätigte außerdem, dass bereits geringfügige Änderungen genügen, um den
engen Schutzbereich des § 72 UrhG zu verlassen. Dennoch wertete es die SPIE-
GEL-Illustration als abhängige Bearbeitung des zuvor erschienenen Fotos, weil
der Illustrator das badende Paar nicht nachfotografiert, sondern das vorhandene
Foto unmittelbar in seine Collage eingearbeitet hatte. Da sich somit das Lichtbild
in der Illustration als integraler Bestandteil vollständig und weitestgehend identisch wiederfinde, sei eine freie Benutzung auszuschließen.

Auch das OLG München[90] bewertete die SPIEGEL-Illustration als bloße Bearbeitung der Fotografie zu dem BUNTE-Bericht. Zwar sei die Verlegung der
Badeszene in einen umgestülpten Stahlhelm mit dem Aufkleber „Make love not
war" in Verbindung mit der ironischen Überschrift „Rudolf der Eroberer" geeignet, der Illustration insgesamt einen Werkcharakter gemäß § 2 Abs. 1 UrhG zu
verleihen. Allerdings war das Oberlandesgericht ebenso wenig wie zuvor das
Landgericht gewillt, das aus dem Foto übernommene badende Paar und die von

---

89   ZUM-RD 2002, 489 – Rudolf der Eroberer.
90   AfP 2003, 553 – Rudolf der Eroberer.

dem Illustrator hinzugefügten satirischen Elemente als eine gestalterische Einheit zu betrachten. Stattdessen zerlegen beide Entscheidungen die SPIEGEL-Illustration in ihre Einzelteile und stellen ausschließlich darauf ab, dass eines dieser Teile – das badende Paar – mit dem als Vorlage verwendeten Lichtbild weitgehend übereinstimmt.

m)   „Rote Couch"

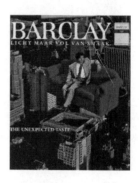

Foto von Horst Wackerbarth, 1979   BAT-Werbefoto, 1994/95

Für sein Projekt „Rote Couch" hat der Fotograf *Horst Wackerbarth* in den vergangenen 30 Jahren auf der ganzen Welt bekannte und unbekannte Personen fotografiert, die auf einer roten Couch sitzen. Vor einigen Jahren ließ der Tabakkonzern *British American Tobacco* nach diesem Konzept verschiedene Werbeanzeigen anfertigen. Auf einem der Werbefotos war ein elegant gekleideter Mann zu sehen, der auf einer roten Couch über den Häusern von Manhattan schwebte. Ein ähnliches Foto hatte zuvor *Horst Wackerbarth* aufgenommen. Es zeigt einen Fensterputzer in luftiger Höhe auf einer roten Couch vor der Fassade eines New Yorker Wolkenkratzers.

Das LG Hamburg[91] konnte sich trotz signifikanter Übereinstimmungen zwischen den beiden Bildern nicht dazu entschließen, das Werbefoto als abhängige Bearbeitung der *Wackerbarth*-Aufnahme einzustufen. Zur Begründung hieß es, dass *Horst Wackerbarth* für das Bildkonzept „Rote Couch" keinen Urheberrechtsschutz beanspruchen könne und niemand gehindert sei, dieses Konzept aufzugreifen und neu umzusetzen. Zwar könne für das besondere Arrangement der Szene mit dem Fensterputzer ein urheberrechtlicher Schutz bestehen, doch sei dieses Arrangement nicht übernommen worden, denn das Werbefoto unter-

91   Urteil v. 4.3.1997 (308 O 272/95) – Rote Couch I.

scheide sich hinsichtlich des Blickwinkels, der Beleuchtung und der Aufhängung des Sofas deutlich von dem Fensterputzer-Bild.

Foto von Horst Wackerbarth, 2003   Werbeanzeige „Maisel's Weisse", 2005

Acht Jahre später kam es zu einem weiteren Rechtsstreit, der vor derselben Kammer des LG Hamburg ausgetragen wurde. Diesmal ging es um eine Werbeanzeige, die drei junge Leute mit einem Bierglas auf einer roten Couch zeigt. Die Couch hängt über einer Wiese und ist wie eine Schaukel am Ast eines Baumes mit grünem Blattwerk befestigt. Zuvor hatte *Horst Wackerbarth* ein ähnliches Bild aufgenommen. Es zeigt zwei Mädchen auf einer roten Couch, die ebenfalls wie eine Schaukel an einem Ast hängt. Allerdings trägt der Baum auf dem *Wackerbarth*-Foto keine Blätter und die Couch schwebt über einem Kiesboden. Trotz dieser Unterschiede sah das LG Hamburg[92] in dem Werbefoto eine abhängige Bearbeitung der Aufnahme von *Horst Wackerbarth*. Das ältere Foto habe nicht nur als Anregung, sondern als Vorlage für die Werbeaufnahme gedient und es seien alle wesentlichen gestalterischen Elemente übernommen worden.

92   Urteil v. 21.9.2005 (308 O 435/05) – Rote Couch II.

n)   „TV-Man"

„TV-Man" von Jan Jindra, 2001   Nachgestelltes Werbefoto, 2003

Bei diesem Rechtsstreit ging es um ein Foto von *Jan Jindra*, das eine Werbeagentur durch einen anderen Fotografen hatte nachstellen lassen. Für das LG Düsseldorf[93] handelt es sich bei dem später entstandenen Foto um eine unfreie Bearbeitung des Bildes von *Jan Jindra*. Alle Gestaltungselemente, die den Gesamteindruck der älteren Aufnahme prägen und ihre schöpferische Eigenart ausmachen, seien für das Werbefoto übernommen worden. Zwar vermittele die jüngere Aufnahme im Gegensatz zu dem als Vorlage verwendeten Bild einen „gestylten" Eindruck, doch lasse diese Abweichung den insgesamt übereinstimmenden Gesamteindruck unberührt.[94]

93   BeckRS 2007, 11273 – TV-Man.
94   Zustimmend *Bullinger/Garbers-von Boehm* GRUR 2008, 24, 29.

o) „Freiburger Münster"

„Karlssteg mit Münster" von Karl-Heinz Raach, 1990

„Freiburger Ansichten" von Corinna Mathis, 2003

Gegenstand dieses Rechtsstreits waren zwei Aufnahmen des Freiburger Münsters mit dem Karlssteg im Vordergrund. Beide Aufnahmen stimmen hinsichtlich der Perspektive, der Lichtverhältnisse, der Brennweite und der Anordnung der Aufnahmeobjekte (Kirchtürme, Karlssteg, Spaziergänger am Ende des Stegs) weitgehend überein. Das AG Freiburg[95] konnte keine Verletzung der Rechte des Fotografen *Karl-Heinz Raach* erkennen. Da es sich bei seiner Aufnahme lediglich um ein einfaches Lichtbild (§ 72 UrhG) mit beschränktem Schutzumfang handele, sei das Nachfotografieren des Motivs und die Anfertigung einer nahezu identischen Aufnahme vom gleichen Standort und unter denselben Lichtverhältnissen nicht zu beanstanden. Das LG Mannheim[96] sah dagegen in der älteren Aufnahme ein Lichtbildwerk (§ 2 Abs. 1 Nr. 5 UrhG), das nicht einfach ein von der Natur vorgegebenes Motiv abbilde, sondern durch den Einsatz schöpferischer Gestaltungselemente (Abendstimmung, gezielter Einsatz von Gegenlicht, Abbildung der Personen als Silhouette) eine besondere Bildwirkung erziele.[97] Diese schöpferischen Gestaltungselemente seien in dem jüngeren Bild nahezu vollständig wiederzufinden. Der Abstand zu dem älteren Foto sei so gering, dass man nicht von einer zulässigen freien Benutzung, sondern von einer unzulässigen Übernahme des älteren Bildes ausgehen müsse.

---

95 Urteil v. 29.8.2003 (10 C 943/03) – Freiburger Münster; zustimmend *Hüper* AfP 2004, 511, 512 f.
96 ZUM 2006, 886 – Freiburger Münster; dazu *Franzen/v. Olenhusen* UFITA 2007, 435, 466.
97 Kritisch dazu *Bullinger/Garbers-von Boehm* GRUR 2008, 24, 27 und 29.

4. Doppelschöpfung

Eine unzulässige Vervielfältigung oder Bearbeitung ist auszuschließen, wenn es zu einer Doppelschöpfung kommt. Eine Doppelschöpfung liegt vor, wenn zwei Fotografen unabhängig voneinander übereinstimmende Aufnahmen anfertigen, ohne dass der eine bewusst oder unbewusst auf das Werk des anderen zurückgreift.[98] Solche Doppelschöpfungen sind zwar theoretisch möglich, aber in der Praxis wohl eher eine seltene Ausnahme.[99] Ein solcher Ausnahmefall ist das berühmte Foto „V.J. Day at Times Square", das *Alfred Eisenstaedt* am 14.8.1945 in New York aufgenommen hat.

„V.J. Day at Times Square" von Alfred Eisenstaedt   Foto von Victor Jorgensen

Die Aufnahme von *Eisenstaedt* zeigt einen Marinesoldaten, der ein Mädchen bei einer Siegesfeier auf dem Times Square stürmisch umarmt und küsst. Exakt dieselbe Szene hat der Fotograf *Victor Jorgensen* festgehalten, wobei seine Aufnahme erkennen lässt, dass beide Fotografen dicht nebeneinander gestanden und fast gleichzeitig auf den Auslöser gedrückt haben müssen.

---

98   Schricker/Loewenheim/*Loewenheim* (o. Fußn. 7), § 23 Rn. 33; Fromm/Nordemann/*A. Nordemann* (o. Fußn. 7), §§ 23/24 Rn. 64 f.; Dreier/Schulze/*Schulze* (o. Fußn. 7), § 23 Rn. 29; Möhring/Nicolini/*Ahlberg* (o. Fußn. 77), § 2 Rn. 72; *Franzen/v. Olenhusen* UFITA 2007, 435, 462.
99   Dagegen meinen *Bullinger/Garbers-von Boehm* GRUR 2008, 24, 29, dass fotografische Doppelschöpfungen leichter vorstellbar sind als bei anderen Werkarten.

„Vaterland" von Günther Schäfer (links) und Titel einer TV-Produktion (rechts)

Auch bei diesem Fallbeispiel handelt es sich um eine Doppelschöpfung.[100] Das von *Günther Schäfer* geschaffene Acrylbild „Vaterland" ist 1988 entstanden und wurde 1990 als „Mauerbild" auf die ehemalige Berliner Mauer übertragen. Das wesentliche schöpferische Merkmal des Bildes ist die Kombination der deutschen Flagge mit dem Davidstern. Dieselbe Kombination wurde einige Jahre später für den Vor- und Nachspann einer Fernsehdokumentation mit dem Titel „Wir sind da! – Juden in Deutschland nach 1945" verwendet. Nach Auffassung des Kammergerichts war die für die Fernsehdokumentation entwickelte Gestaltung allerdings absolut naheliegend[101] und deshalb kein Plagiat des Werkes „Vaterland", sondern eine eigenständige Schöpfung.

Da es im Urheberrecht weder den Grundsatz der Priorität noch das Erfordernis der absoluten Neuheit gibt, haben bei einer echten Doppelschöpfung beide Fotografen uneingeschränkte Rechte an ihren Bildern. Allerdings legen weitgehende Übereinstimmungen zwischen zwei Aufnahmen in der Regel die Annahme nahe, dass der Urheber des jüngeren Fotos das ältere Foto entweder bewusst nachgeahmt oder unbewusst benutzt hat. Die Rechtsprechung geht deshalb in solchen Fällen vom Anscheinsbeweis einer Urheberrechtsverletzung aus.[102] Der Anscheinsbeweis lässt sich nur durch den Nachweis entkräften, dass der Fotograf, der die jüngere Aufnahme angefertigt hat, das ältere Foto nicht kannte und deshalb auch nicht unbewusst darauf zurückgreifen konnte.

---

100   Vgl. dazu KG GRUR-RR 2002, 49 – Vaterland.
101   KG GRUR-RR 2002, 49/50 – Vaterland.
102   BGH GRUR 1988, 810, 811 – Fantasy; OLG Köln GRUR 2000, 43, 44 – Klammerpose.

5. Parodie

Die Benutzung einer Fotografie für ein anderes Werk oder – umgekehrt – eines anderen Werkes für eine Fotografie kann in den Fällen, in denen sich das neue Werk mit dem als Vorlage benutzten Original künstlerisch oder kritisch auseinandersetzt, durch die Parodiefreiheit gedeckt sein. Das Wesensmerkmal der Parodie ist die spielerische Nachahmung, die – anders als das Plagiat – offen auf ein bereits vorhandenes Werk Bezug nimmt.[103]

In der Schweiz und in Frankreich gibt es spezielle gesetzliche Vorschriften, die sich mit der Parodie befassen und das Urheberrecht zu Gunsten der Parodie beschränken.[104] In den USA ist das Institut des „fair use" (§ 107 CA) die Grundlage für die rechtliche Beurteilung der Parodie.

Demi Moore fotografiert von Annie Leibovitz (links), Paramount-Filmplakat mit Leslie Nielsen (rechts)

Das Foto der im achten Monat schwangeren Schauspielerin *Demi Moore* erschien im August 1991 auf der Titelseite der Zeitschrift „Vanity Fair". *Paramount Pictures* benutzte dieses Foto später für ein Filmplakat, auf dem man den Kopf von *Demi Moore* durch den von *Leslie Nielsen* ersetzt hatte. Die Klage der Fotografin *Annie Leibovitz* wurde abgewiesen, weil das Gericht das Filmplakat gemäß § 107 CA als zulässige Parodie („fair use") bewertete.[105] Im deutschen Urheberrechtsgesetz gibt es keine vergleichbare Regelung, doch besteht

---

103   Zum Begriff der Parodie *v. Olenhusen/Ling* UFITA 2003, 695, 697 ff.; *von Becker* GRUR 2004, 104.

104   Vgl. Art. 11 Abs. 3 des schweizerischen URG und Art. L. 122–5 No 4 des französischen Code de la propriété intellectuelle (CPI).

105   Text der Entscheidung des US Court of Appeals for the Second Circuit v. 19.2.1998 (Docket No. 97-7063) abrufbar unter http://caselaw.findlaw.com/us-2nd-circuit/1306605.html.

Einigkeit darüber, dass die Parodie als Kunstform selbstverständlich auch in Deutschland zulässig ist. Umstritten ist allerdings, wie sich die Parodiefreiheit dogmatisch begründen lässt.

Nach herrschender Rechtsauffassung[106] ist die Zulässigkeit der Parodie prinzipiell nach denselben Regeln zu beurteilen, die für die freie Benutzung gelten.[107] Allerdings sind diese Regeln nur in abgeschwächter Form anzuwenden. Wird ein geschütztes Werk für parodistische Zwecke benutzt, kann es nicht darauf ankommen, dass die entlehnten eigenpersönlichen Züge in dem neuen Werk verblassen. Denn der Sinn der Parodie besteht gerade darin, dass das ältere Werk und seine Eigenheiten in dem neuen Werk erkennbar bleiben. Deshalb ist bei einer Parodie nicht der äußere Abstand, sondern nur der innere Abstand zwischen dem parodierten und dem neuen Werk maßgebend.[108] Der notwendige innere Abstand wird in der Regel nur dann gewahrt sein, wenn sich das neue Werk mit dem älteren auseinandersetzt. Zwingend ist das jedoch nicht. Eine freie Benutzung kann durchaus auch dann vorliegen, wenn sich die kritische Auseinandersetzung nicht auf das parodierte Werk selbst, sondern auf dessen thematisches Umfeld bezieht.[109]

---

106 BGH GRUR 2003, 956, 958 – Gies-Adler; BGH GRUR 2000, 703, 704 – Mattscheibe; BGH GRUR 1994, 206, 208 – Alcolix; BGH GRUR 1994, 191, 193 – Asterix-Persiflagen; BGH GRUR 1971, 588, 589 f – Disney-Parodie; BGH GRUR 1958, 354, 356 – Sherlock Holmes; OLG Hamburg GRUR 1997, 822, 824 f – Edgar-Wallace-Filme; OLG Frankfurt ZUM 1996, 97, 99 – Magritte Kondomverpackung; LG Mannheim GRUR 1997, 364, 366 – Freiburger Holbein-Pferd; Schricker/Loewenheim/*Loewenheim* (o. Fußn. 7), § 24 Rn. 29; Fromm/Nordemann/*A. Nordemann* (o. Fußn. 7), §§ 23/24 Rn. 89 f; Dreier/Schulze/*Schulze* (o. Fußn. 7), § 24 Rn. 25; *v. Olenhusen/Ling* UFITA 2003, 695, 711 ff.

107 Teilweise wird die Zulässigkeit der Parodie aus dem Zitatrecht (§ 51 UrhG) abgeleitet; Nachweise dazu bei *Rujsenaars* GRUR Int 1993, 918, 924; vgl. auch *von Becker* NJW 2001, 583, 584 mit Hinweis auf BVerfG GRUR 2001, 149 – Germania.

108 BGH GRUR 1994, 206, 208 – Alcolix; BGH GRUR 1994, 191, 193 – Asterix-Persiflagen; dazu auch *von Becker* GRUR 2004, 104, 105 f.

109 BGH GRUR 2003, 956, 958 – Gies-Adler.

Bundesadler von Ludwig Gies, 1953   Illustration zu einem FOCUS-Artikel

Ein anschauliches Beispiel für eine Parodie, die sich mit dem thematischen Umfeld des parodierten Werkes auseinandersetzt, ist die Illustration zu einem Zeitschriftenbeitrag über einen angeblichen Missbrauch des Steuerrechts.[110] Die FOCUS-Illustration verwandelt den von *Ludwig Gies* geschaffenen Bundesadler in einen gierigen Raubvogel, der den Bürgern das Geld aus der Tasche zieht. Durch diese Verwandlung wird der für eine freie Benutzung erforderliche innere Abstand hergestellt. Zwar erfolgt die kritische Auseinandersetzung in diesem Fall nicht mit dem Werk des Bundesadlers selbst, wohl aber mit dem durch den Adler symbolisierten Staat, was für die Annahme einer freien Benutzung ausreicht.

Auch die oben bereits besprochene SPIEGEL-Illustration „Rudolf der Eroberer", die für die Badeszene in einem umgestülpten Soldatenhelm ein Foto des damaligen Bundesverteidigungsministers und seiner neuen Freundin aus der Zeitschrift BUNTE verwendet, ist eine Parodie, die sich in zulässiger Weise mit den auf dem Foto abgebildeten Personen und deren Verhalten auseinandersetzt. Eine solche kritische Auseinandersetzung mit dem thematischen Umfeld der Bildveröffentlichung genügt den an eine freie Benutzung zu stellenden Anforderungen.[111]

---

110 Zu diesem Fall BGH GRUR 2003, 956 – Gies-Adler.
111 So auch *von Becker* GRUR 2004, 104, 106; anders dagegen OLG München AfP 2003, 553, 555 – Rudolf der Eroberer (das Urteil ist ca. zwei Monate vor der „Gies-Adler"-Entscheidung des BGH ergangen).

234

6.   Zitat

Die Übernahme geschützter Werke kann auch dann zulässig sein, wenn dies zu Zitatzwecken geschieht (§ 51 UrhG). Das gilt nach herrschender Rechtsauffassung allerdings nur, wenn das zitierende Werk seinerseits urheberrechtlich geschützt ist.[112] Diese Voraussetzung ist nach Auffassung des OLG München bei der SPIEGEL-Illustration „Rudolf der Eroberer" nicht erfüllt, weil die Illustration ohne das aus der Zeitschrift BUNTE übernommene Foto mit der Badeszene „keinen Sinn macht".[113]

Illustration von Wieslaw Smetek mit und ohne Badeszene

Die urheberrechtliche Schutzfähigkeit eines Werkes der angewandten Kunst hängt jedoch nicht davon ab, ob das Werk – für sich betrachtet – einen Sinn ergibt. Maßgebend ist vielmehr, ob es sich um eine persönliche geistige Schöpfung im Sinne des § 2 Abs. 2 UrhG handelt. Das dürfte aber bei der SPIEGEL-Illustration auch dann noch der Fall sein, wenn man sich das badende Paar in dem mit Wasser gefüllten Soldatenhelm wegdenkt. Folglich kann die Verwendung der Badeszene für die SPIEGEL-Illustration auch durch das Zitatrecht gedeckt sein.

Eine besondere Form des Zitats ist das Kunstzitat. Kunstzitate unterscheiden sich von herkömmlichen Zitaten dadurch, dass das zitierte Werk nicht in einem wissenschaftlichen Werk oder in einem Sprachwerk, sondern in einem Werk der

112 Schricker/Loewenheim/*Schricker/Spindler* (o. Fußn. 7), § 51 Rn. 20; Fromm/Nordemann/*Dustmann* (o. Fußn. 7), § 51 Rn. 19; Wandtke/Bullinger/*Lüft* (o. Fußn. 56), § 51 Rn. 8; anders Dreier/Schulze/*Dreier* (o. Fußn. 7), § 51 Rn.24, der eine urheberrechtliche Schutzfähigkeit des zitierenden Werkes nach der Neufassung des § 51 UrhG nicht mehr für erforderlich hält.
113 OLG München AfP 2003, 553, 555 – Rudolf der Eroberer.

bildenden Kunst wiedergegeben wird.[114] Das Kunstzitat hat nicht die Belegfunktion, die § 51 UrhG für das Zitat vorschreibt, da das zitierte Kunstwerk in der Regel nicht dazu bestimmt ist, den in dem zitierenden Werk offenbarten Gedankeninhalt aufzuhellen oder dem Verständnis zu erschließen. Meist dient das Kunstzitat ganz anderen Zwecken. So wird es häufig als Stilmittel eingesetzt oder als Zeichen der Ehrerbietung („Hommage") gegenüber einem großen Künstler verwendet.

Es fehlt zwar eine gesetzliche Bestimmung, die das Kunstzitat explizit regelt. Nach Auffassung des BVerfG[115] lässt sich jedoch die Zulässigkeit des Kunstzitats aus § 51 UrhG ableiten, sofern man bei der Auslegung und Anwendung dieser Vorschrift das verfassungsrechtliche Gebot der Kunstfreiheit (Art. 5 Abs. 3 GG) ausreichend beachtet.[116] Die Kunstfreiheit gebietet es, ein Zitat über die bloße Belegfunktion hinaus auch als Mittel des künstlerischen Ausdrucks und der künstlerischen Gestaltung anzuerkennen. Deshalb kann die Zulässigkeit der Verwendung fremder Kunstwerke nicht davon abhängen, dass sich der zitierende Künstler mit dem von ihm zitierten Werk auseinandersetzt. Maßgebend ist vielmehr, ob sich das zitierte Werk in die künstlerische Gestaltung des neuen Werkes einfügt und zum integralen Bestandteil einer eigenständigen künstlerischen Aussage wird.[117] Unter dieser Voraussetzung dürfen fremde Kunstwerke in anderen Kunstwerken „zitiert" werden.

Gemälde „Western Motel" von
Edward Hopper, 1957

Foto „Western Motel/Hommage to Edward
Hopper" von Dietmar Henneka, 1991

---

114 Dazu *Kakies*, Kunstzitate in Malerei und Fotografie, 2007, Rn. 5 ff.; *Schack* (o. Fußn. 7), Rn. 335 ff.
115 GRUR 2001, 149, 151 – Germania 3; ebenso *Kakies* (o. Fußn. 121), Rn. 113 ff.; *von Becker* NJW 2001, 583, 584.
116 Eine analoge Anwendung des § 51 Nr. 2 UrhG ist nach der Neufassung des § 51 UrhG nicht mehr erforderlich; jetzt ist § 51 S. 1 UrhG anwendbar; so auch Schricker/Loewenheim/*Schricker/Spindler* (o. Fußn. 7), § 51 Rn. 53; *Kakies* (o. Fußn. 121), Rn. 269.
117 BVerfG GRUR 2001, 149, 152 – Germania 3; dazu ausführlich *Kakies* Rn 142 ff, 159.

Die Aufnahme von *Dietmar Henneka* stellt in allen Details das Ölgemälde von *Edward Hopper* nach. Für das Foto wurde das Szenario des *Hopper*-Bildes in einem Studio dreidimensional nachgebaut und das amerikanische Auto, das auf dem Gemälde zu sehen ist, durch einen Mercedes-Benz ersetzt. Der besondere Witz des Bildes besteht darin, dass der Fotograf das gemalte Bild mit der nachgebauten Studioszene in die Realität zurückgeholt hat, um daraus ein fotografisches Abbild herzustellen und so das Wechselspiel zwischen Malerei und Fotografie zu verdeutlichen. Außerdem soll das Fotozitat – wie der von *Dietmar Henneka* gewählte Titel verdeutlicht – eine Hommage an den Maler *Edward Hopper* sein. Diese künstlerischen Zwecke rechtfertigen das vollständige Zitat des Gemäldes „Western Motel".

Auch die von den Künstlern der Appropriation Art praktizierte identische Übernahme fremder Kunstwerke kann als Kunstzitat zulässig sein.[118] Voraussetzung ist allerdings, dass damit erkennbar ein künstlerischer Zweck verfolgt wird, dieser Zweck eindeutig überwiegt und keine Ersetzung des Originals erfolgt.

„Woman in yellow" von Pablo Picasso, 1907

„Not Picasso (Woman in yellow, 1907)" von Mike Bidlo, 1987

Bei diesem Beispiel hat *Mike Bidlo* zwar das Gemälde von *Pablo Picasso* in allen Details kopiert und nahezu identisch übernommen, gleichzeitig aber durch den Titel „Not Picasso (Woman in yellow, 1907)" klargestellt, dass es sich bei seinem Bild nicht um das Original, sondern um ein zu künstlerischen Zwecken erstelltes Duplikat handelt. Ein solches Kunstzitat dürfte (noch) durch Art. 5 Abs. 3 S. 1 GG gedeckt sein.

---

118 So Schricker/Loewenheim/*Schricker/Spindler* (o. Fußn. 7), § 51 Rn. 53; Dreier/Schulze/*Dreier* (o. Fußn. 7), § 51 Rn. 24; a.A. Schack (o. Fußn. 7) Rn. 352 f.

„Berolina Hotel" von Christian von
Steffelin, 1996

„Untitled (Freiheit kann man nicht simulieren)"
von Rirkrit Tiravanija, 2003

In dem Fall „Berolina Hotel" sieht die Sache anders aus.[119] Hier hat *Rirkrit Tiravanija* die Vorlage des Fotografen *Christian von Steffelin* kopiert und die Kopie weder im Bildtitel noch in einer anderen geeigneten Form als Duplikat ausgewiesen. Zwar wurde ein Schild mit der Aufschrift „Freiheit kann man nicht simulieren" in die Reproduktion eingefügt, doch reicht das für die Annahme einer freien Benutzung (§ 24 UrhG) nicht aus. Auch als Kunstzitat lässt sich das Vorgehen von *Tiravanija* nicht rechtfertigen, da kein Hinweis auf den Urheber des Originals erfolgt und nicht ausreichend deutlich wird, dass die Aneignung des fremden Lichtbildwerkes auf einem künstlerischen Konzept beruht.

V.   Prüfschritte

Nach den bisherigen Erkenntnissen erfordert die Beantwortung der Frage, ob ein fremdes Werk plagiiert oder in zulässiger Weise für eine Neuschöpfung verwendet wurde, eine Prüfung in mehreren Schritten:

1.   Schutzfähigkeit der Vorlage

Zunächst ist zu klären, was konkret als Vorlage verwendet wurde und ob die Vorlage urheberrechtlich geschützt ist. Wenn kein Schutz besteht, kann die Übernahme der Vorlage auch nicht zu einer Urheberrechtsverletzung führen.

Handelt es sich bei der verwendeten Vorlage um eine Idee, ein Konzept, eine Methode, ein technisches Verfahren, einen Stil oder eine bestimmte Bildsprache,

---

119   Vgl. dazu auch den Bericht in PHOTONEWS 10/04, S. 7.

kommt ein urheberrechtlicher Schutz nicht in Frage. Bildideen und Gestaltungs-
konzepte dürfen deshalb ebenso wie die Methode, die Technik oder der Stil einer
Bildgestaltung übernommen werden, sofern dem keine wettbewerbsrechtlichen
Vorschriften entgegenstehen.

Die Formgestaltung eines Werkes ist zwar prinzipiell schutzfähig, doch ist ein
Urheberrechtsschutz dann auszuschließen, wenn das Werk beispielsweise von
einem Tier geschaffen wurde (Fallbeispiel „*Nonja*-Selbstporträt") oder ein reines
Zufallsprodukt ist (Fallbeispiel „Landschafts-Epiphanien" von *Timm Ulrichs*). In
solchen Fällen ist eine Werkübernahme aus urheberrechtlicher Sicht unbedenklich.

Wenn feststeht, dass das als Vorlage verwendete Werk den urheberrechtlichen
Schutzanforderungen genügt, ist zu klären, ob das gesamte Werk oder nur ein
Teil davon übernommen wurde. Bei einer Teilübernahme kommt eine Urheberrechtsverletzung nur in Frage, wenn das übernommene Werkteil für sich betrachtet eine individuelle schöpferische Leistung darstellt.

Handelt es sich bei dem übernommenen Werk oder Werkteil um eine schutzfähige Leistung, ist zu prüfen, ob der Urheberrechtsschutz noch besteht oder ob
die Schutzfrist bereits abgelaufen ist. Da ein Werk mit dem Ablauf der Schutzfrist gemeinfrei wird, ist eine Übernahme von diesem Zeitpunkt an zulässig.

2. Schöpferischer Gehalt der Vorlage

Das Plagiat übernimmt den schöpferischen Gehalt eines anderen (geschützten)
Werkes. Um feststellen zu können, ob es zu einer solchen Übernahme gekommen ist, muss zunächst der schöpferische Gehalt der verwendeten Vorlage ermittelt werden. Anschließend ist zu prüfen, ob und in welcher Form er in das später
entstandene Werk übernommen wurde.

Bei Bildern (Fotografien, Gemälden) wird der schöpferische Gehalt im Wesentlichen durch das dargestellte Motiv und/oder die Art der Darstellung bestimmt.

a) Bildmotiv

Das Motiv kann den schöpferischen Gehalts eines Bildes nur dann beeinflussen,
wenn es sich um ein inszeniertes Motiv handelt, das der Bildautor (Fotograf, Maler) nach seinen Vorstellungen gestaltet hat. Handelt es sich dagegen um ein vorgefundenes Motiv oder um Motiv, das – wie in dem Fall „*Troades*" – nicht von
dem Bildautor, sondern von anderen Personen (Schauspielern, Regisseuren) in-

szeniert wurde, kann sich der schöpferische Gehalt des Bildes nur aus der Art der Darstellung des Motivs ergeben.

Die Entdeckung und Abbildung eines ungewöhnlichen Motivs ist für sich allein noch keine eigenschöpferische Leistung.[120] So mag ein Foto, das zum richtigen Zeitpunkt am richtigen Ort aufgenommen wird und eine historisch einmalige Szene einfängt, zwar ein wertvolles zeitgeschichtliches Dokument sein. Das rechtfertigt es aber nicht, der Aufnahme auch einen besonderen schöpferischen Gehalt zuzusprechen.

„Sprung in die Freiheit" von Peter Leibing, 1961

Das Foto „Sprung in die Freiheit" zeigt den Volksarmisten *Hans Schumann*, der zwei Tage nach Beginn des Berliner Mauerbaus die letzte Gelegenheit zur Flucht in den Westen nutzte. Da auf dem Foto kein inszeniertes Motiv, sondern eine Situation zu sehen ist, die sich dem Fotografen *Peter Leibing* so eröffnet hat, lässt sich ein schöpferischer Gehalt, der die Einstufung des Fotos als Lichtbildwerk rechtfertigen könnte, jedenfalls nicht aus dem dargestellten Motiv ableiten.[121]

Anders verhält es sich bei inszenierten Motiven. Ein inszeniertes Motiv, das als persönliche geistige Schöpfung des Bildautors erkennbar ist, gibt auch dem Bild selbst einen schöpferischen Gehalt. Allerdings ist bei solchen Inszenierungen stets sorgfältig zu prüfen, ob es sich tatsächlich um eine eigene Schöpfung des Bildautors handelt oder ob er seinerseits möglicherweise auf ältere Vorlagen zurückgreifen konnte.

---

120 So auch *A. Nordemann* (o. Fußn. 3), S. 102 f.; *Bullinger/Garbers-von Boehm* GRUR 2008, 24, 27.
121 Ebenso LG Hamburg ZUM 2009, 165, 167 – Sprung in die Freiheit.

Motiv „Menschen ohne Boden" von Steffan Böhle (links), Klaus-Peter Nordmann (mitte) und Marco Stirn (rechts)

Das Bildbeispiel zeigt, dass es im Jahre 1993, als *Klaus-Peter Nordmann* das Motiv „Menschen ohne Boden" inszenierte, bereits eine ähnliche Inszenierung von *Steffan Böhle* aus dem Jahre 1983 gab. Das ist bei der Erfassung des schöpferischen Gehalts der Aufnahme von *Klaus-Peter Nordmann* und bei der Prüfung der Frage, ob es sich bei dem 1994 entstandenen Foto von *Marco Stirn* um ein Plagiat des *Nordmann*-Bildes handelt, zu berücksichtigen.

b)   Art der Darstellung

Der schöpferische Gehalt eines Bildes kann sich auch aus der Art der Darstellung des abgebildeten Motivs ergeben. Bei Bildern, die kein inszeniertes oder jedenfalls kein vom Bildautor selbst inszeniertes Motiv zeigen, ist die Art der Darstellung sogar der einzig mögliche Anknüpfungspunkt für die Ermittlung eines schöpferischen Gehalts.

Die Art der Darstellung wird durch die von dem Bildautor eingesetzten Gestaltungsmittel bestimmt. Dazu gehören bei einer Fotografie insbesondere die Kameraeinstellungen (z.B. Blende, Belichtungszeit), die Organisation der Bildstruktur, die Lichtführung, die Bestimmung der Perspektive und des Bildausschnitts sowie die Wahl des richtigen Aufnahmezeitpunktes.[122]

Ein Bildautor kann durch die Auswahl und den Einsatz der ihm zur Verfügung stehenden Gestaltungsmittel etwas schaffen, was über die gefällige und technisch einwandfreie Abbildung des vorgegebenen Motivs hinausgeht. So kann er beispielsweise den Blick gezielt auf bestimmte Aspekte des Motivs lenken und dadurch beim Betrachter überraschende Assoziationen hervorrufen oder

---

122   Vgl. zu den Gestaltungsmitteln *A. Nordemann* (o. Fußn. 3), S. 135 ff.; *Bullinger/Garbersvon Boehm* GRUR 2008, 24, 26 f.

bestimmte Emotionen auslösen. Er kann ein Motiv durch die gewählte Perspektive oder die Ausnutzung der Lichtverhältnisse dramatisieren oder durch die Wahl des richtigen Aufnahmezeitpunktes einen Moment festhalten, der dem Betrachter zusätzliche Erkenntnisse über das abgebildete Motiv vermittelt oder als Kommentar zu dem Motiv verstanden werden kann. Je deutlicher dabei die persönliche „Handschrift" des Bildautors erkennbar wird und je stärker das Bild den Betrachter durch die von dem Bildautor eingesetzten Gestaltungsmittel gedanklich oder emotional „anspricht", desto höher ist der schöpferische Gehalt des Bildes zu bewerten.

3.   Übernahme des schöpferischen Gehalts in das später entstandene Werk

Ein Plagiat setzt voraus, dass der schöpferische Gehalt der Vorlage übernommen wird. Deshalb ist zu prüfen, ob das später entstandene Werk die Gestaltungselemente aufgreift, die den schöpferischen Gehalt der verwendeten Vorlage bestimmen. Wenn diese Elemente bei der Herstellung des neuen Werkes vollständig verloren gehen, ist eine Vervielfältigung oder Umgestaltung der Vorlage und damit auch eine Urheberrechtsverletzung von vornherein auszuschließen.

Enthält das neue Werk die schöpferischen Elemente der Vorlage, ist im nächsten Schritt zu klären, ob die Vorlage bei der Übernahme verändert wurde. Sind keine Veränderungen feststellbar, handelt es sich bei dem aus der Vorlage erstellten Werk um eine Vervielfältigung (§ 16 UrhG).[123] Es ist dann nur noch zu prüfen, ob die Vervielfältigung durch das Zitatrecht oder eine andere Schrankenbestimmung des Urheberrechts gedeckt ist.

Wurde die Vorlage bei der Übernahme verändert, bedarf es einer Klärung der Frage, ob die Änderungen dem neuen Werk einen eigenen schöpferischen Gehalt verleihen. Lässt sich ein solcher schöpferischer „Mehrwert" nicht ermitteln, ist eine freie Benutzung auszuschließen und von einer einfachen Umgestaltung im Sinne des § 23 UrhG auszugehen. Wenn sich dagegen in dem später entstandenen Werk eine eigenschöpferische Leistung manifestiert, die in der Vorlage (noch) nicht enthalten war, ist die Stufe der gestaltenden Bearbeitung erreicht und es ist dann nur noch zu prüfen, ob die Vorlage abhängig bearbeitet (§§ 3, 23 UrhG) oder frei benutzt wurde (§ 24 UrhG).[124] Die freie Benutzung ist eine ge-

---

123   Der seltene Fall einer Doppelschöpfung dürfte bei später entstehenden Werken in der Regel auszuschließen sein.
124   Zu dem Stufenverhältnis von Vervielfältigung, Umgestaltung, Bearbeitung und freier Benutzung vgl. Fromm/Nordemann/*A. Nordemann* (o. Fußn. 7), §§ 23/24 Rn. 9 und Rn. 27 ff.

steigerte Form der Bearbeitung.[125] Sie unterscheidet sich von der abhängigen Bearbeitung dadurch, dass sie mittels Umgestaltung der Vorlage eine eigenständige Schöpfung hervorbringt, die den schöpferischen Gehalt der Vorlage verblassen lässt.

Die nachfolgende Skizze verdeutlicht noch einmal die Zusammenhänge und den Prüfungsverlauf:

4. Eigener schöpferischer Gehalt des später entstandenen Werkes

Um feststellen zu können, ob die „Steigerungsstufe der freien Benutzung"[126] erreicht wird, muss der schöpferische Gehalt des später entstandenen Werkes ermittelt werden. Dabei sind nur diejenigen Gestaltungsmerkmale zu berücksichtigen, die nicht aus der Vorlage übernommen wurden, da die übernommenen Elemente dem Urheber der Vorlage zuzuschreiben sind und daher keine eigenschöpferische Leistung desjenigen sein können, der das spätere Werk geschaffen hat. Abzustellen ist also auf die Abweichungen von der Vorlage und es ist die Frage zu klären, ob diese Abweichungen eine neue, eigenschöpferische Leistung erkennbar werden lassen.

Rein formale Abweichungen von der Vorlage reichen in der Regel nicht aus, um dem neuen Werk einen von der Vorlage unterscheidbaren schöpferischen Gehalt zu geben. So ist etwa das schlichte Kontern der Vorlage (Fallbeispiel „Düne"), die spiegelverkehrte Darstellung des gleichen Motivs (Fallbeispiele „Cowboy mit Baby", „Klammerpose" und „Ärmelhochkrempeln") oder die Umkehrung der Linienführung (Fallbeispiel „Club Allegro Fortissimo") ebenso wenig als eigenschöpferische Leistung anzuerkennen wie eine geringfügige Veränderung der Perspektive (Fallbeispiel „Freiburger Münster") oder des Bildausschnitts (Fallbeispiel „Rückenakt"). Auch die Transformation der Vorlage in eine andere Kunstform ist zumindest dann, wenn sie sich in der exakten Übertragung aller Details in das neue Medium erschöpft, eine rein formale Änderung ohne schöpferischen „Mehrwert" (Fallbeispiel „Modell-Hubschrauber").

Zu den formalen Abweichungen, die keine schöpferische Leistung darstellen, gehören auch Änderungen, die sich beim Nachstellen eines fremden Werkes aus der Natur der Sache ergeben. So dürfte der maskenhafte Gesichtsausdruck der beiden Frauen bei dem Ölbild „Modell-Hubschrauber" nicht das Ergebnis einer künstlerischen Entscheidung des Malers, sondern ausschließlich darauf zurückzuführen sein, dass die fotografischen Vorlagen rein mechanisch auf die Leinwand projiziert und dann mit Ölfarben fixiert wurden. Auch bei den Fallbeispie-

---

125 Fromm/Nordemann/*A. Nordemann* (o. Fußn. 7), §§ 23/24 Rn. 9.
126 Fromm/Nordemann/*A. Nordemann* (o. Fußn. 7), §§ 23/24 Rn. 9.

len „Läufer im Anzug", „Cowboy mit Baby" und „Klammerpose" erhalten die neuen Bilder allein dadurch, dass die Bildvorlagen jeweils mit anderen Fotomodellen nachgestellt wurden und die Modelle teilweise eine andere Haarfarbe haben oder helle statt dunkler Kleidung tragen, noch keinen eigenen schöpferischen Gehalt.

Anders verhält es sich in den Fällen, in denen das Entfernen einzelner Gestaltungselemente oder das Einfügen neuer Elemente in die Vorlage zu einer veränderten Bildwirkung führt. Ein markantes Beispiel dafür, wie sich durch einzelne Abweichungen von der Vorlage eine neue Bildwirkung erzielen lässt, ist das Acrylbild „Power of Blue" von *George Pusenkoff*. Die in diesem Gemälde vollzogene Reduzierung des weiblichen Körpers auf seine Konturen, der Austausch des Hintergrundes gegen eine Farbfläche aus einem kraftvollen Blau und das Einfügen des gelben Quadrats in der Mitte verknüpft die aus der fotografischen Vorlage übernommene Darstellung einer „kraftvollen" weiblichen Erotik mit einer neu gestalteten Darstellung zur Kraft der Farben. Ähnlich verhält es sich bei der Illustration „Rudolf der Eroberer", die durch die Verlegung der Badeszene in einen umgestülpten Soldatenhelm und das Hinzufügen einer ironischen Überschrift das eigentlich sehr banale Foto des badenden Paares in eine beißende Kritik an dem Verhalten des damaligen Verteidigungsministers ummünzt und der Illustration so einen neuen, eigenschöpferischen Gehalt gibt.

5.   Vergleich des schöpferischen Gehalts der beiden Werke

Entsteht durch die Umgestaltung der Vorlage ein Bild, das eine neue schöpferische Leistung erkennbar werden lässt, ist nach der vom BGH entwickelten „Blässetheorie" durch einen Vergleich des neu geschaffenen Werkes mit dem als Vorlage benutzten Werk zu ermitteln, ob der schöpferische Gehalt des neuen Werkes so eigentümlich ist, dass demgegenüber die Wesenszüge der Vorlage verblassen.[127] Die Frage ist allerdings, wie sich dieses Verblassen konkret feststellen lässt.

Handelt es sich bei den miteinander zu vergleichenden Werken um Bilder, hilft die Erkenntnis weiter, dass sich der schöpferische Gehalt eines Bildes regelmäßig in einer Bildaussage manifestiert.[128] Ein Bild, das einen schöpferischen Gehalt hat, spricht den Betrachter an, indem es ihm visuelle Informationen vermittelt, die ähnlich wie eine Textinformation die Wahrnehmung, das Denken oder die Emotionen anregen. Wer daher wissen will, ob der schöpferische Gehalt

---

127 Vgl. dazu die Rechtsprechungsnachweise bei Schricker/Loewenheim/*Loewenheim* (o. Fußn. 7), § 24 Rn. 10.
128 So auch *A. Nordemann* (o. Fußn. 3), S. 121, 122 ff.

des neu geschaffenen Bildes die Wesenszüge der benutzten Vorlage verblassen lässt, muss nur die Aussagen der beiden Bilder miteinander vergleichen. Wenn sich die Bildaussagen voneinander unterscheiden und die Aussage des neuen Bildes so prägnant ist, dass sie für den unvoreingenommenen Betrachter im Vordergrund steht und die Aussage des benutzten Werkes weitgehend verdeckt oder in den Hintergrund drängt, ist der Zustand erreicht, den die Rechtsprechung mit dem Begriff „Verblassen" umschreibt.

Wie ein solcher Vergleich der Bildaussagen konkret durchzuführen ist, soll an dem Fallbeispiel „Power of Blue" demonstriert werden. Betrachtet man zunächst die Aufnahme „Miss Livingstone I, Beverly Hills 1981" von *Helmut Newton*, lässt sich deren Aussage so zusammenfassen, dass das Foto durch die ungenierte Präsentation des nackten Körpers in Zusammenspiel mit der Kraftmeier-Pose der Frau die kraftvolle Wirkung weiblicher Erotik thematisiert. Das nach dieser Vorlage geschaffene Acrylbild von *George Pusenkoff* benutzt zwar die Kraftmeier-Pose, verdrängt aber durch die Rückführung des Frauenkörpers auf seine Konturen und das Abdecken des mittleren Körperteils die erotische Wirkung des *Newton*-Bildes. Gleichzeitig sorgen die eingefügten Farbflächen und insbesondere das intensive Blau des Hintergrundes dafür, dass die durch die Pose der Frau vermittelte Assoziation von Kraft auf die Farbe umgelenkt wird. Dadurch erhält das Bild eine neue Aussage, denn es geht nicht mehr um ein Statement zur kraftvollen Erotik des weiblichen Körpers, sondern um die Kraft der blauen Farbe („Power of Blue"). Diese Aussage steht so deutlich im Vordergrund, dass die Aussage des schwarz-weiß Bildes von Helmut Newton dahinter weitgehend verschwindet.

Das Verfahren des Aussagenvergleichs hat den Vorteil, dass es von dem Prüfenden eine präzise Ausformulierung der unterschiedlichen Bildaussagen verlangt und ihn dazu zwingt, ihren Stellenwert bei der Wahrnehmung der Bilder zu bestimmen. Ein solches Prüfverfahren erscheint plausibler und zugleich transparenter als die recht verschwommene Überprüfung des „Verblassens" von Wesensmerkmalen. Es hat zudem den Vorteil, dass sich damit bei satirischen oder parodistischen Darstellungen die Erforschung des „inneren" Abstandes zwischen dem benutzten und dem neuen Werk erübrigt.[129] Da es bei der Satire und der Parodie ebenso wie in den anderen Fällen der freien Benutzung ausschließlich darauf ankommt, ob sich dem neuen Werk eine eigenständige Bildaussage entnehmen lässt und ob diese Aussage bei der Bildbetrachtung im Vordergrund steht, ist nicht ein (wie auch immer gearteter) „innerer" Abstand zwischen dem benutz-

---

129 Zu dem Erfordernis eines ausreichenden „inneren" Abstandes vgl. BGH GRUR 2008, 693, 695 – TV-Total; BGH GRUR 2003, 956, 958 – Gies-Adler; BGH GRUR 2000, 703, 704 – Mattscheibe; BGH GRUR 1994, 191, 193 – Asterix-Persiflagen.

ten und dem neu geschaffenen Bild zu vermessen, sondern die konkrete Aussage der beiden Bilder und ihr Stellenwert bei der Bildwahrnehmung zu ermitteln.

Das Fallbeispiel „Rudolf der Eroberer" verdeutlicht, was damit gemeint ist. Bei dem als Vorlage verwendeten Foto bringt die Schlagzeile „Total verliebt auf Mallorca" die Bildaussage treffend auf den Punkt. Die visuelle Aussage der Aufnahme erschöpft sich in der Mitteilung, dass das prominente Paar *Scharping/Pilati* verliebt in einem Swimmingpool badet. Ganz anders die Aussage der SPIEGEL-Illustration: Sie formuliert mit satirischen Mitteln – durch die Verwandlung des Swimmingpools in einen Soldatenhelm mit der Aufschrift „Make love not war" und die Titelzeile „Rudolf der Eroberer" – eine deutliche Kritik an dem Verhalten des damaligen Verteidigungsministers, der seine Truppen zu einem umstrittenen Einsatz nach Mazedonien schickt, um dann seinerseits nach Mallorca zu fliegen und sich dort mit seiner neuen Freundin beim Baden ablichten zu lassen. Dieses Statement wird zwar unter Verwendung des zuvor erschienenen BUNTE-Titelbildes formuliert, doch dient das Bildzitat nur als Hintergrundfolie, vor der die kritische Aussage der SPIEGEL-Illustration umso deutlicher zur Geltung kommt. Der satirische Kommentar zum Verhalten des Verteidigungsministers steht bei dem neuen Bild derart im Vordergrund, dass die banale Aussage, die das BUNTE-Foto vermittelt, nur noch als Auslöser des satirischen Kommentars, aber nicht mehr als der wesentliche Inhalt des neuen Bildes wahrgenommen wird.

Öffentliches Kulturrecht – Materielle und immaterielle Kulturwerke zwischen Schutz, Förderung und Wertschöpfung

Sophie-Charlotte Lenski[*]

Meine sehr verehrten Damen und Herren,

zunächst darf ich mich sehr herzlich beim Institut für Kunst und Recht für die Auszeichnung meiner Habilitationsschrift „Öffentliches Kulturrecht – Materielle und immaterielle Kulturwerke zwischen Schutz, Förderung und Wertschöpfung"[130] bedanken, deren Annahme für mich eine große Ehre ist.

Die Aufgabe, die prämierte Arbeit in einem Vortrag mit zu Recht begrenztem Zeitrahmen zu präsentieren, ist nichtsdestotrotz eine erhebliche Herausforderung. Das umfassende Gerüst, das ich versucht habe zu entwickeln, um das Kulturrecht als eigenständige Rechtsmaterie im öffentlichen Recht zu positionieren, werde ich in seiner Fülle hier nicht darstellen können, sondern mich in den nachfolgenden Ausführungen auf Einzelaspekte beschränken müssen. Nach einer kurzen Skizze des von mir zugrunde gelegten Kultur- bzw. Kulturwerkbegriffs werde ich daher lediglich einige Gedanken entwickeln, die der Frage nachgehen, warum und mit welchen Zielen der Staat überhaupt in rechtlich fassbarer Form Kulturverantwortung übernimmt.

Gerade in der öffentlich-rechtlichen Diskussion ist der Begriff der Kultur oft schillernd, finden sich doch hier häufig Ansätze, die unter Rückgriff auf kulturanthropologische Definitionen alles unter den Begriff der Kultur fassen wollen, was sich auf Weltdeutung, Sinnstiftung und Wertbegründung bezieht. In einem engeren Sinne wird der Begriff additiv als die Summe der Lebensbereiche Kunst, Wissenschaft und Bildung, noch enger in der Begriffskombination ‚Kunst und Kultur' definiert: Umfasst sind dann sämtliche Formen der Kunst in ihren klassischen und modernen Sparten, in freier und angewandter Form, Archiv- und Museumswesen, Denkmalschutz sowie Brauchtumspflege.

Dieser Ansatz vermag zwar am ehesten ein spezifisches, abgrenzbares Phänomen zu beschreiben. Er erklärt jedoch noch nicht, welches verbindende

---

[*] Prof. Dr. Sophie-Charlotte Lenski, Lehrstuhl für Staats- und Verwaltungsrecht, Medienrecht, Kunst- und Kulturrecht, Universität Konstanz.
130 Erscheint in Jus Publicum, Tübingen 2013.

Merkmal diese einzelnen Elemente aufweisen, das eine derartige Zusammenfassung erklären und rechtfertigen würde. Genau dieses verbindende Merkmal kann jedoch in der Musealisierung von Artefakten gesehen werden.

Mit diesem Begriff wird ein Prozess beschrieben, durch den materiellen oder immateriellen Gütern eine neue soziale Funktion zugewiesen wird. Die Artefakte verlieren ihre Verankerung im sozialen Alltag, ihren primären Sozialzusammenhang und damit auch ihre ursprüngliche Symbolbedeutung. Stattdessen werden sie als Erinnerungs- und Bedeutungträger neu kodiert. Auf diese Weise werden Artefakte jeglicher Art im Wege des Bedeutungswandels zu Kulturgütern umstrukturiert. Musealisierung stellt sich so in gewisser Weise als ein „Aus-der-Welt-Bringen" der Artefakte dar, indem sie ihrer ‚weltlichen', d.h. im ursprünglichen sozialen Kontext stehenden, Funktion beraubt werden. Dieser zunächst für den Bereich religiöser Kultgegenstände beobachtbarer Vorgang kann sich mittlerweile als Prozess des Symbol- und Bedeutungswandels auf nahezu alle artifiziellen Zeugnisse menschlicher Existenz beziehen und etwa auch Alltagsgegenstände erfassen. Er zielt in gewisser Weise auf „eine Neutralisierung des Alltags, um eine von Nützlichkeiten, Dinglichkeiten und Notwendigkeiten entlastete Welterfahrung." Genau diese Entdinglichung des Symbolgehalts ist es schließlich, welche am Ende die strukturelle Parallele zur Kunst, insbesondere zur Gegenwartskunst, erschließt und damit die Musealisierung zum umfassenden Verständniskonzept für Kulturwerke macht.

Denn die Kunst ist heute von ihrer historischen Rolle, als wesentlich mitgestaltender Faktor von realer Umwelt zu wirken, befreit und hat diese Funktion nunmehr weitestgehend an die Massenmedien abgetreten. Insofern ist auch sie heute durch einen Symbolgehalt jenseits eines festgelegten Sozialzusammenhangs determiniert. Werke der Gegenwartskunst werden insofern nicht aus ihrem kulturellen Muster vereinzelt, sondern stellen von vornherein ein einzelnes, individuelles kulturelles Muster auf. Sie sind von Nützlichkeiten und Dinglichkeiten befreit. Die Wirkung, die bei musealisierten Artefakten erst über den Prozess der Musealisierung erreicht wird, ist Werken der Gegenwartskunst somit bereits durch ihren Entstehungsprozess immanent.

Vor diesem Hintergrund versteht meine Arbeit den Begriff der Kultur als die Gesamtheit der materiellen wie immateriellen Artefakte, die aufgrund ihrer künstlerischen oder historischen Bedeutung entweder im Nachhinein musealisiert worden sind oder aber bereits mit ihrer Schöpfung einen der Musealisierung äquivalenten Prozess durchlaufen haben.

Für den so definierten Lebensbereich übernehmen Staat und Kommunen auf ganz unterschiedliche Weise und mit unterschiedlichen Instrumenten staatliche Kulturverantwortung. Dieser tatsächliche Befund könnte jedenfalls aus grundrechtlicher Sicht zunächst insofern überraschen, als dass Kultur im Verfassungsgefüge des Grundgesetzes zunächst einen originär staatsfreien Prozess darstellt.

Für das Eindringen des Staates in die gesellschaftliche Freiheitssphäre des Lebensbereichs Kultur bedarf es deshalb einer Begründung, die nur in der Funktion von Kultur im Gemeinwesen gefunden kann. Nur diese Funktion kann Grund und Grenzen staatlichen Schutzes und staatlicher Förderung markieren.

In der bisherigen wissenschaftlichen Betrachtung wird dieser Funktionsbezug oft ausgeblendet, herrscht doch meist die Vorstellung vor, dass Kulturschutz und -förderung sich selbst legitimieren, „Kultur" also – um es in den Worten Gerhard Roelleckes zu sagen – geradezu als Reflexionsstopp wirkt: „Wer gegen Kultur ist, ist entweder ein Banause oder irgendwie faschistoid."

Eine solche Perspektive ist maßgeblich einer grundrechtlichen Betrachtung in Bezug auf die Kunstfreiheit geschuldet. Zum einen scheint auf den ersten Blick eine Funktionszuordnung mit der Autonomie des Lebensbereichs Kunst schwer vereinbar zu sein. Zum anderen läuft eine funktionelle Betrachtung Gefahr, die Voraussetzungs- und damit in gewisser Weise auch Funktionslosigkeit des Grundrechtsschutzes zu unterminieren: Der Grundrechtsträger muss sich für seinen Grundrechtsgebrauch gerade in keiner Weise rechtfertigen und daher auch an keinerlei Funktionserfüllung messen lassen.

Die grundsätzliche Verankerung des Lebensbereichs Kultur im Bereich grundrechtlicher Freiheiten muss jedoch einerseits keineswegs zur Folge haben, dass ihre Gewährleistung nicht auch – seien es auf das Individuum bezogene, seien es auf die Gesellschaft bezogene – Funktionen erfüllen kann. Die Freiheitsfixierung der Kunst ist insofern kein Argument gegen die Suche nach der durch sie erfolgenden Erfüllung von Funktionen. Zum anderen ist zu konstatieren, dass das Postulat der fehlenden Funktion oder doch zumindest die in ihrer Erkenntniskraft eingeschränkte Perspektive weg von einer etwaigen Funktionserfüllung im Bereich historisch relevanter Kulturwerke, namentlich im klassischen Bereich des Kulturgüterschutzes, noch deutlich verbreiteter ist als im Bereich künstlerisch relevanter Kulturwerke. Gerade hier herrscht insoweit weitestgehend das Axiom der Selbstreferentialität vor.

Diese fehlende Auseinandersetzung mit der Ratio des Kulturgüterschutzes im deutschen Recht wird zum Teil damit begründet, dass diesem Bereich keine originäre, eigene Funktion zukomme, wie dies bei den Funktionssystemen Religion, Recht, Politik oder Wirtschaft der Fall sei, sondern seine Aufgabe vielmehr gerade darin liege, die Entwicklung dieser Funktionssysteme zu verlangsamen. Dieser Befund allein vermag jedoch die fehlende Frage nach der Funktion des Kulturgüterschutzes nicht zu erklären, kann doch auch die Funktionsstörung in Bezug auf andere Systeme durchaus eine eigene Aufgabe darstellen. Ergänzend wird daher zur Begründung zumindest des tatsächlichen Befundes fehlender Untersuchung des Sinns von Kulturgüterschutz ein weiterer Argumentationsstrang aufgebaut, der sein transzendentes Element in Bezug nimmt: Wenn Kultur gleichsam als die unsterbliche Seite des Menschen angesehen werde, verschmelze die Frage nach dem Sinn des Kulturgüterschutzes mit der Frage nach dem Sinn menschlicher Existenz und werde dadurch in gewisser Weise zum Tabu.

Dass diese Form der Selbstreferentialität jedoch keineswegs dem Kulturgüterschutz immanent ist, zeigt ein Blick in andere Rechtsordnungen. Besonders aufschlussreich ist insofern das italienische Recht, das den Kulturgüterschutz umfassend in einem entsprechenden Gesetzbuch normiert. Als gleichrangige Prinzipien verankert bereits die Zweckbestimmung des Gesetzes zum einen die Sicherung zum anderen aber auch die „valorizzazione" des Kulturerbes, ein Begriff, der mit Verwertung, Erschließung oder auch öffentlicher Nutzung und Wertschätzung übersetzt werden kann und für den ein Entsprechung in der deutschen Rechtssprache fehlt. Das Schutzkonzept und das Konzept der „valorizzazione", der Valorisation, stehen dabei zunächst grundsätzlich in einem Widerstreit. Sie werden ergänzt durch den Begriff der „fruizione", der öffentlichen Nutzung, der dem Grunde nach einen Teil der Valorisation darstellt, gleichzeitig aber auch den Zweck des Substanzschutzes bildet.

Die Grundlegung für den besonderen Schutz von Kulturgütern findet sich dabei bereits in der Verfassung verankert und wird durch das Kulturgüterschutzgesetzbuch konkretisiert. Dabei erschöpft sich die einfachgesetzliche Regelung nicht darin, die Ziele des Kulturgüterschutzes – nämlich Sicherung und Valorisation – zu benennen, sondern stellt diese auch in einen ideellen Kontext: Beide Elemente tragen dazu bei, das Gedächtnis der nationalen Gemeinschaft und ihres Territoriums zu bewahren und die kulturelle Entwicklung voranzutreiben. Der erstgenannte Zweck hat dabei einen originär nationalstaatlichen Bezug. Er beinhaltet das Ziel, die kollektive nationale Identität lebendig zu halten, zu mehren und zu verbreiten, und beschreibt somit diejenige Funktionszuschreibung, die – wie später noch kurz zu erläutern sein wird – als integrative politische Funktion bezeichnet werden kann.

In dieser Funktion erschöpft sich jedoch die Zielbeschreibung nicht. Zum einen beschränkt sich das Gesetz keineswegs auf den Schutz von Kulturgütern mit nationaler Bedeutung, sondern umfasst vielmehr auch Kulturgüter von regionalem oder lokalem Wert: Diese regionalen Unterschiede sind Teil der nationalen Identität Italiens und sollen daher auch nicht im Wege der Homogenisierung eingeebnet werden. Zum anderen soll durch die Maßnahmen von Schutz und Wertschöpfung auch die kulturelle Entwicklung vorangetrieben werden. Mit dieser Entwicklung stellt der Zweck jedoch nicht auf eine rückwärtsgewandte integrativ-politische Funktion, sondern vielmehr auf eine zukunftsgerichtete, individualbezogene Perspektive ab.

Sowohl die Sicherung als auch die Valorisation sind im italienischen Recht legal definiert. Das Konzept der Sicherung umfasst dabei drei Elemente: zum einen die Erfassung der tatsächlich vorhandenen Kulturgüter, zum anderen ihren Schutz, zum dritten ihre Erhaltung. Dem liegt der Gedanke zugrunde, dass auf der einen Seite Schutz und Erhalt der gegenständlichen Verkörperung notwendige Voraussetzung sind, um den kulturellen Inhalt eines Kulturguts zu bewahren; auf der andere Seite ist erforderlicher erster Schritt für den Erhalt des körperlichen Gegenstandes seine Identifizierung als Kulturgut.

Dabei ist die Sicherung der Kulturgüter kein Selbstzweck. Sie dient vielmehr allein dazu, die öffentliche Nutzung der Kulturgüter zu ermöglichen; die Sicherung selbst ist insofern lediglich ein Zwischenziel, das auf die Erreichung dieses finalen Ziels gerichtet ist. Durch diesen Rückbezug der Sicherung auf die öffentliche Nutzung schließt sich die vermeintliche Bruchstelle zwischen dem Konzept der Sicherung und der Valorisation. Dabei nivellieren sich die beiden Konzepte jedoch keinesfalls, sondern greifen vielmehr funktional ineinander: Während die Sicherung im Sinne der Substanzerhaltung insofern nur die theoretische Nutzbarkeit gewährleisten kann, dient die Valorisation tatsächlich der Nutzung im eigentlichen Sinne.

Nach der entsprechenden Legaldefinition sind vom Konzept der Valorisation alle Maßnahmen erfasst, die mit dem Ziel, zur kulturellen Entwicklung beizutragen, die Kenntnis über das kulturelle Erbe mehren und die optimalen Voraussetzungen für die Benutzung und Nutzung dieses Erbes schaffen. Der Begriff umfasst somit zwei verschiedene Konzepte, die tatsächlich mit dem deutschen Begriff der Wertschöpfung nur sehr unvollständig wiedergegeben sind. Zum einen ist die Verbreitung und Mehrung des Wissens über die Kulturgüter ein erstes (Zwischen-)Ziel. Im deutschen Wortsinne geht es hier also tatsächlich mehr um die Steigerung der Wert*schätzung* der Kulturgüter, die durch Erfüllung eines entsprechenden Bildungsauftrags erfolgen soll. Gleichzeitig mehrt das Wissen über die Kulturgüter aber auch die Möglichkeit ihrer geistigen Rezeption, so dass aus ihnen ein individueller Verständniswert geschöpft werden kann. Neben die Steigerung des Wissens über Kulturgüter tritt im Rahmen der Valorisation die Schaffung optimaler Bedingungen für die Benutzung und die Nutzung. Dabei ist unter Benutzung vor allen Dingen die gegenständliche Ingebrauchnahme, unter Nutzung die geistige Nutzung, insbesondere aufgrund öffentlicher Zugänglichmachung, zu verstehen. Insgesamt bezweckt das Konzept der Valorisation somit die Mehrung des Wertes des Kulturguts, indem entweder die Möglichkeit der Wertschätzung oder die Möglichkeit des tatsächlichen Zugangs zum Kulturgut vergrößert wird.

Als Ziel der Valorisation benennt das Gesetz die Leistung eines Beitrags zur kulturellen Entwicklung. Damit geht das Ziel über die Zweckbestimmung der Nutzbarmachung für die Öffentlichkeit hinaus, die zwar Teil der Valorisation ist, in gewisser Weise jedoch nur deren notwendige Voraussetzung darstellt, um in einem weiteren Schritt die Valorisation zu ermöglichen und so die kulturelle Entwicklung insgesamt voranzutreiben. Die individuelle Funktionszuschreibung im Sinne der Nutzung mündet somit im kollektiven Gedanken kultureller Weiterentwicklung.

Vor diesem Hintergrund stellt sich das italienische Kulturgüterschutzrecht – ganz anders als das deutsche Recht – als in starkem Maße an Zwecken und Funktionen orientiert dar. Verantwortlich dafür ist nicht nur die Tatsache, dass der Kulturgüterschutz mit konkreten Zielbestimmungen in der Verfassung verankert ist. Vielmehr gibt die Verfassung auch eine Perspektive vor, die materielle Kulturgüter nicht auf ihre Sachsubstanz beschränkt, sondern in besonderem Maße auf ihren – auch vom Sachgut selbst trennbaren – geistigen Inhalt abstellt. Auf diese Weise werden Erhaltung, Nutzung und Entstehung von Kulturgütern in einen gedanklichen Kontext gebracht, der in zwei wesentlichen Funktionen mündet: Zum einen der rückwärtsgewandten, auf Integration des Gemeinwesens angelegten, zum anderen der zukunftsgerichteten, auf kulturelle Entwicklung des Einzelnen und der Gemeinschaft ausgerichteten Funktion.

Beide Funktionen spiegeln sich im Konzept der Sicherung und der Valorisation wieder, die insofern ein gedankliches Stufensystem etablieren: Die Sicherung, d.h. die Identifizierung und der Substanzerhalt, ist nicht Selbstzweck, sondern dient ausschließlich der Nutzbarmachung für die Öffentlichkeit. Die Nutzung und Benutzung durch die Öffentlichkeit sind wiederum in die umfassenden Maßnahmen der Valorisation eingebunden, welche im weitesten Sinne die Rezeption des geistigen Inhalts der Kulturgüter fördern, wodurch im Ergebnis die kulturelle Entwicklung insgesamt vorangebracht werden soll.

Der Kulturgüterschutz ist hier somit gerade nicht selbstzweckhaft konturiert, sondern im Sinne eines umfassenden Kulturgüterrechts ausgestaltet, das den Anspruch verfolgt, die Gesamtentwicklung der Kultur auch und gerade durch materielle Kulturgüter zu unterstützen und voranzutreiben. Die Inanspruchnahme, die Nutzung der Kulturgüter durch die Öffentlichkeit, ist dabei elementarer Teil des Schutzkonzepts: Erst dadurch, dass die Kulturgüter nutzbar gemacht und tatsächlich genutzt werden, erscheint ihr Schutz sinnhaft.

Auf der Basis dieser hinsichtlich des Schutzes materieller Kulturgüter entwickelten ideellen Grundlagen kann für den Bereich des öffentlichen Kulturrechts insgesamt, d.h. auch für den Bereich immaterieller Kulturwerke, ein Dreiklang von Maßnahmen ausgearbeitet werden, der aus Schutz, Wertschöpfung und Förderung besteht und sich an jedem Punkt auf den geistigen Inhalt der Kulturwerke bezieht. Mit Schutz ist dabei der Erhalt der körperlichen Substanz als Träger des geistigen Inhalts gemeint. Ihm unterfallen die Instrumente, die nach geltendem Recht als Kulturerhaltungsschutz systematisiert werden können, insbesondere also der Bereich des Denkmalschutzes. Die Wertschöpfung umfasst demgegenüber die Instrumente, welche die Bedingungen dafür schaffen, dass diese geistige Substanz erhalten und weitergetragen werden kann. Das deutsche Recht kennt derartige Instrumente nur in sehr geringem Umfang. Schutz und Wertschöpfung münden schließlich in der Schaffung neuer kultureller Inhalte, die auf dem erhaltenen Bestand von kulturellen Zeichen aufbauen. Insofern dienen sowohl Schutz als auch Wertschöpfung von Kulturwerken dieser neuen Schöpfung, sie kann aber auch im Rahmen zielgerichteter Förderung eigenständig vorangetrieben werden. Diesen letztgenannten Bereich bilden alle Instrumente, die auf der Grundlage des geltenden Rechts als Kulturentstehungsschutz qualifiziert werden können, insbesondere staatliche Kulturveranstaltung, direkte und indirekte finanzielle Förderung, in gewisser Weise aber auch das Urheberrecht.

Sind die einzelnen Elemente der Übernahme staatlicher Kulturverantwortung so in Beziehung zueinander gesetzt worden, kann auf dieser Grundlage nach den Funktionen gefragt werden, welche die Kulturwerke, d.h. die kulturellen Zeichen, im Gemeinwesen erfüllen, um so zu erklären, warum sie überhaupt durch staatliche Maßnahmen geschützt, wertgeschöpft und gefördert werden.

Welche Funktionen dies im Einzelnen sind, kann ich an dieser Stelle nur noch andeuten:

Auf individuell-geistiger Ebene entfaltet Kultur eine identitätsstiftend-bewahrende und eine kommunikativ-schöpferische geistige Funktion. Kulturwerke sind zum einen Orientierungspunkte im Prozess der individuellen und der kollektiven Identitätsbildung. Zum anderen erweitern sie die Wirklichkeit der Welt des Menschen und sind in diesem Sinne ein Mittel geistiger Freiheit.

Auf kollektiv-politischer Ebene entfaltet Kultur eine integrative und eine repräsentative Funktion. Die gemeinschaftsbezogene integrative Wirkung von Kulturwerken kann genutzt werden, um eine integrative Funktion auf das Staatswesen auszuüben, ihre Zeicheneigenschaft kann eingesetzt werden, um den Staat zu repräsentieren.

Wenn Kulturgüter zu Wirtschaftsgütern gemacht und so in den wirtschaftlichen Kreislauf eingespeist werden, partizipieren sie schließlich an der wirtschaftlichen Funktion dieses Kreislaufs. Diese Funktion stellt ein Annex zur geistigen Funktion dar.

Im geltenden deutschen Kulturverwaltungsrecht werden diese verschiedenen Funktionsebenen kaum reflektiert. Die Kulturverwaltung bleibt daher insgesamt fragmentarisch, weil einzelne Steuerungsinteressen ohne übergreifende Steuerungsidee verfolgt werden. Für das Kunst- und Kulturrecht bleibt damit ein weites Forschungsfeld eröffnet – auch und gerade im öffentlichen Recht.